国際政治と保守思想

■坂本義和集

1

国際政治と保守思想

坂本義和集 1

岩波書店

編集協力
藤原帰一
大串和雄
遠藤誠治
石田　淳

まえがき

国際政治が、その基盤を揺るがすような変革の時代にある時、その変動を拒否し、変革を押しとどめようとする人は、どのような思想に支えられているのか。そこには、どのような思想の闘いがあるのか。本書の大部分を占める論文「国際政治における反革命思想」を、一九五三年秋から翌年の春にかけて執筆した私の問題関心は、そこにあった。

当時は厳しい冷戦のさなかであり、米ソを軸とする国際的な権力政治と、世界各地での革命運動や体制変動とが、二重映しになって人々の生活を揺るがせた時代だった。

そうした中にあって、日本では、マルクス主義の革命史観的な視点から書かれた研究や文献が多く、反革命は大づかみな批判あるいは非難の対象であった。また日本の天皇制にかかわる体制や思想の批判的分析は少なくなかったが、近代の国際システムと革命とをふまえた、ヨーロッパ政治思想史の中の反革命思想の理解については、知的関心が低かった。

私も、国際政治の激動と変革、とくに中国での革命や旧植民地での変革に関心と共感をいだいていたし、何よりも日本が、また私自身が、戦後の変革の過程にあった。そして、こうした世界と日本の変動が、その根底において、正統性をめぐる苛烈な思想の闘いであることを痛感していた。まさにそうであればこそ、私は、反革命の思想、なかでも優れた保守思想を知ることは、それとの対位で、自分が立っている地点と、自分の思考の在り方とを、歴史的に位置づけるために必要だと考えた。そこで歴史に立ち還り、フランス革命を「世界革命」ととらえて激しく対決したエドマンド・バークに取り組むことにした。

この論文の第一、二、三章は、執筆後間もなく『国家学会雑誌』に掲載されたが(第六八巻一一・一二号、一九五五年、六九巻三・四号、一九五五年、七二巻六号、一九五八年)、第四章「ヨーロッパ体制」の草稿は、私自身も到底満足できないものだったため、未公刊に終わった。その最大の理由は、バークの国際政治観について、当時入手できた彼の著作集だけでは資料不足であることを痛感していた折、一九五八年から、彼の本格的な書簡集の刊行が始まったので、その完結を待つと決めたことにある。

トマス・コープランド(Thomas Copeland)の編集責任で公刊されたこの画期的な一〇巻の書簡集は、二〇年後の一九七八年に完結した。

上述のように、バークへの私の歴史的関心は、現代的問題意識に発していたのだが、この書簡集完成当時には、私の関心の直接の対象は現代国際政治に絞られていた。そのために、第四章を完成する時機を失し、このたびようやく陽の目を見ることになった。

今回の著作集の趣旨は、既刊論文の再録にあるので、第一、二、三章は、原典からの引用を四箇所追加し、また半世紀前の古い文章や用字を読みやすくするために若干の配慮をした以外は、すべて原形を残す方針をとった。論旨は全く変わっていない。また私の関心の中核であり、論文の半ば近くを占める、バークの国際政治観を扱った第四章は、新たな書き下ろしである。

第二の論文「ウィーン体制の精神構造」は、南原繁先生古希記念論文集・福田歓一編『政治思想における西欧と日本(上)』(東京大学出版会、一九六一年)に加えていただいた小論で、いわば前記論文の続編である。メッテルニヒをとり上げた私の問題意識は、バークの場合と同じであるが、イギリスとは異なるヨーロッパ大陸の視点に立ち、バークより一まわり以上も後の世代であるこの政治家の思想の解明を、バークとの比較も念頭において試みた。

また末尾の付論「レゾン・デタ（国家理性）」は、日本で初めての『政治学事典』（平凡社、一九五四年）の一項目として、丸山眞男先生の配慮により、私がまだかけ出しの「助手」だった時期に書いたものだが、ヨーロッパ国際政治史の中核概念の一つであるので、上記二論文の背景として、ここに収録した。

二〇〇三年一一月

坂本義和

目次

I　国際政治における反革命思想

――エドマンド・バーク――

凡　例

当初、第一、二、三章を書いた時には、バークの原典として *The Works of The Right Honourable Edmund Burke*, 12 vols., London, John C. Nimmo, 1899 を使用した。これは一八〇一年から一八二七年にわたってロンドンで刊行された F. C. & J. Rivington 版を修正充実したものであるが、今回第四章を加筆するに当たって Nimmo 版が入手できなかったので、同じ表題の 12 vols., Boston : Little, Brown, 1894(以下 *WK* と略記)を用いた。これには Nimmo 版と同じ原版が使われているので、巻と引用ページの番号は同じである。

またバークの最新の著作・演説集としては *The Writings and Speeches of Edmund Burke*, gen. ed. Paul Langford, Oxford, 1981-, vols. 1-3, 5-9 既刊(以下 *WSEB* と略記)がある。これは周到な資料考証をふまえており、ことに議会議事録などに散在していた演説の多くを収録していて便利であるので、前記著作集を補う資料として活用した。当時、議会討論の速記録は存在せず、演説の全文報道は公式には認められていなかったので、バークの演説には新聞などの要約も多いが、この著作・演説集は、慎重に吟味して収録している。なお Little, Brown 版の第八巻以下のヘイスティングズ弾劾関係文書には文章の欠落が若干あるので、この弾劾関係はすべて *WSEB* を用いた。

第一、二、三章執筆当時には、*Reflections on the Revolution in France*, 1790 ; *Letter to a Member of the National Assembly*, 1791 ; *Thoughts on French Affairs*, 1791 については、一般に「著作集」の

入手が難しいので、この三篇を収めた廉価版の Everyman's Library のページ番号を記した。しかし今日ではこれも入手しにくくなっており、他方、*Reflections* には多くの単行本があるので、中でも注釈が充実している J. C. D. Clark (ed.): *Reflections on the Revolution in France: A critical edition* (Stanford, 2001) のページ番号を記すことにした。ただし、これは原著の初版に基づいたものであり、その後バーク自身が加筆した部分が欠けているので、その箇所については *WK* を用いた。*Reflections* 以外の前記の二篇については *WK* のページ番号を加筆してある。

また *A Vindication of Natural Society* についても、注釈が行き届いた単行本 Harris, Ian (ed.): *Burke: Pre-Revolutionary Writings* (Cambridge, 1993) を使用した。

バークの書簡集としては、*The Correspondence of Edmund Burke*, ed. Thomas W. Copeland, 10 vols., Chicago, 1958-78 を用いた(以下 *Corr.* と略記)。

なお引用した文献については、同一著者に複数の著書・論文がある場合、また章が変わり前出箇所が探しにくい場合には、*op. cit.* ではなく、文献題名を繰り返して記載するようにした。

また引用文原著者の強調には、圏点を付け、筆者坂本の強調は、傍点で示し、引用文中の坂本による補注は〔　〕で示してある。

第一章　革命への反応

一　三つの反応

政治的にはホウィッグの中でも最も保守的な立場に立つ詩人ウィリアム・クーパーは、つとに一七八五年、次のように予言的な想像を記していた。

「およそ人たるものにして、そなたを恥じぬものがあろうか。いわんやフランスにとっては、遠い昔近い昔に、海に喫し陸に受けた敗北と戦禍とのすべてにもまして、そなたはフランスの名を汚すものである。フランスの奴隷の家……その名をバスティーユと言う。……

およそイギリス人にして、そなたの崩壊を耳にし胸の高鳴りを覚えぬものがあろうか。たとえ自由の日を見た人々がわれらの宿敵であり、われらを鉄鎖に繋ぐために、かくもしばしば駆使された国民であることを知っていようとも。[1]」

まことに、一七八九年七月一四日は、バスティーユという圧政の象徴の崩落の日となった。

ところでこの革命勃発の報に接して、イギリスの支配層にはいかなる反応が起こったであろうか。

野党ホウィッグの一領袖フォックスは、七月三〇日の書簡において、「これは世界史上最大の事件であり、かつまた最善の事件であります」と述べたが[2]、これはホウィッグの大多数の見解を最もリベラルな角度から表明したものと言える。ルイ一四世の庇護を受けるジェームズ二世と戦いながら名誉革命を達成し、一八世紀前半においても、フランスとの連携を保っている旧王党派(Jacobites)と絶えず対決しなければならなかったホウィッグ、換言すれば、プロテスタント・ホウィッグの体制を樹立維持するためにカトリック・フランスの絶対王政とも闘わなければならなかったホウィッグとしては、フランス革命の勃発に好意的な態度を示すのは自然なことであった。

これに比して与党のトーリーは、政治体制という点ではアンシャン・レジームに対して、ホウィッグの場合よりは好意的であったが、しかしバスティーユ襲撃は、むしろ別な角度からとり上げられた。すなわち、この革命によって「フランスの勢力は、今後長期にわたってヨーロッパの政治舞台からの後退を示すであろう。そのような事態は、必ずやイギリスの利益とヨーロッパの平和との確保に寄与するところ大なるものがあろうと信じられた」[3]のである。こうしたアプローチを最も典型的に体現したのが宰相ピットであった。彼はフランス革命の当初、それを専ら「外交官と財政家という見地から考察した」[4]。一七八三年末に印綬を帯びて以来、彼が専念した第一の事業は、アメリカ独立戦争によって疲弊し切ったイギリス財政の再建であった。さらにこうした観点から、彼は、アイルランド自由貿易化への努力、カナダおよびインド統治の合理化等を通じて、英帝国の再構築に邁進したのである。このようにして内に英帝国の経済的な発展と強化とを意図するピットは、必然的に外には対ヨーロッパ平和政策を打ち出すことになった。一七八四年以来ネーデルラントにおいて、基本的には土地貴族層——およびその傀儡と化した総督《スタットホウダー》オラニエ公ウィレム五世——と、市民層を推進力とする愛国党(Patriotten)との対立に由来する抗争が進展していったのに対して、プロイセンや駐オランダ英公使ハリス(J. Harris)の強い要請にもかかわらず一七八七年まで干渉を拒絶したピットの中立政策、また同年に至り愛国党に対する援助という形でフランスの干渉の危険が迫った時に、従来の態度を一転してオラニエ公の権力回復を援助し、翌八八年には、プロイセン、オランダとの間に三国同盟を結ぶに至ったピットの干渉政策、これらはその方策の形態こそ違え、その目的においては何らイデオロギー的なものではなく、ヨーロッパ大陸における勢力均衡による平和の保持と、フランスのオランダ併合——従ってまたオランダ植民地の併合——によって生ずる英帝国の利益への脅威の防止、という観点からなされたものであった(5)。みずからアダム・スミスの門弟と称するほどに経済的価値法則を重視し、その基礎の上に英帝国のレゾン・デタに忠実であったピットのこうした特質は、革命前夜のフランスに対する彼の態度の中にも端的に現われていた(6)。彼はすでに一七八七年、フランスで名士会(Assemblée des Notables)が召集された時に、それが「終わりの始まり」であることを予想していたと言われる(7)。ところが一七八九年六月、北フランスでの飢饉に対処するためフランス蔵相ネッケルがピットに宛てて小麦の輸出を切々と懇請したのに対し、ピットは、この問題を極めて冷淡かつ事務的に取り扱い、同年はイギリスにおいても小麦価格が高騰して法定輸出価格を上回っていたために、結局輸出を認めなかった。要するにこの問題に処するピットの「一貫した態度は、ポリティカル・エコノミイの法則から逸脱したいかなる行為をも自分から期待してはならないということを、フランス人に警告するものであった(8)」。

以上をヴェイチの言葉を借りて要約すれば、「当初支配層はフランス革命に、さして脅威を感ぜず、革命のもつヨーロッパ大の意義を過小評価する傾向はあっても過大評価するものはなかった(9)」のである。

ところが、フランス革命の勃発に対しては、フォックスとピットとに代表されるこうした同情型と中立型とは違った第三の型の反応が現われた。それは、ホウィッグの中での旧ロッキンガム派の代表的理論家バークのとった態度である。バークは、一七八九年八月チャールモント卿に宛てた書簡においてフランス革命の勃発について述べ、「こうした事態がこの数年来進行していたことは私も知っていたつもりですが、しかし今度の事件には、実際何か不条理かつ不可解なものがあります」と若干の不安を表明しながらも、「事態がどうなっていくかを言うには時期尚早であると思います」として慎重に判断中止の態度をとっている。[10] しかしすでにこの書簡において注意すべきことは、彼がフランスを指して「わが国と競合している隣国」と呼びながらも、書簡の内容は革命フランスの政治体制を検討するという視角で一貫されていることである。ところが、同年一〇月四・五両日、パリの下層民がヴェルサイユ宮殿に行進し、王室一家をパリに連行するという周知の事件が起こると、これを直接の契機として、バークの判断中止は一擲されその反革命の態度は確立された。彼が当時一フランス人に宛てて送った書簡の中には、フランス革命に対するバークの立場の礎石が、極めて簡単な語句の形においてではあるが、すでに出揃っていると言ってよい。[11] そのことは、例えばバークが「人としての権利(Rights of Man)」に基づく自由の観念を批判して、「私が尊重し、万人が享受する資格をもつ自由……それは孤独で、ばらばらな個人の自己中心的な自由ではなく」、「私の言う自由とは社会における(social)自由」であることを力説しているところに端的に現われており、またモンテスキューを称揚する半面、ルソーやヴォルテールを激しく非難している点にも現われている。[12]

ところが一一月四日には、バークの立場の特質を一段と明確化する事件が起こった。すなわちその日は、一六八八年の名誉革命に際してウィレム三世が英本土に上陸した日に当たるところから、イギリス各地の革命協会(Revolution Societies)が恒例の祝賀会を開いた。[13] リフォームを意図するこの革命協会その他の自由結社の運動は、一七八五年ピットの選挙制度改革案が下院で否決されて以来一般に著しく沈滞していただけに、フランス革命の勃発によって強く刺戟され鼓舞されたのは当然である。そこで、ロンドン革命協会の祝賀会の席上では、ユニタリアンの牧師リチャード・プライスが名誉革命のみならずフランス革命をも祝賀し、[14]次いで同協会はフランス国民議会宛てに革命を祝うメッセージを送ったのである。[15]ここに至ってフランス革命は、バークにとって単なるフランス革命に止まらず世界革命の意味をも持つものと意識されるに至った。そして今やイギリスの内部においても体制への挑戦者と対決しているという意識は、フランス革命を専ら政治体制の視角から批判するというバークの態度を、いよいよ確定的なものにしていったのである。『フランス革命についての省察』はこの事件を契機としてその執筆が開始された。[16]

以上において、フランス革命勃発直後におけるイギリス政治指導層の反応の型を見たのであるが、そうした態度の差異は、具体的な政策決定の過程と結びつくことによって、一層明確になっていった。

一七九〇年二月、下院では軍事予算の審議が行われた。ピットは、前年度をやや上回る額を計上した政府原案を擁護した。彼によれば、フランスに秩序が回復されてフランスの体制がイギリスのそれに近似するようになった暁には、「フランスは過去にも増して強力な国家となるでありましょうが、しかし同時に、過去におけるほど好ましからざる隣人ではなくなるでありましょう」[17]。しかし彼は続けて、近い将来においてフランスにこうした秩序が回復される見込みはないと述べている。従ってピットにとって、国力の弱化したフランスは差し当たって問題ではなかったのである。彼は慎重に、その演説の中では何ら言及しなかったけれども、彼の予算増の主張は別な考慮から出ていた。すなわち、同年一月下旬には、北アメリカ東岸のヌートカ(Nootka)でスペインとの間に紛争が発生したという情報が入っていた。[18]それのみではない。ロシアとオーストリアとの二皇帝は、それぞれ一七八七年と八八年とにトルコへの侵略を開始し、八九年末から九〇年にかけては連勝を博しており、他方オーストリア領フランドルでは反乱が起こり、イギリスの同盟国プロイセンは焦慮の中に好機をうかがっていた。ロシアの南下が英帝国への脅威であることは言うまでもない。当時のヨーロッパの情勢については、「〔ベルリン駐在英大使〕エワート(J. Ewart)がイギリス政府に送った書簡に少しでも眼を通してみれば、一七八九年から一七九〇年一月当時のヨーロッパには、大規模な全面戦争の危機がいかに差し迫っていたかが分かるであろう[19]」とさえ言われている。

ところでフォックスは、財政上の理由から原案に反対し、軍備の縮小を主張した。ということは裏から言えば次のようなことであった。すなわち彼によれば第一に、フランスに新しい形態の政府が成立したために、フランスからの脅威は減少した[20]。第二に彼は、常備軍の増大は国民の自由を脅かすという論拠に基づいて反対するのではない。「私が〔こうした懸念を〕最も持たなくてすむ時期がもしあるとしますならば、それは正に現在であります。フランス国民の範例の示すところによりますと、従来軍隊に対して加えられてきた誹謗はもはや通用するものではありません。人間は兵士となることによって市民たることを止めるものではないということは、今日全ヨーロッパに遍く知れ渡っております[21]」フランス国民軍の賞讃という形でフランス革命を謳歌し、それを軍備縮小の根拠とするということは、軍備縮小という結論そのものについては軌を一にするバークにとって、最も皮肉な挑戦であった。

バークもまた軍事費の削減を主張した。その理由は、「現在のところフランスは国力の点では無に等しい[22]」からである。しかし総じて勢力均衡の問題はバークの本題ではなく、彼の議論は専ら革命フランスの体制批判へと向けられていった。彼においては、「今日われわれに襲いかかっている危険、すなわち、中庸ということを全く心得ない性格の国民が示した実例から生じている危険、……それはアナーキーから生ずる危険であります。換言すれば欺瞞と暴力との成功に魅惑されて、専制民主政――理性も原理も持たず、法を無視して財産を没収強奪するところの兇暴かつ血醒い専制民主政――の行き過ぎを模倣するように仕向けられていくことの危険であります。宗教の側面について申しますならば、フランス国民の実例がもたらす危険は、もはや異端抑圧《イントレランス》ではなく無神論から生ずる危険であります[23]」。そしてバークは「私は決してあらゆる変革に反対するものではありません」と前置きしながら、しかし「フランス国民は自分の国を破壊しつつ、悪しき体制へと進む道を選んだのであります――当時彼らは良き体制を十全に享有していたにもかかわらず」と述べた。バークにとっては、このように「何らの必要もなしに国家組織を寸断するもの」はもはや革命ではない[24]。しかるに「フランスで『革命』と呼ばれているこの奇怪な現象[25]」は、一つの「疫病」であって恐るべき「伝染性」をもっている[26]。そこでバークは明らかにプライスを念頭におきながら述べて、フランスに起こった「アナーキーの原理(institute)ないし要諦(digest)は『人としての権利』と呼ばれるもの[27]」であるが、「実際のところ、われわれが『(名誉)革命』と呼ぶものの構造とフランスの革命のそれとは、ほとんどあらゆる点で、また革命の精神の全体構造において、全く正反対のものであります」と鋭く指摘し、次いで「われわれが行なったのは、……革命を完遂することではなくして、それを予防することでありました[28]」と述べたのである。

レッキーはこの演説を評して、「それは、軍事予算に関してなされたものとしては奇妙な演説であった[29]」と記しているが、しかし一見脱線の如く見えるこの演説の中にこそ、フランス革命との対決において一切の問題を政治体制の視角からとり上げていくバークの態度が鮮やかに現われているのである。そしてすでにこの演説の中に、『フランス革命についての省察』(以下『省察』と略記)に書かれたバークの主たる論点は尽くされていたと言っても過言ではない。

『省察』は、同年一一月に公刊されて以後一年の間に一一刷を重ね、いわばベスト・セラーとも言うべき売行きを見せた[30]。しかしそのことは、バークの主張が直ちに権力の受け容れるところとなったということではない。事態はむしろ逆であった。ピットの外交上の関心は依然としてトルコをめぐる戦争の成行きの上に注がれ、一七九一年三月にはエカテリーナ二世への最後通牒を準備し、続いて海軍増強案を下院に提出していた。[31] 他方ホウィッグの内部を見るならば、フォックスは一七九一年四月の演説の中で、「フランスの新しい体制は、全体的に見て、人間の高潔なる精神を基礎にして建てられた自由の殿堂の中……最も宏壮にして輝かしきもの」であると述べ、[32] 続いて五月ケベック法案審議の席上ではバークの『省察』を激しく非難して、同書に現われたバークの立場は、フランス革命以前、殊にアメリカ革命に際してバークがとった態度と矛盾していると攻撃した。[33] これに対し他方バークもまた自説を主張して譲らず、ついにフォックスに対し、過去二五年の友情を断つことを言明した。さきに前年二月の討論において現われていた両者の態度の差異はここに対立となって公然化し、ホウィッグは後日の分裂への決定的な第一歩を踏み出したのである。だが当時のホウィッグは圧倒的にフォックスを支持しており、そのためバークは党の機関紙によって「脱落者」と呼ばれ、さらに議員の地位を辞するように勧告されて、党内で文字通り孤立無援の立場に追い込まれた。[34] 同年八月に出版された『新ホウィッグから原始ホウィッグへの訴え』は、こうした非難に応えて、自分が一貫した正統ホウィッグであることの証しを立てようとする、バークの悲痛な試みであった。

ところで、この時期に至る前に、バークの反革命の態度は注目すべき一歩をさらに進めていた。すなわち、すでに一七九〇年一二月の末、彼はフランスの一宮廷貴族に宛ててこう書いている。「あの裏切者どもといかなる妥協をもなさってはなりません。隣接諸国の君主に訴え、なかんずく外国軍隊の援助に希望を託されるべきであります。[35]」続いて一七九一年一月、エミグレが集結していたイタリアのトリノ駐在の英公使に宛てた書簡に、バークは次のように記している。フランスの革命勢力に抵抗しうる勢力がフランス国内にないことは疑う余地がない、従って革命フランスに対して「何事かをなす能力と意志とをもつのは外国の軍隊だけであって、それ以外には全く存在しません。こうした干渉に対して、イギリスとプロイセンは、最小限默認の態度をとるに違いありません。他方、この計画は僅少な軍隊のよくなしうるところではありません。……従って諸国の連合軍によって遂行される必要があります」[36]。さらにまた同月に執筆された『〔フランス〕国民議会の一議員への書簡』の中でも、バークは同じ主張を述べている。すでに『省察』の中で、革命勢力の態度に見られる「伝染病的狂信」「無神論的狂信」「伝道者精神」を指摘して、これを再洗礼派のトマス・ミュンツァーのそれになぞらえていたバークは[37]、この『書簡』の中では「マホメット」を連想しつつこう記している。「もしヨーロッパの中心に、アナーキーの原理に立脚した国家――仮にそれを国家と呼びうるとして――が樹立され、換言すれば暗殺、強盗、謀叛、詐欺、徒党、暴圧、瀆神といった原理の流布伝道を目的とする、武装せる狂信者の養成所に他ならない国家が樹立されたならば、ヨーロッパのいかなる国も到底安全であるとは考えられません。」しかし他方フランス国内には独力で反革命を遂行しうる原動力は見当たらない。従って「この原動力は国外から与えられなければなりません[38]。」

以上の例から明らかなように、バークは一七九一年早々に、単なる反革命から世界反革命へ、つまりヨーロッパ大の反革命干渉戦争を主張する段階に至っていた。しかもヨーロッパにおいて反革命の立場から最初に干渉戦争の叫びをあげたのは、まさにバークであった[39]。

ところでこの事実は、当時の革命フランスの対外政策との連関においていかなる意味をもつのであろうか。コバンはそのバーク研究の中で、この点について次のように述べている。「もしフランス革命が、その対外関係の面では当初から侵略的性格をもったナショナリスティックな変革であったのだとすれば、……バークの立場は全く正しい。しかし……もしフランス国民が、自衛のために侵略せざるをえない……立場に追い込まれたのだとすれば、バーク自身、および彼と立場を等しくする人々は、自分たちが非難している悪そのものを自分たちの手で産み落したことになる[40]」と記した後、初期の革命勢力の平和主義は、戦争が国王派に利するのを恐れたことに由るのであって、ジロンド派が支配権を獲得した一七九一年以後は、アンシャン・レジームの伝統が息を吹き返して「国家理性が純粋理性に優越するようになっていった[41]」のみでなく、解放戦争が革命のプログラムに織り込まれるようになったことを指摘し、それを根拠として、バークの立場は正当であったとしている[42]。

　コバンのこの見解は、フランス革命の変質過程そのものを示す限りでは恐らく妥当であろう。しかしバークの態度の解釈としては、次の二点でやや結果論的な即断の嫌いがある。第一に、コバンの見解の基礎になっているのはソレルの記述であるが、ソレルが革命政府の対外政策における変質の端緒としているのは、フランス国内に飛地のように存在していた法王領(アヴィニョンおよびコンタ・ヴェネサン Comtat Venaissin)の帰属問題である。ところが同じソレルの記述によれば、同領内の革命勢力の要求にもかかわらず、国民議会は一七九〇年一一月にその併合を拒否し、一七九一年五月にも再度同じ態度をとったのである[43]。他方バークが干渉戦争を提唱したのは一七九一年一月のことであった。第二に、仮にこの問題に対する国民議会の態度の中には併合への傾向がある程度見られたとしても、バークは当時の書簡の中で法王領問題には全く言及しておらず、従ってこの問題が干渉の根拠となっているのではない。以上二点から明らかなように、フランスの側からする侵略の事実が存在しないにもかかわらず、バークは反革命戦争を唱道し、またそれを正当と考えたのであるが、正にその点にこそ、彼の主張が文字通り干渉戦争の擁護であることが明確に現われていると言わなければならない。そしてその後同年八月バークは、以前からコブレンツに集結していたエミグレのもとに息子のリチャードを派遣して助言を与え、じらいバークとエミグレとの交渉は次第に深まっていった[44]。次いで同年一二月の『フランスの事態についての見解』において、バークは干渉戦争の論拠を一段と詳述したのである。

ところで他方、フランスにおける革命の進行につれ、バークの主張は次第に多数の支持を受けるようになった。すなわち、一七九二年四月二〇日フランス立法議会はオーストリアに宣戦を布告し、六月二〇日にはテュイルリー宮殿襲撃事件が起こり、八月一〇日にはルイ一六世の王権が停止され、ついで九月には王党派虐殺事件の報が伝わるや、フォックスさえ烈しい幻滅を感じた。さらに国民公会が、一一月一九日には世界革命への意思を宣明し、二七日にはネーデルラントの要衝スヘルデ川河口に対するフランスの自由航行権を通告し、一二月二五日には革命的解放戦争の遂行を明確に宣言したことによって、英仏関係は悪化の一途を辿り、ついに一七九三年一月二一日ルイ一六世が処刑されるに及んでイギリスの支配的世論は著しくバークの立場に接近し、そのまま二月一日、フランスの対英および対オランダ宣戦を迎えたのである[45]。

この開戦に当たって、ピット、バーク、フォックスの三人がいかなる態度をとったかということは、イデオロギーとパワー・ポリティクスが二重映しの脅威となって襲う場合に反対勢力がとる態度という問題との連関において、モーゲンソーがすでに類型化を試みているので、それを要約するに止めたい[46]。

(1)　バーク型　ここでは、フランス革命が世界革命であるということが開戦支持の最大の理由となり、この場合には、「ジャコバン主義」が原理的に誤謬であり悪であるということが決定的な意味をもつ。従ってこの戦争は「主義との戦争」であるから、戦争目的は敵を「根こそぎ絶滅」する点にある。

(2) ピット型　フランス革命を世界革命と見る点ではバークと変わりはないが、開戦の最大の理由は、革命フランスの帝国主義[47]——すなわち「膨張」「侵略」「征服欲」——によってイギリスの国家的利益《ナショナル・インタレスト》が脅されているという点にあり、この場合には、フランス軍のネーデルラント干渉の事実が決定的な意味をもつ。従ってこの戦争は、中立侵犯を排除しヨーロッパの勢力均衡を回復するためのものであるから、戦争の目標はフランスを「自国の領土内に封じ込める」ことにある。

(3) フォックス型　ここではフランス革命はイギリスに脅威を与えている事実はないとされ、従って開戦は干渉戦争と意識される結果、宣戦反対の立場がとられる。この立場はさらに次のような根拠に基づいている。すなわち、(i)イデオロギー戦争は宗教戦争と同じであって、一定の国家的利益を目的とするものではないから、戦争目的は抽象的かつ無際限であって、必然的に「絶滅戦争」の形態をとり、しかもその戦争は何ら所期の効果を生まない。イデオロギーというものは「商品とは違って、戦争によってフランスからの流入を阻止しうるものではない」からである。(ii)のみならず、目的の明らかでない戦争によって租税等の重圧が増せば、それは「革命イデオロギーの伝播のために戦う」結果になる。その上、反革命戦争は、単に権力の強化によって国民の自由を脅かすばかりでなく、国民各自の間に「疑心暗鬼と一刀両断的な考え方」を瀰漫させることによって、言論の自由を失わせる結果になる[48]。

ところでフォックスのこうした警告は単なる杞憂には終わらなかった。すなわちすでに一七九一年七月には、非国教徒の公権制限に反対したプリーストリー(J. Priestley)等の家が暴徒によって焼き打ちされるという事件が起こったのであるが、官憲はこれに対して傍観的な態度をとり、ジョージ三世は欣快の意を洩らした。一七九二年、政府は「不穏な集会および出版」に警告を発し、また『真正イギリス人(True Briton)』その他の御用新聞を発行した。同年秋からは出版物の組織的な検閲が開始され、尾行やスパイが動員された。こうした中にあってリフォーマーはまず集会の場所の提供者を失っていったのであるが、地方によっては「リパブリカンおよびレヴェラー」のブラック・リストが作成されたり、あるいは「ちょうど税金のように忠誠誓約が徴集」されたりしていた。その頃から「裁判所が多忙を極める」ことになり、同年一二月ペイン(T. Paine)は法の保護を停止され、じらい彼の『人権論』を販売宣伝ないし回付したというのが弾圧の常套の口実となった。[49]

他方で議会においては、選挙制度改革の提案は次々と否決されていった。そして一七九三年には「バークはイギリスにおいて最も強大な発言権をもつ人物」[50]となり、フォックス派は党内の絶対少数派に転落し、バークとフォックスとは全くその地位を逆転するに至った。翌九四年、ホウィッグ多数派の領袖が次々とピット内閣に入閣していく頃には、ハーディ(T. Hardy)、トゥーク(H. Tooke)をはじめ大量のリフォーマーが大逆罪の廉で検挙され、同時に人身保護令が停止された。そしてバークはこうした弾圧政策については、「理性に適い、衡平と正義とに合致するところの生きた法……というものは、峻厳にして畏るべきものでなければなりません」[51]と記し、ピットを鼓舞する立場をとったのである。しかし他面で外交政策については、一七九五年以降、ピットとバークとの元来の差異が再び露呈されることになった。すなわち同年、プロイセン、オランダ、スペインの諸国はフランスとの講和によって同盟から脱落していったのであるが、これはもとより革命の原理を承認したからではなく、各国のレゾン・デタに従ってなされたことであった。ここに至ってピットは、フランスはその財政の悪化によって必ず崩壊するであろうと最後までたのみ続けていたイリュージョンから醒め、またバークと立場を一つにすることによって踏み入っていたイデオロギー戦争の迷路の危険性を感知し、一七九六年秋からフランス総裁府との和平交渉を開始した。[52]ピットのこの態度に激昂したバークは戦争継続を主張して譲らず、『国王弑逆者たるフランス総裁府との和平案について』という四つの書簡をもってその反革命闘争の掉尾を飾り、一七九七年七月に他界した。折しもオーストリアはカンポ・フォルミオの講和を進めつつあり、ピットの第一次大同盟には終止符が打たれようとしていた。他方フォックス派ホウィッグは議会への出席を放棄し、政府批判の自由を田園の邸宅に偸んでいたのである。(53)

二　問題の所在

さて、ここで以上の叙述を背景に置きながら、論点を集約していきたい。

まずフォックスとの対比において見られるバークの態度の特質は、フランス革命の原理がイギリスの体制の原理とは異質なものであるということを逸早く洞察し、じらい一貫して強硬に反革命を唱えた点にある。そしてバークがフランス革命の根本原理と考えて激しい攻撃を浴びせたのは「人としての権利」であり、またその系としての人民主権および抵抗権であった。バークにとっては、「人としての権利」とは「曖昧にして思弁的な権利(54)」「架空の権利(55)」に過ぎず、かかる権利を主張する理論は「形而上学的政治理論(56)」であるのみならず「野蛮な哲学(57)」である。そしてバークは、「いずれの国においても人民こそ正統な主権者である」と主張するフォックスに反駁し、こうした思想はフランスの諸宣言と同じく、「政府の淵源が人民にあるということと、政府の存廃を決定する権利が人民にあるということとを、悪辣かつ愚劣な方法で混同するものである(58)」と述べている。バークによれば、このような人民主権に基づく政治形態は「純粋民主政」であり、「絶対民主政は絶対君主政と同じく、正統な統治形態には入らない」「腐敗と堕落」の政体、すなわち「群衆の専制政治(59)」に他ならないのである。

ところでフォックスについて見るならば、なるほど彼は「人としての権利」がイギリス憲法の根本であると主張し[60]、人民主権と抵抗権とは名誉革命の精神であることを力説し続けた[61]。ではフォックスは「純粋民主主義」者であったのであろうか。ジョージ三世との個人的な確執という偶然的契機に触発されて、フォックスが王権の制限を特に力説し、従ってまた大陸諸国のアンシャン・レジームに強い反撥を示したことは事実である。しかしフォックスの思想そのものの分析は本稿の主題ではないから、ここでは極く結論的に言うならば、ヴェイチがプライスについて述べた言葉はそのままフォックスについても当てはめることができる。すなわち「彼にとっては、……〔名誉革命において〕君主専制が議会政治にとって代わられたということで十分であったのだ[62]」。換言すれば、フォックスの立場は、名誉革命によって樹立されたパーラメンタリー・ガヴァンメントの体制から一歩も出るものではなかった。だからこそ彼は、すでに一七九〇年二月の陸軍予算審議の席上こう述べているのである。「私は絶対的な政治形態は、それが絶対君主政、絶対貴族政、絶対民主政のいずれでありましょうと、すべてこれを否認するものであります。」「われわれは、一六八八年の革命を基礎にしてわれわれの自由を定義し確立しなければならないのであって、そのことには一点の疑いもありません[63]。」その上彼は単に革命家でなかったばかりか、「一度として真のリフォーマーではなかった[64]」。

だとすれば、例えば彼が一七九二年九月の王党派虐殺事件直前に、「私はフランス国民の欠点や愚行のすべてを承知の上で、彼らの革命が成功することに最大の関心をもっています」と述べながら、事件の報が伝わると、「この怖るべき日の出来事は、私のように、革命の真髄を把握して変わらない者にとって、心痛この上もない事件と言う以外にありません。このむごたらしい虐殺に対してはいかなる釈明も成り立たず、情状酌量の余地は全くないと思います[65]」と記したとしても、それは単に人道的見地からの発言と解することはできない。そしてフォックスは、翌九三年二月には、「フランスを苦しめているもの、一切の悪禍は、〔革命の〕原理に由来するのではなく、原理の濫用に由来するのであります[66]」といった弁明しかなしえなくなったのである。

と言って、もとよりフォックスが反革命イデオロギー戦争そのものについて加えた批判の意義を否定する必要はない。また、名誉革命について、フォックスのように「人としての権利」「人民主権」といったタームで解釈することが妥当であるか否かもここでの問題ではない。また逆に、バークのフランス革命に対する非難が妥当であるか否かということもここでの問題ではない。フォックスとバークとのここでの対比において決定的なことは、フランス革命の原理の中に、イギリスの体制と異質なものを洞察したかどうかということである。そしてフォックスの立場が従来から王権の制限という角度に傾斜していたこととの結果、フランス革命の勃発に際して、彼の意識においては何よりも絶対王政の崩壊という側面がクローズ・アップされ、従ってフランス革命それ自体の力学という点の認識は著しく曇らされざるを得なかった。革命の進行と共に幾度か幻滅に襲われたフォックスの態度は、「〔バスティーユ襲撃の報に接して〕フォックス一派はこよなく美しいイリュージョンに我を忘れた[67]」という評言を裏付けるものと言わなければならない。これに比してバークは、革命勃発後逸早くその特異性を看取したばかりでなく、後にも述べるように、フランス革命がやがて寡頭支配から軍人独裁に変質するであろうということを、早くも一七九〇年に予見していたのである。この意味において、「バークは、フランス革命の真の性格と広汎な影響力とを、当時のいかなる人々にも先がけて、またいかなる人々よりも明確に理解していたということは争う余地がない[68]」。

では、バークはなぜフランス革命の原理がイギリスの体制と異質であると考え得たのであろうか。換言すれば、バークをして革命フランスとの対決という意識をもつことを可能ならしめたその体制像はいかなる構造をもつものであろうか。これが問題の第一点である。(第二章)

ところで他方ピットとの対比において見られるバークの特質は、フランスの側からする侵略の事実が存在しないにもかかわらず、干渉戦争を主張した点にある。こうしたバークの態度に対して、また総じてフランス革命の原理に関して、ピットがいかなる思想の持主だったかという点について、ピット自身の発言や書簡に基づいて体系的に解明することは容易ではない。(69) しかし『省察』が出版された直後、すなわち一七九〇年一一月末、ピットが私的な会合において同書に同意を表した(70)という事実からも明らかなように、革命フランスの体制を原理的に否認するという点では、ピットとバークとは立場を一つにしていた。さればこそ、対仏戦争が一つの既成事実となってしまった一七九三年二月のピットの議会演説の中には、フランス革命の原理は「イギリスのみならず全ヨーロッパの自由と独立とを破壊する」ような「福音伝道精神」であり、「わが国の自由と憲法と独立のみならず、その生存にとっても最高度に危険な原理(71)」であるといった、バークそのままの言辞を見出すことができる。それにもかかわらずピットが永く中立不干渉政策を堅持し続けたのは、上述したようなピットの基本的な態度、すなわち「財政家と外交官」という立場からのアプローチの帰結である。そしてこの第一の側面は、ピットを一つの楽観的なイリュージョンに陥れた。すなわち経済法則を重視する彼は、革命フランスの無秩序、なかんずくその財政的混乱は、時と共に自壊作用を起こすであろうと考えた。(72) ピットが一七九二年二月下院での演説において、「ヨーロッパの情勢に鑑みて、一五年間は平和が続くものと期待しうる(73)」という有名な誤算を犯した一つの根拠はこの点にあった。ピットの第二の側面は、ヨーロッパでの勢力均衡政策となって現われたが、もとより彼が革命に対して懐いていた反発は、彼の政策にも影響を与えずにはおかなかった。一七九二年八月ルイ一六世の王権停止後、ピットは駐仏大使を召還し、九月虐殺事件以後は大使の再派遣を停止し、[74]その半面国内では、先述したようにリフォーマーの弾圧を次第に強化していった。それにもかかわらず、同年一二月二九日、ピットの意を体して外相グレンヴィル(W. W. Grenville)が駐露大使に送った訓令の中には、フランス共和政府の否認とか干渉戦争への勧誘といったものを示す言辞は全く見えず、ひたすらフランスを旧国境内に封じ込めるという線で貫かれており、イデオロギーとパワー・ポリティクスとの峻別という態度は依然残されている。[75]

　ところで他方バークについて見れば、彼もまた経済法則を重視する点でピットに劣るものでなく、革命政府に対するバークの攻撃の一つはアッシニャ紙幣の乱発に向けられた。しかし彼の状況判断はピットと正反対であった。一七九一年一二月バークは明らかにピットに反駁してこう記している。「フランスのこの悪質な体制は永続しえないであろうし、従ってそれを外からの干渉政策によって破壊しようとするのは全く無用の業であるという見解があるが、正にこうした見解こそ、この体制に転覆を免れさせている最大の原因の一つなのである。[76]」のみならず、バークは一七九一年一月の書簡で、フランス国民が惨苦に襲われていることを指摘した後、次のような興味ある言葉を記している。「ところがこの騙されたフランス国民は、あたかも狂人と同じように、飢えと渇きと寒さと拘束、主人の鎖と鞭といったものを甘受しており、同時に、自分達は将軍であり、予言者であり、王君であり、皇帝であると絶えず想像することによってわが身を支えているのですが、これはまことに不思議なことであります。」ここでバークは、ピットとは異なって、治者と被治者との同一性という〈神話〉を道標として解放された国民《ナシオン》の政治的な——従ってしばしば経済的合理性に適合しない——エネルギーの徴表を看取していた。しかしバークにはそれを理解することはできなかった。従ってバークは続けて、「これらの狂人を治癒するためには、他の狂人の場合と同様、まず第一に鎮圧しなければなりません[77]」と記すのである。実にバークにとって革命フランスとは、甘言をもって国民の歓心を買う「詭弁を弄する簒奪者」「詐欺師、ペテン師、イカサマ師[78]」から成る支配者と、「豚の如き群衆」「暴民[79]」から成る人民とで構成された「殺人と蛮行の教習所[80]」に他ならない。このような道徳主義的アプローチをとる以上、バークが主張する対仏外交政策は不承認政策となって現われるばかりでなく[81]、干渉政策へと延長される必然性をもっていた。もとよりバークも勢力均衡を無視したわけではないが、後に述べるように、彼の場合勢力均衡は単にパワー・ポリティクスにおける必要という以上に、「ヨーロッパ」体制の規制原理という意味をもつのであり、従ってピットの場合とは違って、体制の対決という意識を外交面で抑制する機能は全くもたなかった。ともあれ、バークのような道徳的アプローチにあっては、善と悪との「均衡」という発想はありえず、悪の存在を放任すること自体が悪と意識されるのは当然である。

　バークによれば、反革命的干渉は「いかなる場合にも一つの権利であると言わねばならない。それはちょうど、他人に善行を施す特権、また他人をあらゆる悪の誘惑から護るという特権が一つの権利であるのと同じである。そして状況の如何によっては、こうした権利は義務ともなるのである[82]」。次いでこうした要請《ポストウラート》は、フランスの国内には革命勢力を「鎮圧」しうる勢力が存在しないという事実認識を媒介として、干渉政策へと直結した。そしてバークのかかる主張の基礎には、フランス国民議会議員に対して「私はイギリス憲法の根底をなす原理を推奨します[83]」と書いたことに明らかなように、イギリスの体制の普遍性――従ってその〈体制の輸出〉の正当性――に対する確信が横たわっているのである。ではバークは、なぜフランス革命に対して以上のような道徳主義的アプローチをとることとなり、なぜフランスの側からする侵略に先立って武力による〈体制の輸出〉を正当と考え得たのであろうか。これが、以

下においてバークの思惟構造に即して解明しようとする第二の問題点である。（第三・四章）

三　二つの革命

以上において問題を二つの論点に絞ったのであるが、次にここでこれら二つの問題点相互の連関をとりあげ、その角度からバークの思想に光を投げて問題の所在を一層明確にし、本論への導入部としたい。

さて上述のことから現象的に明らかになったことは、バークが革命フランスの体制を原理的に否定し反革命十字軍を唱道したということである。しかしながら、仮にフランス革命の原理はイギリスの体制と相容れないと意識したにしても、もしバークが、フランス革命およびそのイデオロギーの生成をフランスの歴史的状況とのコンテクストにおいて考え得たならば、そこに何らかの歴史的必然性を見出し、従ってまた干渉戦争を急ぐという行動に出ることはなかったであろう。これを反面から言えば、仮にフォックスやリフォーマーが名誉革命をフランスの革命イデオロギーのタームで解釈して鼓吹したとしても、バークは同じタームのイデオロギーもイギリスではフランスとは同じ機能をもち得ないことを洞察するか、あるいはもし同じく革命的機能をもつとすればその原因はイギリスの歴史的状況の中にあると考えるか、そのいずれかの態度をとり、従って、「伝染病」の病源を根絶する干渉戦争という発想のみに固執しなかったであろう。しかしバークが干渉戦争を主張したという事実からすれば、彼がこうしたコンテクスチュアルな思考方法を知らなかったということになろう。事実バークはフランス革命についてこう述べている。「これらの怖るべき事態は、すべて必然的なものであったのであろうか。これらは、平穏と繁栄とに包まれた自由というあの安らかな彼岸に達するためには、どうしても流血と騒乱の河を渡らざるを得ない破目に追い込まれた愛国者達が、断乎決死の闘争に蹶起したことから、不可避的に生じた事柄なのであろうか。否！ 何一つとしてそのようなものはないのだ。」[84] 従ってバークには「すべてが不条理(out of nature)に思われ」、「不可解(unnatural)」[85] としか考えられないのである。

このように革命の発生についてコンテクストを見ることができないバークは、革命への対策を考えるに当たっても必然的に同じ盲点をもつこととなった。フォックスが、イデオロギー戦争には逆効果はあれ効果はないという極めて適切な反駁をしたにもかかわらず、またピットが、干渉戦争はフランス人民の結束を強め、従って却ってフランス王政を危くするのみならず、ヨーロッパを戦場と化し、結局イギリスの不利益になるという立場に立っていたにもかかわらず[86]、バークは譲らなかった。干渉戦争という政策の選択そのものに関するバークの態度をウェーバーの範疇を借りて言えば、それは全く「価値合理的《ヴェルトラチオナル》」であり、その意味において効果への配慮は完全に消失していた。[87]

しかしこのことは、バークの思想と行動とを見る場合、甚だ興味ある現象である。なぜならば、政策の選択に当たっては状況と効果とに最大の考慮を払うべきであるということを終生力説してやまなかったのは、まさにバークであったからである。アメリカ革命に際しては植民地を支持し、フランス革命に当たっては反革命を唱えたバークに対して、すでに当時フォックスが「矛盾」を指摘したことは先にも触れた。果たしてバークの態度に「矛盾」があるか否かということはここでの問題ではない。むしろ逆に、抽象的思弁の排除、効用の重視といった、いわば〈状況的相対主義〉とも呼ぶべき立場の点では、バークは二つの革命を通じて終始変わらなかったという事実がここでの焦点である。

周知のように、アメリカ革命は課税の問題を中心に展開されたのであるが、当時イギリス本国議会での支配的見解は、議会および国王は植民地に課税する当然の法的権利を有するという立場に立っていた。

バークはこうした見解を攻撃し、そうした議論は「法と政治とに関する詭弁的思弁」、「形而上学的思弁」、「人間の精神の問題を幾何学的精密さで割り切ろうとする妄想[88]」であると述べた。彼によれば、「私が問題とするのは、卿らに卿らの〔植民地〕人民を悲境に追い込む権利があるか否かということではなく、人民を幸福にすることが卿らの利益ではないのか否かという点にあります」。「ある抽象的権利が私の味方になっていると言われても、次のことが確認されていない限り、私は不安なしに判決を下すわけには参りません。すなわち、およそ権利というものは、いかなる状況のもとで適用されても、最も忌むべき誤りや最も厭うべき不正を招くことはありえない、という保障であります[89]。」仮にアメリカへの課税が合法的であろうと、「合法的隷属だと言ってみたところで、埋合せがつくものではありません[90]」。そして法律論に代えてバークが主張する「政治的得策(political expediency)の原理[91]」によれば、法の適用に当たっては「時の変化と状況の変動とに即応」せねばならず[92]、そのためには、「われわれはアメリカを、その性質と状況とに応じて統治すべきであって、われわれの想像や、権利という抽象的観念や、単なる一般国家論に従って統治してはなりません[93]」。また同じ原理に基づいてバークは、アメリカに対する武力行使を、それが「厭うべきものだからではなく、貧弱な手段であるから」反対した。すなわち武力行使の効果は「一時的に過ぎない」し、その成功は「不確定」であり、「協調に失敗すれば武力行使という手が残るが、武力行使が失敗すれば協調の望みは全くなくなる」し、また「目的物〔アメリカ〕を保持しようとする正にその努力が、その目的物を損なってしまう」のである[94]。そしてこうした観点から、バークは「理性と深慮(prudence)[95]」の必要を力説したのである。

　ところで、状況的相対主義の立場からアメリカ革命の場合には専らイギリス政府に向けられたバークの攻撃の矛先は、フランス革命に当たっては、そのまま革命政府の上に転じられ、それに応じて標的は、

「課税の権利」から「人としての権利」に移った。
「人としての権利」に対するバークの攻撃についてはすでに記した通りであるが、バークが『省察』の基本原理として自ら記した言葉を借りて要約すれば、『省察』は「人としての権利という架空のもの――最もよく評価しても、法の原理と政治の原理(civil principles)との混同に過ぎないもの――にではなく、政治的効用(political convenience)と人間性とに」立脚して書かれたのであり、また「政治の問題は、第一義的には、真か偽かということとは関係がない。それは、善か悪かということに関する問題である。結果において悪を生み出す可能性のあるものは政治的に虚偽であり、善を生むものは政治的には真理なのである[96]」。従って「人としての権利なるものは……それが論理的に(metaphysically)真であればあるほど、それに比例して、道徳的および政治的に虚偽となる[97]」。バークによれば、「人としての権利」という原理は、歴史的状況を無視して人間を「人間一般」として扱い、「あらゆる種類の市民を可能な限り混合して、一つの同質的なマスを創り出そうと試み[98]」させる原理であり、革命政府がこうした原理に立脚した結果、例えばその選挙制度は、「幾何学的規準」によって決定された選挙区と、「算術的規準」によって決定された選挙民とに基づくことになった[99]。

　それのみではない。バークは、具体的な状況や与件を無視する態度が、行動に当たって具体的イッシュの有無と如何とを無視し、政治の問題を直ちに原理の次元に還元する態度に直結することをも指摘している。すなわちバークは政治的抵抗を二つに分け、具体的な苦痛とそれに基づく苦情(feeling→grievance)という系列と、抽象的な原理とそれに基づく熱狂(imagination→zeal)という系列とを挙げて[100]、後者は人を駆って容易に「予言者的熱狂」や「黙示」に憑かれた「聖者と使徒[101]」たらしめる危険があると述べ、ここでもまた「無限の慎重さ(caution)[102]」を力説するのである。

こうしていわば〈効果の理性〉に媒介された状況的相対主義を力説するバークの言葉の内容それ自体には、多くの優れた洞察が含まれていると言わなければならない。しかしそのことを承認すればするほど、反革命干渉戦争をつとに主張したバークの態度に対してはいよいよ奇異の感を懐かざるを得ないであろう。実に、抽象的普遍主義に抗するに抽象的普遍主義をもってし、〈革命の輸出〉と映ずるものに抗して〈体制の輸出〉を叫び、敵の「黙示」を糾弾することにおいて自らの「予言者的熱狂」を正当化しうると信じたのは、バークその人であった。このことは何を意味するのであろうか。

ここでまず第一に明らかなことは、バークにおける状況的相対主義は、決して純粋に方法化されてはいなかったということである。もしそれが、コンテクスチュアルな思考方法として純化されていたならば、バークは容易に次のように考え得たであろう。すなわち、「課税の権利」も「人としての権利」も、およそ権利を主張する以上、多少とも法的思惟様式をとることは当然である。だがこの両者には政治的に見て重大な差異があり、前者は権力のパロールであり、後者は革命のパロールである。従って、この差異を没却して共に法的抽象性の範疇に同居させることこそ、まさに抽象的・思弁的思惟である。

やや視角を変えて言えば、バークにおいてもし状況的な思考が方法化されていたならば、彼は、フランス革命が非歴史的な、ア・プリオリの「人としての権利」を理論的な武器としたということ自体の歴史的・状況的必然性を見出すことに努め、それに即応した対策を講じ得たであろう。すでに一七七〇年バークはこう記していたのであった。「私は、人民は誤ることなしと考える者ではない。……しかし私は敢えて言う。およそ人民と治者との間に抗争が生ずる時には、人民の側に少なくとも五分の理があると見なしてよいと。経験の教えるところによれば、さらにこう言い切っても誤りなかろう。すなわち、人民の間に不満が著しく蔓延している時には、国家構造か政治の運営かの中に、何か間違ったものがあるのが常であったと断定して差し支えない、と。[103]」

ではフランス革命に当面して、バークがこうしたコンテクスチュアルな思考方法を放棄したのはなぜであろうか。第一に考えられることは、バークがアンシャン・レジーム下のフランスについて十分な知識をもっていなかったということであり、こうした説を主張する史家も少なくない。しかし筆者の知りえた限りでは、この説は支持し難い。[104]ここでは極く一例を挙げれば、バークは一七七〇年の『アニュアル・レジスター』の中で、ルイ一五世の悪政を論じてこう記している。「〔国王の〕かくも破壊的な力は、フランスを今後いつまで荒廃に帰し続けていきうるのであろうか。あるいは、多くの前例が示すように、終には自己みずからの巨大な重力によって崩壊を招くことになるのであろうか。それは時が示すのを待つ以外にない。[105]」

従って、判断の素材そのものの不足によるのではないとすれば、第二に次のように考える以外にない。すなわち、バークの状況的相対主義が、フランス革命の場合に、純粋に方法化されて適用されなかったということは、そもそもその状況的相対主義には限界があり、それを超えれば直ちに実体化されてしまうということ、換言すれば、その状況的思惟は一定の内容と不可分であり、その内容の範囲においてのみ方法でありうる、ということを示すものに他ならない。このことは、バークが状況的思考方法のフランス革命への適用を故意に回避したということを必ずしも意味しない。むしろ逆に、彼の状況的思考が一定の内容と密着していればいるほど、それを方法として普遍化するという発想はそもそも成り立ちえないことになろう。換言すれば、バークがフランス革命の原理の抽象性を攻撃する仕方が抽象的にならざるを得なかったという点にこそ、その状況的思考方法が、極めて具体的な、またバークにとって極めて自明な内容と密着していることが現われているのである。

ところで状況的相対主義の側面に現われた、バークのこうした思惟構造は、バークが終生力説したもう一つの原理、すなわち伝統主義へと連なることによって一層明らかになる。言うまでもなく、政治的行動の選択に当たってその根拠をア・プリオリな権利に求めるということは、反面から言えば、その根拠を先例、歴史、伝統といったものの中には求められないということである。しかしこうした考え方ほどバークの立場に遠いものはなかった。そして伝統の重視——ないし神聖視——という点においてもまた、バークはアメリカ革命とフランス革命とを通じて変わらなかった。

周知のように、イギリス本国議会は一七六四年三月に砂糖条例を通過させたが、この条例が、単に通商に対する重商主義的規制——つまり一六五一年以来の一連の航海条例——の線を超え、本国の歳入財源としてアメリカ植民地に課税する性質のものであることに当時すでに気付いていた者は少なかったと言われる。[106] しかし翌一七六五年三月に可決された悪名高き印紙条例を契機として、新課税の性格は広く認識されることとなり、後のいわゆるタウンゼンドの諸税法(一七六七—七〇年)もこうした新しい性格の課税であった。従って本国議会が、この課税の根拠を、先例にではなく「課税権」に求めざるを得なかったことは、その課税の当否は別として、当然のことであった。

これに対して、航海条例を英帝国の「自由のきずな」[107] と呼ぶバークにとっては、これら一連の新税法は明らかにイギリスの伝統的植民地政策に反するものであった。そこで、「かくも幸福な憲法と、かくも隆盛な帝国とを、われわれへの遺産としたわが父祖の叡智に深い敬意を懐く」バークの反対提案の趣旨を一言にして言えば、「原理的には、代表に関するわが国古来の基本的国策(constitutional policy)を確認し」「具体的政策としては、一七六三年以前の様式、すなわち、われわれが等しく体験したところによれば、最善のものであり、またわれわれに安全と利益と名誉とを保障してきたところの、あの様式に復帰する」ことに尽きる。[108] 従ってその反面、もし植民地に新税法の撤廃以上の譲歩を本国に要求する者があれば、それもまた「伝統破壊者(innovators)」[109]に他ならない。こうしてバークは、「何度でも繰り返して申します。卿らの古き方針に復帰されよ」[110]と訴えたのである。

この伝統主義は、フランス革命の場合にもバークの一貫した立脚点であった。これを根拠とするバークの攻撃は、フランスの旧支配層、革命勢力、およびイギリスのリフォーマーのいずれにも向けられる。バークは、全国三部会の召集そのものはやむを得なかったものと諒承しつつも、一七八八年一二月パリ高等法院が、第三階級の議員数の倍増を承認したことは、「伝統破壊行為の最たるものの一つ」であるとし、伝統的機構を変えることは「国王もその権利をもたないことは自明であり、かくて高等法院は、その義務の履行に誤るところがあったため……自らの失策によって自滅した」[111]と述べた。こうした立場のバークが革命勢力を糾弾するのは当然である。バークによれば、彼らは伝統を尊重しないどころか、「あるものが古くからあるというだけで、古来の事物を破壊する十分な理が立つ」と考え、「政府というものは衣服の流行と同じように、ほとんど害悪を伴わずに変わりうる」[112]と思っている。彼らはあたかも興奮剤を常用する病人のように、「絶えず抵抗や革命を口にする」「治療病患者」[113]に他ならない。「国民議会は、基本法、厳格な慣例、尊重されてきた慣習といったものは、全く拘束力がない」としているのに比べて、「高等法院が存在していた頃には、国民は時に応じて提訴し、彼らの古来の法の旗幟の下に整然と秩序を保っていた」[114]。従って「もしすぐ先代の人々をあまり香しく思えない場合には、その世代は飛び越してさらに古い父祖に帰り、そこから諸君(フランス国民)の権利の根拠を引き出すこともできよう。……敬虔な愛情をもってその父祖の上に想いを馳せるならば、父祖の中に美徳と叡智との亀鑑を見出すことであろう。……父祖を尊ぶことによって、諸君は諸君自身を尊ぶことを教えられるであろう」[115]。まことに「先人の思想と生活方式とが奪い去られてしまうならば……その瞬間から、われわれは導きの羅針盤を持たなくなってしまう」[116]。このように記すバークはさらにイギリスのリフォーマーに向かって、「総じて伝統破壊の精神は、利己的な気質と偏狭な見識とに由来する。つまり人々は子孫のことを配慮せず、子孫は父祖のことを顧みようとしない」ことに起因すると断じ、またリフォーマーは「自分達の父祖の慣行が優れていることが、永い経験によって確実に試験済み」であることを受け容れようとしないと難詰するのである[117]。まことにバークにおいては、「古来の」ということは「正しい」「善い」ということとほとんど同意義であり、一切の肯定的価値は伝統のタームで意識されたと言っても過言ではない。

ところで、父祖を尊ぶことは自己自身を尊ぶことであり、過去を奪われることは未来を喪失することに等しいと表現されているような、父祖と後裔との連続的一体感というものは、一面において、現在を過去の中で意識する保守性を示すが、その反面、回顧は同時に将来への展望であり、伝統は現在の課題を解決しうるという実感を意味する。しかし、ピューリタン革命のようなラディカルな変革はもとより、それを前提とした〈最小限の革命〉たる名誉革命すら過去にもたないフランスにおいて、一七八九年にフランス国民が「復帰」すべき伝統は存在しなかった。バークの意味するような、機能する「伝統」が欠如しているということ、それが一七八九年のフランスに与えられた過去であるという点は、バークの『省察』を論駁するために一七九一年『フランス革命の擁護』を出版したマッキントッシュが、逸早く指摘したところであった[118]。それにもかかわらずバークが〈「伝統」なき過去〉を「伝統」と見なした時には、彼の言う「伝統」がもはや機能としてではなく実体としてであることは明白である。その結果、彼は一方ではフランスの過去を歪曲してアンシャン・レジームを美化することとなり、他方ではイギリスの

「伝統」から現在の機能を剝奪してリフォーマーの弾圧に加担することとなった。しかしそれを反面から言えば、そうした結果を招いたのは、バークの意識においてはおよそ伝統とは機能しうる「伝統」以外のものでもなく、彼にとって、伝統(ないし過去)が機能することはそれほどまで自明だったからに他ならない。このことの中には、他方フランス革命との対決において客観的には実体性を露呈したということと併せて、その伝統が極めて具体的な、またバークにとって極めて自明な一定の内容と密着していることが容易にうかがわれるのである。

以上をやや言葉を変えて要約すれば、バークには、革命そのものと革命のイデオロギーとの混同、および伝統(ないし過去)の実態と伝統主義との混同があったと言うことができる。だがここでの問題は、そうした混同の誤謬を摘発することにはない。むしろ逆に、バークにとってはそれが決して混同と意識されなかったということの意味が重要なのである。そして、そうした無意識の混同は、バークの状況的相対主義と伝統主義とのいずれもが、具体的な内容と癒合していることに起因することを見たのである。それではバークの言う「伝統」とはいかなる内容をもつものであるのか、またその状況的相対主義とはいかなる意味のものであろうか。それに答えるには、バークがいかなる目的とのコンテクストにおいて「伝統」と「深慮」とを力説したかを見なければならない。

すでに見たように、アメリカ革命に当たってバークは、議会の権限や王の大権を根拠とする法律論を激しく非難し、政治の中心問題は権利そのものではなく、その適用にあることを主張した。しかしこのことを裏返して言えば、バークは議会の権限そのものは決して否定しなかったということであり、換言すればバークは、権利論を回避することによって権利の実質を確保し、課税権を抛棄することによって支配権を確保しようとしたのである。このことは彼が一七六六年、印紙条例の撤廃と、「宣言法(Declaratory Act)」とを同時に成立させることを強く支持した事実によって、最も明瞭に物語られている。[119]すなわちバークは、同宣言法の記すように、本国議会は植民地に対し「いかなる場合にも」支配権をもち、植民地は国王と議会とに対し従来と同じく服従「しなければならない」という建前を堅持した。[120]バークはアメリカ植民地の抵抗を支持したが、その独立はもとより望むところではなく、その独立を回避するためにこそ「慎重な取扱い」を主張したのである。[121]「卿らは廃墟を拡大した。しかるに支配圏を拡大してはいない[122]」と言って対植民地戦争を非難するバークの意図するところは、「わが植民地の人民を憲法の恩沢に与らしめる[123]」ことにあったのであって、それを英帝国の体制から排除することでも、また英帝国の体制を変革することでもなかった。

他方フランス革命当時、バークは一フランス人から注意を受け、『省察』の中で革命フランスの選挙制度について記述した箇所には誤りがあると指摘されたのに答えて、「バカげた理論がヘマな適用によって修正されたからと言って、そんな変更などわが読者の一顧だに値しません」と応じ、革命フランスの「全構造が誤っているのです[124]」と断じたのであるが、こうした体制的なインパクトに対しバークがイギリスの全体制を擁護しようとしたことについては、もはや多言を要しないであろう。実に、イギリスの伝統的体制の擁護こそ、バークが二つの革命のみならず彼の生涯を通じてその目的としたところであった。しかしフランス革命の場合にさらに注意すべきことは、バークにとって革命フランスの脅威とは、一つの体制に対する他の体制のそれというよりは、むしろ無体制の挑戦と意識されたことである。バークによれば、「イギリスの政府とフランスの無政府(usurpation)とを比較する」ことは、そもそもおかしなことである。従ってまた、この場合には「君主政と共和政という対比が……問題の中心なのでもない」。なぜなら、革命フランスの体制(scheme of things)は「共和政という立派な名称には到底値するものではない」。「フランスでなされたのは、組織化された無政府状態、恒常化され固定された無秩序、を創出しようとする企て」なのである。(125) このようなラディカルな批判と危機感はなぜ生まれたのであろうか。それに答えるためには、革命フランスの〈体制なき体制〉との対決においてバークが最後まで死守しようとした伝統的体制の実質を明らかにしなければならない。そこで次章において、さきに挙げた第一の問題点、すなわちフォックスと対蹠的に、バークがフランス革命の原理はイギリスの体制と相容れないと意識することを可能ならしめた、その体制像とはいかなる構造をもつものであるか、という問題の解明にとりかからなければならない(126)。

（1） Cowper, W.: *The Task*, Bk. V, 1, pp. 380-92, cited in Stephen, L.: *History of English Thought in the Eighteenth Century*, 3rd ed., 1902, vol. II, pp. 452-4.

（2） Lecky, W. E. H.: *A History of England in the Eighteenth Century*, New impression, 1917, vol. VI, pp. 377-8.

（3） Lecky: *op. cit.*, VI, p. 365.

（4） Rose, J. H.: *Life of William Pitt*, 1923, Pt. I, William Pitt and National Revival, p. 543.

（5） Rose: *ibid.*, pp. 349 ff., esp. pp. 382 f.; Salomon, F.: *William Pitt der Jüngere*, 1906, Zweiter Teil, S. 320 ff. Cf. Lecky: *op. cit.*, VI, p. 119. アメリカ独立戦争以来ヨーロッパの孤児と化していたイギリスは、この一七八八年の同盟条約を転機として再び積極的にヨーロッパのバランサーの役割を担うようになった。（なおこの同盟は一七九三年の対仏開戦に連なる。）このような転換は、本来ピットの望まないことであったが、しかしとにかくこうした転換が可能となったことの基礎には、一七八六年の英仏通商条約締結を一つの標識とするような、重商主義的経済体制からの脱却があることは言うまでもない。一七八五年二月ピットは、アイルランド貿易を自由化すること、およびそれによってアイルランドに生じた収益の一定額以上をイギリス海軍の経費に充てることを議会に提案したが、それに関連して同年八月の書簡でこう述べている。「もしアイルランドとの通商協定が法文化され、またもし今後平和が五年間続くならば、イギリスはヨーロッパのいかなる国をも恐れるに当たらないまでに至るでありましょう。」Rose : *op. cit.*, p. 318. なおこのネーデルラント問題を、政治体制とパワー・ポリティクスとの複合的連関という観点から外交史的に取り扱った好著として Cobban, A.: *Ambassadors and Secret Agents*, 1954.

（６）Eyck, E.: *Pitt vs. Fox, Father and Son, 1735-1806*, 1950, p. 227. 一七八七年ピットはスミスと会食し、後日スミスはピットを評して「彼は私以上に私の思想をよく理解している」と語ったが、このことは当時のトーリー政府の機能をよく象徴している。Salomon : *op. cit.*, S. 295-6.

（７）Rose : *op. cit.*, p. 358.

（８）Rose : *ibid.*, pp. 543-4. ピットと議会とのこうした決定は、ローズの言うような凶作という自然的条件のみによるものではなく、むしろイギリスの経済構造の変化に由来する。周知のように、一七七〇年代においてイギリスは小麦輸出国から輸入国に転じたが、それは何よりも産業資本の成長に伴う都市人口の増加に対応するものであり、それに並行して、政治権力を媒介としつつ入会地のエンクロージャーが猛烈な速度で促進されたのである。Cf. Lecky : *op. cit.*, VII, pp. 248 ff.

（９）Veitch, G. S.: *The Genesis of Parliamentary Reform*, 1913, p. 113.

（10）Lecky : *op. cit.*, VI, p. 378.

（11）Meusel, F.: *Edmund Burke und die französischen Revolution*, 1913, S. 21.

（12）Reprinted in, Copeland, J. W.: *Edmund Burke*, 1950, pp. 220-33. なお現在の一〇巻本の書簡集では、「モンテスキュー……」以下に相当する原文の出所は、前記のフランス人宛てとは別な、しかし宛先不明な書簡とされている。*Corr.*, VI, p. 42, to Charles-Jean-François Depont (Nov. 1789), and p. 81, to Unknown (Jan. 1790).

(13) この革命協会は、名誉革命以後、それを記念してイギリスの各地で結成された半ば親睦団体的な自由結社で、一七八八年までは特に目立った動きを示さなかったが、同年名誉革命百年祭を契機にロンドンでは組織の強化が試みられ、人民主権とリフォームとを旗幟として掲げた。これより先一七八〇年代のリフォーム運動では、一七八〇年に結成された憲法関係情報普及協会(Society for Promoting Constitutional Information)がかなりの活動を見せていた。教会《キルヘ》と対比された意味での教派《ゼクテン》を原型とするこうした自由結社は、一八世紀イギリスにおいては、アメリカ植民地で抵抗組織として大きな役割を果たした通信委員会、非国教徒の利益擁護を目的とする代表委員会、後に述べるヨークシャ委員会等の後を受けて、既存の代表機構に吸収されない政治的エネルギーを機構の改革によって体制の中に流し込むという機能の萌芽を示したのである。この運動の勢力源は、広く「ラディカル」に含められる人々と非国教徒とであり、前者はいわゆる「パーラメンタリー・リフォーム」特に選挙制度の改革を、後者は非国教徒に対する公職上の制限の撤廃を目標としていたのであるが、両者は事実上しばしば合流していた。革命協会も、憲法協会も、その成員はすべて地主的市民層以上の階級に属し、世襲貴族も少なくなく、従ってまたしばしば議会議員が指導的役割を果たしていたのであって、この点からもその目標が文字通り「リフォーム」にあったことが裏付けられる。一七九二年、製靴職人トマス・ハーディ(Thomas Hardy)がロンドン通信協会(London Corresponding Society)を結成し、他の自由結社の会費が高額であるため従来組織化されなかった階層の掌握に乗り出してから、リフォームは新しい担い手によっても推進される礎石を築いたのであるが、普通選挙を主張するこの委員会も、「リフォーム」以上のものを意図するものではなかった。なお一八世紀におけるリフォームについてはヴェイチの前掲書の他 Brown, P. A.: *The French Revolution in English History*, 1924 が詳しい。

(14) Price, R.: *A Discourse on the Love of our Country*, in Cobban, A. (ed.): *The Debate on the French Revolution*, 1950, pp. 59–64.

(15) これに対しフランス国民議会は、このメッセージを深い感動をもって迎え、革命的インターナショナリズムを謳歌する返書を「自由と人類の幸福との真の友」に送った。革命協会はこの反応に歓喜して、革命によって世界平和が招来されるであろうという信念を表明し、さらに「フランスの自由の回復者」ルイ一六世の栄光を賞讃して立憲君主政に対する深い敬意を表明した。フランスの革命勢力とイギリスのリフォーマーとの交渉は、この時をもって始まった。しかしすでに上述の例からして明らかなように、両者の間には、双方の側からするアイデンティフィケーションがあったことは否めない。そして一般にイギリスのリフォーマーは、フランス革命勃発を契機としてア・プリオリな思惟へと傾いたが、フランス革命勢力との通信は、こうした傾向を一層助長していった。このことは他方において、イギリス内部でリフォームに反対する勢力もまたしばしばこのアイデンティフィケーションを額面通り受け取る結果を招来する一つの要因となった。その結果、こうした通信は一七九二年をもって終わったにもかかわらず、反革命(ないし反フランス)＝反リフォーム、リフォーマー＝ジャコバンという偏見が偏見と意識されずに永く残存する一つの素地を培うことになった。Cf. Veitch : *op. cit.*, pp. 123 ff.

(16) 同書の正式の名は『フランスにおける革命、およびその事件に関連するロンドンの幾つかの団体の活動、についての省察(*Reflections on the Revolution in France and on the Proceedings in Certain Societies in London relative to that Event*)』(以下 *Reflections* と略記)。

(17) *The Parliamentary History of England, from the earliest Period to the Year 1803*, vol. XXVIII, p. 351.

(18) Rose : *op. cit.*, I, p. 552.

(19) Lecky : *op. cit.*, VI, p. 111.

(20) *Parl. Hist.*, XXVIII, p. 332.

(21) *Ibid.*, p. 330. Cf. Russel, J.: *The Life and Times of Charles James Fox*, 1859, vol. II, pp. 243 f.

(22) *Substance of Speech on the Army Estimates*, WK, III, pp. 214-5.

(23) *Ibid.*, p. 218.
(24) 以上 *ibid.*, p. 220.
(25) *Ibid.*, p. 225.
(26) *Ibid.*, p. 217.
(27) *Ibid.*, p. 221.
(28) *Ibid.*, p. 226.
(29) Lecky : *op. cit.*, VI, p. 385.
(30) Morley, J.: *Burke*, 1888, pp. 220 f.; Lecky : *op. cit.*, VI, pp. 422 f.
(31) Rose : *op. cit.*, I, pp. 609-32. バークはピットのこの政策を攻撃して、それはイギリスの関心をフランスから逸らすものであると非難した。ピットに対するフォックスの反対論についてはRussel : *op. cit.*, II, pp. 205 f. この当時「実際ピットがあてにしえたのは、イギリスの議会よりはフランス立憲議会であったし、他方立憲議会は、ピットが対仏攻撃の意図をもっていないことによって、革命達成の最も確実な保障を得ていたわけである」。Bourgeois, É.: *Manuel historique de politique étrangère*, 1926, t. II, p. 25.
(32) *Parl. Hist.*, XXIV, p. 249.
(33) Lecky : *op. cit.*, VI, pp. 54 f., 438-42. なおケベック法案とは、一七七四年以来国王の任命に成る評議会によって統治されていたカナダに新しく代議政治を導入しようとするものであり、しかもカナダにはイギリス人とフランス人とが固有の生活様式と宗教を保持して併住していたから、この法案審議は、容易に政治体制論議に転化しうるものであり、フォックスはこれに便乗してバークに挑戦したわけである。
(34) Lecky : *ibid.*, pp. 445-46 ; Morley : *op. cit.*, pp. 263-5. この論戦に際してバークに注がれた野次は、すべてホウィッグの議席から叫ばれたものであったと言われる。
(35) Sorel, A.: *L'Europe et la Révolution française*, 1926, Pt. II, p. 147. Cf. Stanhope : *Life of Pitt*, 1879,

vol., I, p. 375.

(36) Laski, H. J. (ed.): *Letters of Edmund Burke*, 1922 (World Classics), pp. 292-94 ; *Corr.*, IV, pp. 217-8 (Jan. 1791), to John Trevor.

(37) *Reflections*, pp. 149-50. (Clark, pp. 324-5)

(38) *Letter to a Member of the National Assembly*, pp. 256, 255. (*WK*, IV, pp. 17, 16) (以下 *Member of the National Assembly* と略記)

(39) Sorel : *op. cit.*, Pt. II, p. 144. エカテリーナ二世も早くから干渉戦争を考えていたと言われるが，それは反革命を直接の動機とするものではなく，ヨーロッパを戦乱に巻き込んでおいてロシアのポーランド侵略をフリー・ハンドで行おうという意図に発したものであった。Lecky : *op. cit.*, VI, p. 497 ; Sybel, H. von : *Geschichte des Revolutionszeit*, 1866, Bd. II, S. 134 f.

(40) Cobban, A.: *Edmund Burke and the Revolt against the Eighteenth Century*, 1929, pp. 125 f.

(41) Sorel : *op. cit.*, Pt. II, p. 203. なおソレルの場合にもフランス革命の世界革命的性格をその外交政策との結合の面で把えることに偏していることを指摘し，世界革命の意味を，国際政治というより世界政治の視野から把えるべきことを適切に示唆している点で興味ある論文として Palmer, R. R.: "Reflections on the French Revolution", *Political Science Quarterly*, vol. 67, 1952, pp. 66 ff.

(42) そしてこの問題に関するコバンの結論はこうである。「もし問題が純粋にフランスの思想の伝播ということだけであったなら，バークはそれを慨歎したかもしれないが，武力をもってそれに対抗することを正当化することはできなかったであろう。もとより彼がフランスへの干渉戦争に――たとえその正当性は彼ひとりにしか通用しないものであっても――欣然と身を投じたであろうことは疑いない。しかしフランスの思想の伝播ということには，単なる思想の伝播というより以上の意味が含まれていた。すなわちこの思想は，その後極めて急速にフランス軍隊の進撃とフランス国境の拡大とに結びつくようになっていったのである。」

pp. 124-5. ここではもちろんバークを個人として問題にする必要はないが、しかし一つの思惟様式として問題にする以上は、たとえ当初はバークひとりにしか現実には通用しなかった正当化によってであるにしろ、とにかく正当化しえたという点に注目しなければならない。

(43) Sorel : *op. cit.*, Pt. II, pp. 104, 200 ff.

(44) Lecky : *op. cit.*, VI, p. 462. Cf. Laski (ed.) : *op. cit.*, pp. 304 ff. このことは、フランス革命を専ら体制への挑戦という観点からとり上げるバークの立場の必然的帰結であった。そして、「イギリスを対仏戦争に突入させる上でバークがどれだけ現実に影響力をもったかは頗る疑わしい」(Lecky : *op. cit.*, VI, p. 465) ということが仮にイギリスについては言い得るとしても、バークが自分の主張の実践的担い手をエミグレ——すなわち革命戦争挑発の役割を果たした人々——の中にもち得たということを考えるならば、バーク型の思惟様式が革命戦争の発生について果たした機能について、前述のコバンの如き評価を下すことは、この点からしても早計であろう。なおこれらの即断に現われたコバンの分析の欠陥は、彼が革命的世界政治の思想史的分析に幾つかの優れた洞察を示しながらも、現代国際政治へのアナロジーに進む場合に、必然的に「西」側の問題点を閑却することになった点に連なる。Cf. Cobban : "An Age of Revolutionary Wars, A Historical Parallel", *Review of Politics*, vol. 13, no. 2, April 1951.

(45) Rose : *op. cit.*, Pt. II, Pitt and the Great War, pp. 86 ff.

(46) Morgenthau, H. J. and K. W. Thompson : *Principles and Problems of International Politics*, 1952, pp. 324-48. 以下この段の引用は、同書に転載されてある演説および書簡からのもの。またMorgenthau : *In Defence of the National Interest*, 1951, pp. 70-5 を参照。

(47) モーゲンソーが用いる「帝国主義」の意味についてはMorgenthau : *Politics among Nations*, rev. ed., 1954, pp. 41 ff.

(48) モーゲンソーはフォックスの立場について述べ、そこにはネーデルラントの帰趨がイギリスの国家的利益を損なうという意識はなく、イギリス・オランダ同盟条約は、オランダの要請がない限り、侵略の事実のみによって自動的に発動されるものではないといった法律的思惟に傾斜している、としているが、これはあまりにアメリカ読者向けに図式化した解釈であって、正確ではない。さきに一七八七年、前述したピットのオランダ干渉を、同じく勢力均衡の観点から支持したフォックス(Russel : *op. cit.*, II, pp. 202–3)は、一七九二年一一月末には、オランダに対するフランスの意図に関して深い不信の念を表明しており(Veitch : *op. cit.*, p. 235, n.)、一二月一三日には、オランダが攻撃された場合にはイギリスは援助を送るべきことを認め、またスヘルデ川に対するフランスの要求は不当であると非難しており(Rose : *op. cit.*, Pt. II, p. 87)、九三年二月一日の議会演説では、対仏開戦には反対しながらも軍備増強には反対していない(*Parl. Hist.*, XXX, pp. 302, 306)。

従って、フォックスはフランスのネーデルラント侵略がイギリスの国家的利益に反するという原則自体は認めているのであるが、ただイギリスの国家的利益を害するような侵略は未だ行われていないという状況判断に立つものであり、そしてそうした意味での侵略の有無を判定する一つの指標として同盟条約解釈論を提起したと解してよい。従ってまた、仮にフォックスのこの状況判断が適切なものでなかったと仮定しても、そのことは、そもそもフォックスに(モーゲンソーが言う意味での)ナショナル・インタレストの意識が欠如していたということにはならない。フォックスの主張の重点は、何よりも戦争目的が不明確なままイデオロギー戦争に突入することのハネ返りとしてイギリスに降りかかってくる危険を指摘する点にあったのであり、またこのイデオロギー戦争が大陸諸国との同盟によって遂行されることによって、イギリスは結局大陸のアンシャン・レジームに奉仕する結果になることを警告する点にあった。*Parl. Hist.*, XXX, pp. 303–4, 373, 432. そして彼はこうした観点から、フランスの体制を承認するかどうかとは別に、対仏外交交渉を行うよう力説し、この点でピットは全力を尽くしていないと指摘し、そこに戦争目的が不明確になる原因があると述べたのである。*Parl. Hist.*, XXX, pp. 367–9, 371–3, 432. Cf. Russel : *op. cit.*, II, pp. 330 ff.

(49) Brown : *op. cit.*, pp. 78-82, 85-6, 94-5.

(50) Morley : *op. cit.*, p. 279.

(51) *Letters to a Member of Parliament on the Proposals for Peace with the Regicide Directory of France*, 1796-7, Letter I, WK, V, p. 248.（以下 *Regicide Peace* と略記）

(52) Eyck : *op. cit.*, pp. 311 f.

(53) Trevelyan, G. M.: *History of England*, 1926, p. 567. なお正確を期するために付言すれば、ホウィッグの分裂によって、フォックス派はリベラルな立場を以前よりも打ち出し易くなったのであるが、しかしその場合にもリフォームを推進しようとして一七九二年に「人民の友」派を結成した者とそうでない者とがあり、グレイ(C. Grey)を中心にする前者は少数であり、フォックス自身は後者に属した。例えば Veitch : *op. cit.*, p. 198 を参照。従ってフォックスが議会への出席放棄(secession)のきっかけとした一七九七年五月の幕切れ演説においてグレイのリフォーム提案を初めて支持したとしても、少なくともフォックスについては、それをアイクのように「理想主義」(Eyck : *op. cit.*, p. 295)と解することはできない。Cf. Russel : *op. cit.*, III, pp. 112 ff. 一言で言えば、フォックスは「反対派」ではあったが「リフォーマー」ではなかった。

(54) *Reflections*, p. 30. (Clark, 183)

(55) *Appeal from the New to the Old Whigs*, 1791, WK, IV, p. 206.（以下 *Appeal* と略記）

(56) *Reflections*, p. 56. (Clark, 217)

(57) *Ibid.*, p. 74. (Clark, 240)

(58) *Observations on the Conduct of the Minority*, 1793, WK, V, p. 45.

(59) *Reflections*, pp. 121, 120. (Clark, 292, 291)

(60) *Parl. Hist.*, XXIX, p. 379.

(61) *Ibid.*, XXX, p. 310.

(62) Veitch: *op. cit.*, p. 165.

(63) *Parl. Hist.*, XXVIII, pp. 364-5.

(64) Veitch: *op. cit.*, p. 118. フォックスのリフォーマーとしての活動は大体において一七八二年のいわゆる「エコノミカル・リフォーム」(後述)の線で終わったと言ってよい。そして一七八三年フォックスが宿敵ノースと悪名高い連立内閣を作ったことは、リフォーマーの激憤を買い、それ以後リフォームはピットを象徴とするようになった。Veitch: *op. cit.*, pp. 29 f.――もちろんリフォーマーとしてのピットの限界はやがて露呈されたのであるが。Cf. Eyck: *op. cit.*, pp. 262 f. そして一七八八年ジョージ三世が発狂した時、フォックスは皇太子と賭博仲間の一人として親密であったところから、皇太子を摂政に立て自分はピットを倒して政権を握ろうとした。他方ピットは、摂政に関して明確な先例がないところから、摂政設置の必要およびその権限について議会が決定すべきことを主張した。だがフォックスは、皇太子であれば議会の承認なしに自動的に摂政になりうると主張したため、ホウィッグと名誉革命との精神に背くものとして激しい非難を浴び、ここではピットがホウィッグの原理を擁護する役目に回ったのである。この例にも明らかなように、フォックスは、王権一般の制限を主張したというよりも、ジョージ三世の王権の制限を主張したという面もあることは否定できない。Cf. Eyck: *op. cit.*, pp. 278 f. いずれにしても彼の立場は王権の制限の線を超えるものではなく、また総じて当時のイギリスの体制の枠を出るものではないということは、次の例によっても明らかである。すなわち一七九三年二月二日フォックス派を代表してフランスの一外交官と会見したシェリダン(R. B. Sheridan)はこう述べている。「私達は、オランダに対する侵略が行われない限り、フランスとの戦争を望むものではありません。〔そしてスヘルデ川問題だけでは侵略と考えられないから、ピットに強く反対する。〕しかし同時に申し上げておきますが、フランスがわが国の内政の改革に援助を送るというような企ては、いささかなりとも許すことができないという点では、私達は政府と立場を等しくするでありましょう。……私達イギリス人には、フランスに対して革命の先例をどのように教えなければならないかということがよく分かりました。従って今後私達は、フランスの革命をどのようにして私達の流儀で参考にしていくべきかを考えることでありましょう。」Veitch : *op. cit.*, pp. 240-1. この言葉の中には、単にフォックス派が「ナショナル・インタレスト」の意識をもっていたということだけでなく、そのインタレストとは既存体制を前提とする「陛下の反対派」のそれであることが端的に表明されている。Cf. Rose : *op. cit.*, II. pp. 91-2. しかし同時に、フォックスの行動の動機や思想の内容が何であったにしろ、とにかく彼が反対派の領袖として存在し続けたという事実そのものの歴史的機能として、イギリスに二党体制モデルがその後も存続することになったという点は認めなければならない。Cf. Eyck : *op. cit.*, p. 320.

(65) Trevelyan : *op. cit.*, p. 565.

(66) *Parl. Hist.*, XXX, p. 309.

(67) Sorel : *op. cit.*, II, p. 27.

(68) Lecky : *op. cit.*, IV, p. 464.

(69) このことは中立不干渉政策をとる宰相の立場として当然なことではあるが、しかしピットの政治思想について知り難いのはフランス革命の場合だけではない。そして、ピットは幼少に病弱であったこともあって社交性に乏しく、非開放的な性格であったとか、あるいは彼の沈黙はもっと作為的なもので、「いつも自分の手に切札を残しておく」という準則に基づくものであったとか言われ、また彼が無能な人物ばかりを集めて組閣したことも、彼のこうした態度の現われであると言われる。ともあれピットのこうした秘密主義のために、「彼と会見した人はそれぞれ違った結論を得て帰り、彼の伝記を書こうとする人は音をあげてしまう」とローズは記している。Rose : *op. cit.*, Pt. I, p. 561.

(70) Rose : *op. cit.*, I, p. 559. Cf. Morley : *op. cit.*, p. 221.

(71) *Parl. Hist.*, XXX, pp. 280 f.

(72) Eyck : *op. cit.*, p. 304 ; Lecky : *op. cit.*, VI, pp. 522-3. Cf. Rose : *op. cit.*, II. p. 113.

(73) *Parl. Hist.*, XXIX, p. 826.

(74) ピットは、こうした措置をとったことによって、「自分の政策は決して大陸の君主の政策と同じ性質のものではないということをフランス人に納得させる機会を自ら放棄した」。Eyck : *op. cit.*, p. 302.

(75) Rose : *op. cit.*, Pt. II, p. 100. この訓令はロシアの他プロイセンとオーストリアには送られたが、フランスには送られずに終わり、一八〇〇年になって初めて公表された。その時フォックスは、ピットがこれをフランスに送らなかった点を鋭く批判した。しかし同時にフォックスは、この訓令の内容は「適切、賢明、正当」なものとして賞讃した。このことからも、フォックスに「ナショナル・インタレスト」の意識がなかったのではないことが裏付けられる。Cf. Russel : *op. cit.*, pp. 302-3.

(76) *Thoughts on French Affairs*, p. 308.（*WK*, IV, p. 346)

(77) *Member of the National Assembly*, p. 255.（*WK*, IV, p. 16)

(78) *Ibid.*, p. 249.（*WK*, IV, pp. 8-9)

(79) *Reflections*, pp. 76, 164. (Clark, 242, 339)

(80) *Member of the National Assembly*, p. 269.（*WK*, IV, p. 35)

(81) 一七九二年一二月、英仏関係が刻々と険悪化する中にあって、フォックスが、フランスの体制の如何にかかわらず外交関係を継続すべきことを主張した(*Parl. Hist.*, XXX, pp. 80-1)のに対し、また一七九三年六月、同じくフォックスが述べて、いやしくもフランスの膨張に反対する以上、ポーランド分割等の経歴をもつプロイセン、オーストリア、ロシアをも非難すべきであり、対外政策の面では革命フランスのみを責める理由はないと主張した(*Parl. Hist.*, XXX, pp. 994-1006)のに対し、バークは次のように応えている。「仮にこれらすべての同盟国が、そうした背信行為を行なってきたとしても、またその点で似たり寄ったりであるとしても、それら諸国とフランスとの間には本質的な相異点がある。……それらの諸国には国民と外国とによって承認された正統な権威をもつ政府がある。フランスにはいかなる政府も実在しない。」*Observations*

on the Conduct of the Minority, WK, V, pp. 34-5.

(82) *Remarks on the Policy of the Allies with respect to France*, WK, IV, p. 434.

(83) *Member of the National Assembly*, p. 278. (WK, IV, p. 47)

(84) *Reflections*, p. 37. (Clark, 192)

(85) *Ibid*., pp. 8, 36. (Clark, 154, 191)

(86) Sorel : *op. cit*., II, p. 30 ; Rose : *op. cit*., I, p. 560.

(87) 干渉戦争という政策そのものの選択に関して「価値合理的」だということは、バークが干渉戦争の方法、ないし戦略について配慮しなかったということではない。例えば *Remarks on the Policy of the Allies*, WK, IV を見よ。このことの意味については後述。

(88) *Letter to the Sheriffs of Bristol*, WK, II, p. 230 ; *Speech on Conciliation with America*, WK, II, p. 170.

(89) *Speech on Conciliation with America*, WK, II, pp. 140, 138.

(90) *Speech on American Taxation*, WK, II, p. 74.

(91) *Ibid*., p. 18.

(92) *Ibid*., p. 39.

(93) *Speech on Conciliation with America*, WK, II, p. 109.

(94) *Ibid*., pp. 118-9.

(95) *Letter to the Sheriffs of Bristol*, WK, II, p. 197.

(96) *Appeal*, WK, IV, pp. 206-7, 169.

(97) *Reflections*, p. 59. (Clark, 221) バークはまたユニタリアンの自由について次のように述べている。「それ自体としては正しいものであっても、それを認めることによって他の人々があるまじき要求をなす可能性がある場合にはそれを正しいものとは認めない、というようなことは果たして妥当でありましょうか。抽象的に言えば、もちろんそれは妥当でないと答えるべきであります。しかし道徳の問題は、本来抽象的な問題ではないのでありますから、この場合にも、……状況の中に置いて考えなければなりません。つまり道徳の領域では、あるものが正しいか否かは、他のものとの関係ないし連関においてのみ決せられるのでありますから、この場合に〔自由を〕認めることが政治的に正しいかどうかという問題も、それによって生ずる効果との関係において決まるのであります。」*Speech on the Petition of the Unitarians*, WK, VII, p. 55.

(98) *Reflections*, p. 181. (Clark, 358)

(99) *Ibid.*, pp. 169-70. (Clark, 345-6)

(100) *Appeal*, WK, IV, p. 192.

(101) *Reflections*, pp. 69. (Clark, 234)

(102) *Ibid.*, p. 59. (Clark, 220)

(103) *Thoughts on the Cause of the Present Discontents*, WK, I, pp. 440-1.

(104) 例えばモーレイは、バークは旧フランスの国家構造について当時の平均的イギリス人以下の知識しか持ち合わせておらず、ことにフランスの社会情勢については一層貧困な知識しか持っていなかったと記している。Morley: *op. cit.*, pp. 235-6. セルビーも、各国の農業視察旅行記で有名なアーサー・ヤング(Arthur Young)と対比しながら、旧フランスの経済事情に関するバークの理解が皮相であることを指摘している。Selby, F. G.: *Introduction to Burke's Reflections on the Revolution in France*, 1892, Macmillan ed., p. xxiii. この他同じ趣旨のものとして cf. Gooch, G. P.: "The French Revolution as a World Force", in *Studies in Diplomacy and Statecraft*, 1948, p. 303. また Barker, E.: "Burke on the French Revolution", in *Essays on Government*, 1951, p. 215. しかしこうした説には、かなりの疑問がある。例えば一七六九年にバークはこう記している。「フランス政府は年々莫大な金額を借り入れてきたために、その債務は厖大なものになっていると考えて誤りない。この債務は〔七年〕戦争以後にもとめどなく増して、財政は手の施しようもない状態にある。従って、債務削減の方法を見付け出すことが、戦中戦後を通じてフランス政府の政策の第一目標となっている。しかし、あらゆる努力もほとんど水泡に帰した結果、今日ではフランス政府の恒常的債務は一億ポンド強になっており、さらに、少なくとも英貨で四千万ポンドの終身年金とトンティ年金とを支払わねばならない。」*Observations on a late Publication, intituled, "The Present State of the Nation"*, WK, I, pp. 328-9. 続いてバークは、かなり詳細な統計に基づいてフランス財政の慢性的紊乱を分析した後、「私は精確に証明することができるが、フランス国民は国富との割合から言って、イギリス国民以上の金額を納めており、またイギリスに比べて、その課税方法は無思慮かつ高圧的であり、その徴税方法は煩わしく、国庫の収入となる分は少なく、官吏に支給される分は一層僅少である」と述べており(*ibid.*, p. 334)、またフランス手工業労働者の賃銀が「恐るべく」低いことも指摘している(*ibid.*, pp. 311-2)。バークがこのように記した一七六九年に彼はホウィッグの平議員に過ぎなかったのであるから、それ以後の彼がこうした統計資料ないし情報を入手し易い立場になったことは考えられても、その逆を推定する根拠はない。その上、バークがフランスの国情を知ることができ、また知る必要があったと信じられるもう一つの事情がある。すなわち、有名な『アニュアル・レジスター』は一七五九年に一七五八年度分を刊行した時に始まったのであるが、バークは出版元ドズレイの依頼でこの第一巻から執筆し、主として国際政治、海外政治事情およびイギリスの政治の記録を担当した。Cf. Morley : *op. cit.*, p. 29 ; Cobban : *op. cit.*, p. 112. そしてモーレイによれば、バークは一七八八年までこの執筆を続けており(Morley : *op. cit.*, pp. 50-1)、またコープランドによれば、バークは一七六五年までは直接に執筆し、それ以後一七八八年までは編集助手に書かせてそれを検閲したのであるが、その助手達はバークの意見に極めて忠実な人々であったから、事実上バークが執筆したに等しいということである(Copeland : *op. cit.*, p. 92 f.)。いずれにしろ、バークがフランス革命勃発の前年まで、フランスの国情を相当に詳しく知りうる地位にあったことは間違いない。今試みに、バーク自身の筆になることが確かな一七六四年の『アニュアル・レジスター』を見るならば、ここでバークは、前年四月ルイ一五世が戦時課税の継続と新課税の制定とを命じたのに対し、トゥルーズ、ノルマンディ、グルノーブル等の高等法院が敢然と抵抗した経緯を記録して、「イギリスにおいて〔人民の〕権利と王の大権とが最も激しく抗争し合った時でさえ、かくも高らかに自由の声が叫ばれたことはない」と賞揚している。*The Annual Register, on a View of the History, Politics, and Literature,* For the Year 1764, p. 7. またフランス革命に接近した時期のものについて見るならば、一七八六年度の同誌は、フランスを中心にした啓蒙思潮の活況について記し、それがアンシャン・レジームの「無用の桎梏のみを破棄するに止まる」ことを望みながらも、「学問と思想とに最大限の自由を認めることは、たとえ時として支障や濫用を生ずることがあっても、結局は社会の福祉に貢献することになる」と述べ（*Annual Register*, 1786, pp. 29-30）、さらに英仏通商条約、フランスにおける新教禁止の一部緩和、港湾施設の建設、農民の賦役の一部免除等から、果ては王立アカデミーの近状に至るまで詳しく記している（*ibid.*, pp. 171-7）。そして翌一七八七年度の同誌においては、フランスの政情の記述と絶対王政に対する批判とは一段と綿密になっている。すなわち筆者は、フランスがアメリカ独立戦争に際して植民地に加担したことや、また近年イギリスとの交渉が頻繁になっていることとの結果、フランスの「市民《コモン・メン》」の間には治者の義務を論ずる声が高まっていることを述べ、次に「財政の全構造が欠陥に満ちていて破壊作用の極限に達してきている」ことを、歴代大臣の失政を顧みながら指摘し、そして一七八七年二月の「名士会」召集およびその経過を詳しく記述し、さらにパリおよびグルノーブルの高等法院の抵抗、こうした政情とフランスの対オランダ政策との連関、王の側からする弾圧等を仔細に記した後、パリ高等法院の諫奏文を指して、それは「恣意的な権力機構のうちの最も頑強かつ醜悪なる部分の若干に対して、それを破壊するために、その中枢をめがけてフランスで初めて試みられた抵抗である」と結んでいる。*Annual Register*, 1787, pp. 174-200. この一七八七年度の同誌は一七八九年一〇月に出版されたものであるから、バークがどの程度直接に関与したものかは明らかでない。しかしコープランドによれば、バークが一七八八年に編集人の地位を退いてからも同誌は常に彼との接触を保っていたということであるから、彼が少なくとも同誌を読んでいたことは十分に想像されるところであり、殊に一七八六年度については、バークが少なくとも校閲者であったことは間違いない。なおバークはこれ以外に、一七七三年の対仏旅行によってフランスの国情を実見する機会をもっていた。しかし、モイゼルのように、バークは一七七三年当時のフランスしか知らず、それを基礎にして『省察』を書いた(Meusel: *op. cit.*, S. 20)と想定することが誤りであることは、もはや多言を要しないであろう。なお高等法院の抵抗に対するバークのこうした賞讃と、フランス革命勃発後の彼の態度との関連については後述する。また『アニュアル・レジスター』は、のちにバークの国際政治観を見る上で貴重な資料となる。

(105) *Annual Register*, 1770, p. 53.

(106) Miller, J. C.: *Origins of the American Revolution*, 1943, pp. 104-6.

(107) *Speech on Conciliation with America*, WK, II, p. 180.

(108) *Ibid.*, pp. 145, 154. しかしこのことは、バークが同時にアイルランド自由貿易を主張したことと矛盾するものではない。Cf. *Two Letters to Gentlemen of Bristol, on the Bills depending in Parliament relative to the Trade of Ireland*, WK, II, pp. 249-64. ここでは極く概括的に言えば、彼がアメリカへの課税に反対し、エコノミカル・リフォームを推進し(一七七八―八二)、フォックスの東インド会社改革案(一七八三)を支持した時期における当面の敵は、前期的性格へ傾斜しつつ自立化した独占的商業資本(殊に中継貿易資本)およびそれと結託した国王勢力であり、その限りにおいて、近代的農業資本(従ってまた地主層)と新興過程の産業資本(従ってまた自由貿易)との利益は一致した。(もちろん自由貿易主義が普遍化されていないという点ではアダム・スミスにおける航海条例の制限的容認と同様であるが。)ただバークはこの関係を、独占的商業資本が農業資本および産業資本とともかくも相互媒介的にリンクしていた――一八世紀中葉までの――重商主義のタームで表象したに過ぎないと考えられる。だが思惟構造を問題とする場合にはこうした表象の仕方に着目しなければならない。

(109) *Speech on American Taxation*, WK, II, p. 71.
(110) *Ibid.*, WK, II, p. 72.
(111) *Member of the National Assembly*, p. 277. (WK, IV, p. 46)
(112) *Reflections*, pp. 84-5. (Clark, 252)
(113) *Ibid.*, p. 60. (Clark, 222)
(114) *Ibid.*, pp. 43, 57, 118. (Clark, 200, 289)
(115) *Ibid.*, pp. 33-4. (Clark, 187)
(116) *Ibid.*, p. 75. (Clark, 241)
(117) *Ibid.*, pp. 31, 55. (Clark, 184, 217)
(118) Mackintosh, J.: *Vindiciae Gallicae*, 1791, pp. 71-3.
(119) Miller: *op. cit.*, pp. 158 f.
(120) バークは一七七四年に第一次ロッキンガム内閣(一七六五年六月—一七六六年七月)の業績を讃えてこう述べた。「(同内閣は)グレート・ブリテンの支配権(authority)を確保し、グレート・ブリテンの衡平を保持しました。すなわち彼らは宣言法を作成し、印紙条例を撤廃したのであります。」*Speech on American Taxation*, WK, II, p. 53. さらに同年の選挙演説では、「私はグレート・ブリテンの憲法上の優位、すなわち無欠にして十全、正当賢明にして不可欠なる優位を、力の及ぶ限り護持して参りましたし、今後ともそれを守り抜くことに変わりありません」と公約した。*Speech at his Arrival at Bristol*, WK, II, p. 86. そして独立宣言後の一七七七年にさえ、「わが国において〔本国の〕議会が最高の立法権を有することを疑う者はありません」と記している。*Letter to the Sheriffs of Bristol*, WK, II, p. 224.
(121) *Speech on Conciliation with America*, WK, II, p. 118.
(122) *Letter to the Sheriffs of Bristol*, WK, II, p. 205.

(123) *Speech on Conciliation with America*, WK, II, p. 141.

(124) *Member of the National Assembly*, pp. 246, 245. (*WK*, IV, pp. 4, 3)

(125) *Appeal*, WK, IV, p. 70.

(126) なお本章における以上の叙述からも明らかなようにバーク、ピット、フォックスの三人はいずれも共通の体制を前提としており、換言すれば、地主的市民層《ランデッド・ジェントリー》の支配体制を前提とする点で軌を一にしているのであるから、フランス革命に対する三者の反応の差異を「階級的基礎」から説明することは困難である。総じて当時におけるホウィッグとトーリーとの差異は、王権をめぐる人的結合の差異を出るものではなかった。（バークがあの有名な政党の定義をポレミークの形で打ち出す必要があったことを想起せよ。）だが伝統的に王権を重視するトーリーの立場も、往年の「偉大なる平民」チャタムの子たるピットの場合には、事実上王権からの独立をかなり大幅に確保していた。従ってもし何らかの差異を求めるとすれば、それはトーリーとホウィッグとの実態の差異というよりは、むしろトーリーという観念とホウィッグという観念の差異であり、そしてこれは宗教上の傾向の差異にほぼ対応するものと言えよう。Cf. Trevelyan, G. M.: *The Two-Party System in English Political History*, 1926, pp. 25 ff. そして、例えば初代ベンガル総督ヘイスティングズ(W. Hastings)の弾劾に当たって、バーク、ピット、フォックスがフランス革命勃発後も歩調を揃えていたという事実に端的に現われているように、三者はほぼ同一の社会経済的基礎に立っていたのである。しかし他方、フランス革命に対する三者の態度の差異の意義を看過することができないことは勿論であって、イギリスの政策がこれら三つの型のいずれに則るかによって、国際的な——従ってまた国内的な——政治的影響に重大な差異が生じえたことは言うまでもない。本稿が三者の態度《アティテュード》の比較を背景にしてバークの思想を解明するという形で、政治における主体的側面の分析を試みる理由の一つはここにある。

第二章　伝統的政治体制

バークにおいては、政治体制は「憲法(Constitution)」という概念で表象される。すなわち、ここで言う「憲法」とはもちろん単に法律的な制度のみを指すのではなく、一定の支配秩序として編成された社会的価値の体系の総体を意味すると考えてよい[1]。そしてこの「憲法」の実体は、君主、貴族、人民、および教会聖職者から成る。換言すれば、バークの言う伝統的体制は、君主政、貴族政、民主政、国教会の複合をその原理とするのである。

一　君主政

「われわれはわが憲法の全体を、イギリスの王政復古に負っているのであります」と述べるバークは、チャールズ二世の人格を非難しながらも、「しかし、たとえかかる人格の君主に体現されながらにしろ、わが君主政が回復されたということは、それだけで何ものにも代え難い価値をもつのであります[2]」と記し、さらに、「君主政は、大国の政体としては、あらゆる政体の中で最善のものである[3]」と断言している。ではなぜ、またいかなる意味でそれは「最善」なのであろうか。バークはこう答えている。「なぜならば、イギリスに君主政が存在しなければ、われわれが安定(peace)と自由とのいずれをも決して享有しえないことには一点の疑いもないからです。[4]」換言すれば、「イギリス国民は、法に則った世襲君主政を……恩沢と思いこそすれ苦情の種とは考えておらず、国民の自由の保障と思いこそすれ隷従の象徴とは見ていない[5]」のである。

ところで果たしてこの言葉が、しばしば「君臨するのみならず統治しようともした」と評されるジョージ三世治下のイギリス国民感情の実態に忠実であるか否かはここでの問題ではない。仮にそこには誇張と美化とがあるとしても、その誇張ないし美化の仕方に着目しなければならない。すなわち、ピューリタン革命と王政復古とを背景に成就された名誉革命以来のイギリス君主政――制限君主政――の原理に対応して、バークはここで君主を君主の故に正当化する論理に基づいてはおらず、「安定と自由」を保障する機構としての国王《クラウン》の機能ないし効用を根拠としている。つまり第一に、王権は統一の象徴として安定を保障する機能をもつことによって正当化されている。バークによれば、「王権のみが、相対的に異質な諸身分から成る集合体に統一を与えることができる[6]」。第二に、王権は世襲制であることにより、恒常性(perpetuity)を通じて安定を保障する機能をもつ。そしてこのような意味で安定を保障するということは、バークにとって、自由を保障することに等しい。すなわち、「経験の教えるところによれば、世襲君主制以外の経路ないし方法を採る限り、われわれの自由が、世襲的権利という形で整然と末代まで受け継がれ、かつ神聖なものとして保持されるということは全くありえない[7]」のである。

君主政を正当化する根拠がこのようなものである以上、バークが「われわれは一人として、絶対的かつ無統制の君主を好むものではない[8]」と言うのは当然であり、彼の立場からすれば、世襲君主の恣意的な権力を支持する「旧狂信者」は、人民の恣意的な権力を信奉する「新狂信者」と同じく愚劣であり、かつ神を瀆すものなのである[5]。このように王権の存在をその象徴機能の故に正当化するバークの立場は、彼の次の言葉によって端的に表わされている。すなわちバークによれば、国王が政治的責任を負わないことはもちろんであるが、国王の大権——法的権限——さえも、それが行使されなければされないほど一層賢明であって、例えば国王の法律拒否権は「眠っているからこそ却って存続していると言ってよいのであり、そして、それが存続さえしていれば、一旦発動の必要が生じた時には憲法そのものを護る手段となりうるのです」。それは儀礼(form)以上の意味をもたなくなった国教会聖職議会(Convocation of the Clergy)と同じようなもので、「それを法律上存続させておくことは賢明なことです。しかしそれを法律上の存在だけに止めて存続させておくことは、一層賢明なことなのです[9]」。

バークがこのように王権の存在理由を安定と自由との保障の手段という点に求めたということは、もとより彼が「王政復古に憲法の全体を負う」とまで称揚したことと矛盾するものではない。逆に、体制の安定と国民の伝統的自由とを保障する象徴としての機能をもつということこそ、君主政に「測り難いほどの価値[5]」を賦与するものである。従ってまたこの限りにおいては、君主政の機構のみならず、君主個人もまた「尊厳なる人格[10]」として重んじられなければならないのである。

このように見てくれば、体制の安定とは対蹠的な革命、しかも「世襲的権利」ではなく「人としての権利」に基づく自由を旗幟とするフランス革命が、一七八九年一〇月のあの「ヴェルサイユ行進」によって、「最も恐るべき、最も残虐な、最も痛ましい光景[11]」を現出するに至った時にバークの反革命の態度が決定されたこと、また「イギリス国王は真の国王であって行政官ではありません[12]」と力説するバークが、一七九一年のフランス憲法は実質上国王を「行政府の長」の地位に貶したとして痛憤し、その後一七九三年には自らを「王政主義者」と呼称し[13]、一七九六年以降「国王弑逆者(Regicide)」との講和に反対する浩瀚な書翰をしたためたこと等、いずれも極めて当然のことと言えよう。

バークがフランス革命に際して王政を擁護した態度の中には、確かに、ルイ一六世個人、殊にマリ・アントワネット個人に対する感傷的な同情が混入していた。そしてこの点についてつとにペインが明解な反論を加え、「フランス国民が反旗を翻したのは、ルイ一六世個人に対してではなく専制政治の原理に対してである」と述べ、「バークは鳥の羽毛に憐憫の情を注いだが、瀕死の鳥のことは忘れている」と非難した[14]ことは周知の通りである。確かにバークの態度には、機構およびそれを貫く原理の問題を個人人格の問題にすり替える面があったということは、少なくとも結果については言いうるであろう。しかもこうした態度は、機構としての君主政の機能に着目する上述のバークの立場そのものとも矛盾するかに見えるかもしれない。しかしバークが故意に問題を陰蔽しそして自己矛盾に陥ったと考えることは妥当ではない。

すなわち、バークにとって君主政の機構とは、安定と自由とを保障するものであり、少なくともそれらを保障しうるものであった。「君主政とは、改革を受け容れる能力を十全に備えたものであり、〔他の機構との〕力の均衡という原理を十全に受け容れうるものなのである。[15]」故にバークがこうした立場に立っている以上、もし君主政が安定と自由とを保障しえなくなるとすれば、その原因は機構そのものに求めようはずはなく、従って君主の人格に求める以外にない。だからこそ、バークはチャールズ二世やジェームズ二世の君主たるに相応しくない人格を非難しながらも、同時に王政復古を慶ぶことができた。しかし正に同じ理由によって、バークにとっては、「お人好し」で「温厚な」ルイ一六世が譲歩を示したにもかかわらず革命が勃発したということがどうしても「不可解[16]」にならざるを得なかったのである。従ってバークが、「多くの悪弊を伴おうとも、君主政そのものの中に或る善さがある」と言い、「今日問われているのは、フランスの君主政の弊害ではなくして、君主政の存在なのだ[17]」と記す場合に、単にそれを問題の陰蔽ないし回避とのみ解することはできないであろう。

二　貴族政

バークにおいては、イギリスの体制を構成する貴族政の典型は下院に求められている。その上、一八世紀のホウィッグたるバークにとっては、下院がイギリスの政治構造の中で圧倒的に重要な地位を占めている事実に対応して、貴族政の原理もまた、単に機構としての下院のみならず、体制そのものの基本原理と考えられるのである。

すでに多くの史家によって指摘されているように、「一六八八年の革命は、イギリスの主権を表見的にはジェームズからウィリアムおよびメアリーへと移したに過ぎないものであったが、実態としては主権を国王から下院に移した[18]」。それ以後漸次安定化の過程を辿った一八世紀イギリスの政治において下院が占めた地位は、バークの次の言葉によって的確に要約されている。すなわち、下院は「単に国民の代表であり、また自己の直接の選挙民のために国民の諸権利(privileges)を守護する者であるに止まらず、強力な主権者となったのであります[19]」。

ここで明らかなように、下院は第一に、王権に対する抵抗ないし抑制の機構であり、バークが議会の弾劾権を重視し、強力な議会は革命に代位し革命を予防すると考えたのも、この意味においてであった[20]。しかし第二に、下院は抵抗の機構であると同時に、それ自体支配の機構である。その結果、権力そのものが絶えず王の大権と議会の立法権との相互抑制の形をとっているいわゆる「キング・イン・パーラメント」の構造をもつ反面、国民の意思を代表するその代表の仕方にも、何らかの制約を課さざるを得なくなるであろう。一七七四年、バークは新たにブリストルを選挙区として出馬し、見事に当選の栄を獲得した時に述べた有名な演説の中で、こう言っている。

「申すまでもなく、代議士は、自己の有権者との間に、最大限に緊密なつながり、最大限の意思疎通……を保つことを、幸福かつ光栄なことと考えるのが当然であります。……しかしながら代議士は、自分の公平な見解、円熟した判断、偏らぬ良心を犠牲にしてまでも、諸氏に従うべきではありません——否、諸氏のみならず、此の世のいかなる個人、いかなる集団にも従うべきではないのであります。代議士のこうした見解、判断、良心というものの源は、諸氏の好みに在るのではありません。……それは神から託されたものであります。……もし代議士が、自分の判断を犠牲にして諸氏の意見に従うならば、それは諸氏に奉仕することにはならず、却って諸氏を裏切ることになるのであります。……統治と立法とは、理性と判断力とを必要とする問題であって、嗜好の問題ではありません。」次いでバークは選挙民の命令的委任(*authoritative* instruction あるいは *mandate*)に言及し、それは「わが国の法律では前代未聞のこと」であり、「わが憲法の秩序と精神とを全面的かつ根本的に誤るもの」であるとして退けたのである。(21)

バークのこの言葉を、彼が続いて述べているように、「議会は大使の会談」ではなく「一つの利害すなわち全体として利害をもつ統一国家の審議機関」であるから、地域的・部分的な利害に拘束されてはならない、(22)というだけの意味に解するならば、それは議会制度一般のみならずおよそ統治の規範として、適切な、しかし当然の言と解するに止めるべきであろう。他面、当時の選挙の極端かつ広汎な腐敗を想起するならば、バークが、こうした演説を行うという行為そのものによってその演説の内容を実践したことは、彼の良心と勇気とを示す最良の証左と言わなければならない。

しかしバークのこの言葉が単なる〈代議士の心構え〉を説いた政治道徳の訓示ではなく、バークの擁護する体制の原理に直ちに連なるものであり、従ってまた彼の政治思想の核心に触れるものであることは、命令的委任を指して「わが憲法の秩序と精神とを全面的かつ根本的に誤るもの」と評した彼自身の言葉からも十分にうかがわれる。[23] そこでその体制の原理を明らかにするために、そもそもバークが政治社会の成立、すなわち人(men)が国民(people)になる過程をどのように考えていたかを一瞥する必要がある。

バークによれば、「野生の自然状態(state of *rude* Nature)においては、国民というものは存在しない。多数の人間がいるということ自体の中には、団体としての能力(collective capacity)は存在しない。国民という観念は、団体(corporation)を指す観念である。それは全く作為に基づく(artificial)ものであり、他のすべての法的擬制と同じく、共同の合意によって成立する」[24]。

ところで、このように野生の自然状態と峻別された国民が、国民として行動し、また団体ないし社会を形成した際の目的に適うように行動するためには、「国民が、習慣化された社会的規律の中にあり、そこでは、より聡明な人々、より老練な人々、より富裕な人々が指導者となり、その指導によって、より無力な人々、より無智な人々、より僅少な財産の持主等を啓蒙および庇護するといった状態にあるものと考えるのが当然である。民衆(multitude)がこうした規律の下にない場合には、政治社会(civil society)の中に生きていると言うことはまず不可能である。……自然と理性との中には一つの原理が存在し、それに基づいて、……数において優る人々は、自己の判断——利益ではない——を、徳性と名誉とにおいて優る人々の判断の優位下に置くのである」。これがバークの言う「本然の貴族政(*natural* aristocracy)」である。このように、社会の成立は必然的に「本然の貴族政」に導くのであるから、それは政治社会そのものの原理となる。すなわち、「真の貴族、本然の貴族とは、国家の中の局部的な階層つまり国家と切り離すこともできる階層を意味するものではない。それは、正しく構成された大きな団体のすべてにとって、本質的かつ不可欠の部分(essential and integral part)」なのであり、「それなくしては、およそ国民なるものはありえない[25]」のである。従ってバークの場合、「本然の貴族政」とは、体制の一部分というより体制の本質に他ならない。

こうした貴族政が、もし純粋に機能的にだけ把えられていたとすれば、バークのこの言葉は政治の本質を鋭く洞察したものと言えよう。しかしバークの言う貴族政が、当時のイギリスの社会構造と結合されて実体化されていることは、いわゆる「財産と教養と《ベジッツ・ウント・ビルドゥング》」に相当する要件を後述のように当然の前提としていることからも明白であろう。しかもこのように実体化された「本然の貴族政」は、その上普遍的な人間性に基礎づけられることによって、いよいよ実体的特殊性を強めるのである。すなわちバークは、さきに政治社会を「野生の自然状態」から峻別したのであるが、それに続いてこう記している。「かかる貴族を必然的に発生せしめる政治社会《シヴィル・ソサイエティ》の状態こそ自然状態であり、野蛮かつ無秩序な生活様式より遥かに自然な状態なのである。なぜなら、人間はその本性からして理性的なものであり、そして、理性が最もよく培われ、理性が最大限に支配しうる場所を除いては、人間が完全に自然の状態におかれることは決してありえないからである。[26]」もちろんバークがここで言う「自然(本来)の状態」とは、規範化された理想社会を指すのであるから、現実の貴族政と直ちに符合すると考えられているわけではないが、その反面、まさに理想社会は「必然的に貴族政を発生せしめる」とすることによって、貴族政の原理そのものが規範化され、体制として貴族政はここに永遠の基礎づけを獲得するのである。

さてバークによって、こうして体制の原理とされた「本然の貴族政」は、二重の意味で貴族政を構成すると言うことができる。第一は、全体制の原理としての「本然の貴族政」であり、これは一見機能的なエリートの支配のような外観を呈しながらも、常に地主的市民層を実体的な担い手としていることは上述した通りである。第二は、全体制における地主的市民層の地位と相似的な構造をもつものであって、いわば地主的市民層の中の「本然の貴族政」である。それは機能的なエリートとある程度一致し、機構的には下院を典型としている。(27)

そこで次に、バークの言う「本然の貴族政」が以上のような構造をもつところからいかなる帰結が導き出されるかを、彼の思想に即して要約してみよう。

第一に、それが地主的市民層を基盤としているところから、バークの場合には、純世襲貴族を原型とする上院に対して、もはやあまり高い価値を認めることができない。バークは、反革命政策を強硬に主張し、〈体制の輸出〉の正当性を謳った一七九一年の書簡の中でさえ、「上院を貴下〔フランス国民〕に推奨することはできません(28)」と述べている。それにもかかわらずバークが上院の価値を認めて、「わが国の上院は、わが貴族の事実上の代表の主たるものであり、地主層の利益を保障する偉大な礎石であり支柱である(29)」と称揚するのは、上院が世襲貴族から成ること自体によるのではなく、上院の機構が体制にとり有用であるからに他ならない。すなわち「上院は、国王と下院とに対する連関においてのみ存続を保っており、この二重の連関なしには、一年たりとも存在しえないのである(30)」。つまり上院は、国王と下院との間に立つ安定勢力として、体制の内部に均衡と抑制とを保障する点にその存在理由を認められている。

従って第二に、下院の優越する所以は、「いかなる階級に属するかを問わず、すべての人材に門を開いている」点に求められると同時に、それが「本然の貴族政」に基づいている以上、「身分、家柄、世襲ないし自力による財富、教養、陸海軍人ないし官吏または政治家としての高い地位等を備えた、国の精華のすべて」が集まっている点にも求められるわけである。[31] これは繰り返して言うまでもなく、一八世紀イギリスの下院すなわち庶民院(House of Commons)が、地主的市民層を基盤としていたことの当然の反映である。

第三に、このように国王と上院とに対し、抵抗ないし抑制を加えるという形において権力に参与する下院には、「さまざまの利害や勢力が、人々が通常考える以上に微妙かつ精巧に組み合わされている」[32]のであるから、「自由と拘束という相反する要素を融合して一つの矛盾なき作品に仕上げるには、優れた思考力、深い洞察力、聡明かつ強固にして綜合力に富む精神、を必要とする」。そしてバークによれば、こうしたエリートの精神は「教養」によって培われ、この「教養」は、「支配者(master)」たることではなく「指導者(instructor)」たることを教えるものなのである。[33]

バークの擁護する体制が、こうした貴族政を本質としている以上、彼の立場が革命フランスのそれと全面的に対立するのは当然である。すなわち、バークは貴族政を「自然状態」としたのに対し、革命フランスでは平等が自然状態とされた。またバークが、市民社会《シヴィル・ソサイエティ》は必然的に「貴族政」に導くとするのに対し、フランスでは、市民社会の成立そのものが貴族政の廃止を不可欠の条件とした。

そもそもバークにとって、人民主権に内在する治者と被治者との一体性という原理は、第一に誤謬である。バークによれば、「立法者が、自ら進んで指導権力(active power)を民衆の手に渡した例は、史上未だかつて存在したことがない。それというのも、……人民の本分は、権力を統制することに在る。そして、権力の行使と統制とを同時に行うということは、矛盾であり不可能なのである」[34]。従ってバークによれば第二に、こうした矛盾をもつ人民主権の原理は、「一部の分子」や「陰謀家」が人民を欺瞞するのを陰蔽する役割を果たすか、または、治者自身を自己欺瞞に陥れてその指導能力を麻痺させるか、そのいずれかを招来する。前者に関するバークの見解についてはすでに述べた。

だが後者、すなわち治者の指導力の欠如を政治的な悪として攻撃するバークの手厳しさも、前者に対する場合に劣らない。バークによれば、「本然の貴族」とは統治の能力と資質とを備えたエリートでなければならず、しかも統治の技能を体得するには長い経験を必要とする。ところが革命は必然的に「成り上がり者」を生じ、彼らは「服従を常とする卑しい身分から、突然あたかも魔法によるかの如く解き放たれる」のであるから、「思わぬ権力にありついて陶酔」しなければ不思議である。事実国民議会の議員は、バークによればその大半が「身分の低い、教養のない、機械的な仕事しかできない」階層の出身者であり、「最もましな人々でも、単なる理論家に過ぎない」。ところで「いかなる集団においても、指導の地位に立とうとするものは、同時に、相当程度〔民衆に〕追随せざるをえないものである」。いわんや国民議会のように統治能力を欠いている場合には、「この政治的駆引きの過程で、指導者は被治者の無智に屈従せざるをえなくなり、被治者は指導者の最も悪質な企図の手段と化さざるをえない(35)」。かくて指導者は「人気市場の競売の入札者」となり、「立法者ではなく追随者、人民の導き手ではなくその手段と堕し」、その結果、「中庸は臆病者の持前という烙印を押され、妥協は裏切者の狡猾さと非難される(36)」に至る。その上こうした指導者と被指導者との悪循環は、指導者が「自己の簒奪した権力に対し大量の追随者を獲得する結果、自己の罪責意識から解除される(37)」ことによって完結する。

以上のバークの言葉の中には、幾つかの鋭い洞察を見出すことができよう。しかしバークにおいては、リーダーシップはあくまで「貴族政」のタームで表象され、そしてこの「貴族政」が政治社会の本質と考えられた。従ってバークの立場からすれば、貴族政を原理的に否認する人民主権のイデオロギーは、政治の本質に反するものであった。革命フランスにおけるインフレ財政、軍隊内の混乱等は、こうしたイデオロギーに対する〈政治の復讐〉としてバークの眼に映じたと言えよう。

ところでバークにとって「本然の貴族政」とは、単なる事実ではなく、人間性に根ざした、あるべき社会の原理を意味するものであった。従って、貴族政を破壊することは、「邪悪な」人間、つまり人間性を歪曲した人間にして初めて可能であると考えられると同時に、その破壊の効果は、単に政治の領域に止まらず、人間性そのものを変質させると意識されるのは当然であろう。バークは一七八九年一〇月の「ヴェルサイユ行進」を指して、「あらゆる革命の中で最も重大な革命の始まった日」と呼ぶのであるが、その理由は、それが「感情と習性と道徳意識とにおける革命」であるからである。つまりここに登場してきたのは、政治的平等主義のみでなく道徳的水平主義である。バークの表現を借りるならば、「騎士の時代は去った。そのあとに詭弁家、物質主義者(economists)、打算的人間(calculators)の時代が来た(38)」のである。

フランス革命の中に、このように生活様式にまで及ぶラディカルな変革を看取したバークの洞察力は、フランス革命に自己のイリュージョンを託したフォックス等に比し、さすがに鋭かった。しかしながら、これを裏返しにすると、バークがフランス革命を宗教改革になぞらえて、「単に政治上の主義だけに基づいて、ヨーロッパで起こった従来の諸革命のどれ一つにもほとんど似つかぬもの、比べようのないもの(39)」と評する場合、彼にとって〈政治革命〉とはいかなる意味のものであるかもまた、明らかであろう。つまりバークにとっての革命とは、「騎士の時代」に属し「貴族政」を前提とした革命であり、「政治」とは専ら「貴族」と国王との権力関係の世界に限られたものであった。例えば彼がスウェーデンの「革命」と言う場合、それはロシア帝国の実質的支配下にあった貴族層に対して、開明専制君主グスタブ三世が行なったクー・デタと言うべきものであった(40)。またバークが、ルイ一五世に対するフランス高等法院の抵抗を同情的に描いたことは前述した。そしてバークにおいても、名誉革命が大文字の「革命(Revolution)」であった。もとより名誉革命の推進勢力は、ヨーロッパ大陸における貴族層と同じ性格のものではない。だからこそバークは、単なる貴族政と区別する意味をも含めて「本然の貴族政」を強調したのである。しかしイギリスの地主的市民層に匹敵する階級が存在しない大陸諸国に「本然の貴族」を求めれば、そしてまたトータルに貴族政を否定する人民主権を拒否するとすれば、大陸の封建貴族に似姿を認める以外にない。ともあれバークの「革命」とはこうした意味のものであるとすれば、彼が王権に対する貴族層の抵抗には容易に必然性を認め、また親近感を懐きうるのに対して、王権と貴族政とを一挙に否定するほどラディカルな革命については、その必然性を理解することすら至難となり、強烈な反撥を示すのも不思議ではない(41)。

このことからして、バークにとり共和政とはいかなる意味のものであるかも、自ずから明らかとなろう。すなわちバークは次のように記している。「私の本性、気質ないし資質の中に、古今の共和国に反撥を感じさせるものが潜んでいるということは絶対にない。むしろ逆である。私は共和国の形態と精神とについて、若い頃から研究してきた。……私の確信するところによれば、共和国の研究を伴わない政治学は、およそ実りなきものであろう。しかし研究の結果私が従来から、また現在も懐いている意見によれば、イギリス、フランスの二国とも、底なしの惨禍を伴うことなしに……共和政に変わることは不可能であり、危険を伴わずに両国に導入しうる共和政的なものは、総じて君主政の基礎の上に――つまり、名目的ではなくして実質的な君主政を必須の基礎として、打ち立てられなければならない。換言すれば、貴族政と民主政とのいずれを問わず、両国の政治制度は……常に国王を前提として運用されなければならない。……もしそうでないならば、すべてが混乱に陥るであろう(42)。」その上共和政は、君主政を前提とするのみでなく、それを補強して真の君主政たらしめるものである。「逆説的に聞こえましょうが、私が真の共和政の精神と呼ぶこの精神によってのみ、君主政は愚劣な廷臣と狂気の群衆とから救われることができるのです。[43]」従ってバークにとっては、君主政を前提としない共和政は共和政ではなくて「アナーキー」と意識され、国民議会は「君主政を愛する人々と、共和政を愛する人々が等しく嫌悪すべきもの[44]」と感じられるのである。

三 民主政

以上に述べたバークの思想を要約すれば次のようになるであろう。すなわち、「本然の貴族」は、君主政そのものは前提としつつ、絶対君主にはあくまで抵抗するが、同時に、まさにこうした抵抗によって却って君主政を保持することができ、従ってまた「アナーキー」を予防することができるのである。こうしたバークの思想の中に直ちに見出しうるのは、「本然の貴族」による〈抵抗の独占〉であり、抵抗とその独占との不可分性を保つことによって支配体制の安定を計ろうとする発想である。このことが、抵抗および支配の機構である下院の二面的性格に典型的に現われていることは、もはや多言を要しないであろう。

バークの発想に見られる〈抵抗の独占〉という構造は、一方では王権への抵抗を代表する限りにおいて、それ自体の中に民主政の契機を含むものであるが、同時に他方では、抵抗を独占する点で、その民主政の契機そのものに常に貴族政の性格を滲透させる。そこでバークにおいては、第一に、「国民の代表であり……国民の諸権利の守護者」である下院、すなわち、いわば〈貴族の中の貴族〉たるエリートこそが、実は「民主政」の前衛なのであると言ってよい。その反面として第二に、この「民主政」に参与する「国民」は、下院議員を頂点とし、年収四〇シリング以上の土地を保有する市民を底辺とする社会層に限定される。(45)そこで民主政の契機は、第一には、下院を代表とする「貴族」の王権への抵抗という形をとるわけであるが、これは「貴族政」に含まれるものであることは既述の通りである。従ってバークにおける「民主政」は、専ら、それ自体支配の立場にも立つ下院議員と、地主的市民層に限定された有権者との間の領域のみに属し、体制全体の観点から見れば「貴族」内部の規制原理を意味するのである。そこでここでの問題は、さきに「本然の貴族政」というタームでリーダーシップを考えたバークによって、これに対応する「民主」的統制がいかに考えられているか、という点にある。

バークにおける「民主政」は、第一に有権者の議員に対する「信託(trust)」、第二に議員の側における「責任意識(responsibility)」、第三に下院(ないし政府)の有権者に対する「庇護(protection)」という三つの契機から成り立っていると言ってよい。

第一の契機について、バークは次のように述べている。「私は下院の起源については知りません。しかし、下院が自分の手で創られたのではないということだけは確かであります。選挙人は被選挙人に先行するものでありますから、議員の諸権利の起源は、国民(有権者)全体か、または他の何らかの形態の立法機関か、そのいずれかにあるわけでありますが、それらはいずれも、選出母体に代位するような権力を議員に与えようなどとは毛頭意図しなかったのであります。(46)」従って「何らかの権力を分有する人はすべて、自分の行為は信託に基づいているという観念を、強くかつ厳粛に肝に銘じておかなければならない(47)」。

こうした下からの信託に見合って、議員の側における責任意識が想定される。そして、「本然の貴族政」を体制の本質とするバークにおいて、また実際にも下院が主権の事実上の担い手であった一八世紀イギリスにおいては、体制そのものの維持のためにも、この責任意識が最も重視されるのが当然であろう。また、エリートの側における責任意識を代償としないならば、「本然の貴族政」は、いかなる意味においても「民主政」と接合しえないであろう。まことに責任意識こそは、「貴族政」と「民主政」とを一挙に確保する鍵であり、バークはそれを明確に洞察していた。それは一方において、あくまでもエリートと民衆との距離を前提としつつ、他方その距離の自覚において、逆に下からの統制を政治指導の実質の中に織り込むのであり、この屈折を通じて体制そのものを補強し安定させるものであると言えよう。

　バークにおけるこの意味の「責任意識」の強調は、革命フランスにおける人民主権の原理と対決する場合に、最も尖鋭かつ明瞭に現われた。バークは、治者と被治者との一体性を主張する人民主権が責任意識の欠如を招来することを指摘して、こう述べている。「〔権力〕手段なしには、君主は何ごとをもなしえない。そして、手段を用いる人間は誰でも、手段というものの中に、自分を扶助する要素と同時に、自分を妨害する要素を見出すのが常である。故に君主の権力は決して完全ではなく、またその権力を極端に濫用すれば必ず危険に陥る。この君主と同様な立場にある人々は、……自分に信託された権力を濫用する場合には何らかの形で責任を問われる、ということを考えざるをえない。その人々は、たとえ人民の叛乱によっては打倒されないとしても、叛乱に備えて自分の安全護持のために維持している近衛兵そのものの叛乱によって打倒される可能性がある。」これに対して、「人民の権力が絶対かつ無制約のところでは、〔権力者となった〕人民は、自分自身の権力に対し、君主の場合に比して限りなく深い……確信を懐く。人民にとっては、自分自身が自分の手段であると言ってよい。……その上人民は、この世ににおいて最大の統制力をもつものの一ったる名声と尊敬とに拘束される責任意識を、君主の場合に比して僅かしか持ち合せない」。こうして、「権力を濫用する人間の数と反比例して、見識(opinion)の力は減少する。人民は、自分の行為を自分で裁可し、しかもこの裁可は、人民各自の眼に、あたかも自分の行為に対する公共の裁可であるかの如く映ずる。従って完全民主政というものは、この世で最も破廉恥なものである(48)」。

さきに、人民主権は「政治社会」の本質たる「本然の貴族政」を破壊するという攻撃を加えたバークは、ここでは、治者と被治者との直接的一体性という神話による〈距離のパトス〉の喪失が、却って正当な世論からその力を剝奪し、かくて人民主権そのものの自殺に終わるという、鋭い批判を加える。つまりバークにとって「完全民主政」は、リーダーシップのみならず民主的統制そのものを破壊するものである。バークのこうした指摘の内容自体の中には、幾つかの的確な警告が含まれていることは認めなければならない。しかし同時に、バークの批判の仕方、例えば「本然の貴族」の道徳を基準として「破廉恥」という評価を下す点にも、彼が擁護する「騎士道」の体制の実体が容易にうかがわれるのである。「本然の貴族政」を体制の本質とするバークの「責任意識」が、常にこうした二重性を内在させていることは、むしろ当然と言えよう。それは「本然の貴族政」に基づく「責任意識」である限り、例えばウィルクス(J. Wilkes)事件に当たっては、「恣意的な議会」を攻撃して、議会の事実上の寡頭政に対し「民主政」を擁護すべきことを彼に命じるが、それが「本然の貴族政」に立脚している限り、まさに同じ「責任意識」が、あくまでも「命令的委任」の拒否を命じる。このように「本然の貴族政」によって、一層限界づけられたバークの「民主政」の特質は、リフォームに対する彼の態度を見ることによって、一層明らかとなるであろう。

もちろん一口にリフォームと言っても、それを要求する階層ないし集団が異なるにつれて要求の内容も異なり、従ってバークがこれに反対する場合の論拠も異なってくる。フランス革命以後におけるバークの態度については先述したから、ここではフランス革命以前における態度をとり上げてみよう。

周知のように、すでに一八世紀中葉のイギリスにおいては多数の腐敗選挙区が見られたのであるが、殊にジョージ三世が従来の「ホウィッグ寡頭支配」に挑戦し、また当時前期的性格を強めつつあった独占的商業資本と王権との抱合が進行するにつれて、下院は健全な代表機構としての機能を著しく弱めていった。伝統的代表機構のこうした堕落は、ウィルクス事件によって歴然と露呈された。[49] この事件を直接の契機としてリフォームの世論が高まってきたのであるが、一七七〇年代初頭に現われたリフォーム案は、その力点の差異に応じて次の三種に大別することができる。(1)従来七年であった下院議員任期を短縮する。(2)従来バラーに偏していた議席割当を矯正してカウンティの議席数を増加する。(3)王の手中にある議員買収手段を除去するため王室財政等の改革を行う。ところで一七八〇年五月、第一の任期短縮案の主唱者として有名だったソーブリッジ(John Sawbridge)が任期三年案を提出した[50]のに対し、バークは反対した。その反対の論拠は、この方法では、(1)選挙民の公徳心を高めるには役立たないこと、(2)王の選挙操作を阻止するのに有効ではないこと、(3)閣僚の選挙操作を抑制するどころか、ますます巧妙に腐敗を蔓延させる傾向があること等であった。[51] つまりこの場合には、提案内容自体に体制を変革する契機は何ら含まれていなかったし、またバークも、専ら手段としての効用の見地から反対するに止まった。

その二年後の一七八二年五月、腐敗選挙区の代表数を削減しその減少議席に対しては国が補償を行うという、上述の第二案に類する議案が下院に提出され、これに関連してピットは、下院に代表状況調査委員会を設けるよう提唱した。[52] バークは強硬に反対した。なぜか。ここでは、代議士はその選挙区のみの利益に拘束されてはならないという論理は、反対の根拠になりえない。またこの提案は財産資格の緩和を意図するものでもない。いわんや王や政府閣僚の勢力を増大させるという反対理由は成り立たない。バークの論拠は唯一つ、それはバークによればこの提案が、代議士は「個人の代表(personal representation)」であるという思想に立脚しているからである。すなわちこの提案は、「すべての自然権は個人の権利でなければならない。なぜなら、自然の下では、国家とか団体とかいう人格は存在しないのであるから」という論拠に立って、伝統的な地方団体単位の議席割当に反対する。そしてこの「人としての権利」に基づく思想によれば、「すべての人間は自治を本旨とし、本人が赴きえない場合に自分の代表を派遣する」ことになる。[53] この提案の基本原理をこのように解釈する以上、バークが反対するのは当然であろう。なぜなら、「本然の貴族政」というバークの思想は、まさに「各個人の自治《セルフ・ガヴァンメント》」を根本的に否認するものだからである。従ってバークにとり、ここでの問題はもはや手段の選択ではなく、原理そのものの正否にあると意識されるに至る。

ところで、ロトン・バラーの議席を補償付きで削減し、カウンティの議席数を増加するという案は、果たして、またなぜバークの考えるように原理そのものの変革となりうるのであろうか。そもそも一七八二年から八五年にかけピットを象徴として展開されたパーラメンタリー・リフォームの運動は、一七七九年末に結成されたヨークシャ委員会を中心とする運動の延長上に立つものであった。この委員会は、前期的性格へ傾斜していく独占的商業資本と王権との結合、それに伴う議会の腐敗、こうした構造の集約的破局としてのアメリカ独立戦争、といった過程を通じて過重な地租のしわ寄せを蒙った自由土地保有民《フリー・ホールダーズ》すなわち下級地主層を主たる推進力とするものであり、トレヴェリアンの言葉を借りて要約すれば、それは「民主主義的でもなく、近代的とさえ言えない運動であった。それは産業革命と何らの関係をも持たないものであった。……それの基本的立場は、ミドル・クラスないしそれ以下の階層の地位を高めようとするものではなかった[54]」のである。しかしながら、この運動は実体的には地主層を推進力とするものでありながら、そのイデオロギーの中には、しばしば個人主義的な自然権と代表制との理論が混入しており、こうした理論は、アメリカ独立戦争とルソーの思想とに触発されて、リフォームの一つの立場となっていた。もとよりこの種のイデオロギーは、担い手の点で本来実体的な制約をもっていたのであり、またリフォーマーたちの多くによっても雑音扱いされたに過ぎないものであった[55]が、バークが、このようにそれ自体としては体制に何らの変革を加えない程度のパーラメンタリー・リフォームにも強硬に反対したのは、まさにこの雑音を聞き逃がさず、そこに「本然の貴族政」に対する危険を感知していたからである。従って、このように「本然の貴族政」の立場に立つバークが唱道するリフォームとは、必然的にエコノミカル・リフォームの域を超えることはできなかった。すなわち、バークが主唱者となって一七八〇年に提案し、さらに一七八二年には前述のピット案に対抗しつつロッキンガム内閣の下で遂に結実せしめることができたリフォームとは、国王の議員買収手段に供せられてきた閑職、年金等を機構改革および財政措置によって徹底的に削減し、こうして議会を「正統な地位に復帰」させて既存議会の権威と機能とを回復させようとするものであった[56]。

　バークにおける「責任意識」が、自由土地保有民の運動に対してさえこのような態度をとることを命ずるものであるとすれば、そもそも、その「責任意識」が「信託」に見合って想定されていると言うよりは、逆に、実質的には「責任意識」に見合って「信託」が構成されていると言っても過言ではあるまい。このことは、バークの「民主政」の第三の契機が「庇護」という形をとることによっても確かめられる。

バークの言う「民主政」が「貴族」内部に限定されることは前述の通りであるが、さらにバークが一七九六年に記したところによると、「政治的観点」から見た「民主政」の主体は一層減少する。すなわち、「イングランドとスコットランドについて私が計算したところによりますと、老年者を除いた成年男子で、政治について論議するに足る余暇を持ち、多少とも政治の消息を知るための何らかの手段を持ち、使用人の生活――ないしは事実上使用人に等しい生活――以上の暮しを営む人々の数は、約四〇万にのぼると申してよろしいでしょう。人間社会には、国民の本然の代表(natural representative)とも言うべきものがありますが、今述べた人々が、この代表に当たります。そして、制度上の代表(artificial representative〔つまり下院議員〕)を決定するのは、法律上の選挙民よりはむしろこの本然の代表たる人々なのです。この人々がイギリスの国民(public)であり、その数は非常に多数なのです[57]」。このように、法律的観点を離れて「政治的観点」に立つほど、「民主政」の主体はその数を減じ、その反面、「政治」から除外され、〈政治外的存在〉と目されてしまう人々の数は増大する。その結果、バークによればこの四〇万以外の有権者は、「それが弱体である時には庇護の対象であり、強力である時には実力の手段〔兵力〕となる[58]」。

つまりバークにおいては、四〇万の「国民」以外の有権者でさえ、「政治」の主体ではなく、政策の客体であり手段であるに過ぎない。だとすれば、有権者層以下の社会層が「国民」たりうるはずがない。ところで、およそ「政治」の主体になりえないものが「信託」の主体となることは論理的にも不可能であろう。四〇万の「国民」以外の有権者には、まだ「信託」の法的擬制を可能にする選挙権が与えられているにしても、選挙権さえ持たない者は、そもそも〈権利外的存在〉なのであるから、「信託」の成り立つ余地は全くないはずである。それにもかかわらず、バークの「信託」―「責任意識」―「庇護」という図式は、有権者と代議士との間に適用されたのと同じ手法で、労働者層と地主的市民層との間にも擬制され、「有産者は労働者の受託者である」[59]とされる。ここに至って「信託」は、擬制というよりも虚構と呼ばれるべきであろう。しかしながら実は、それが虚構であればこそ、バークは、「責任意識」という〈体制の良心〉を最も重視力説せざるを得ないのであり、同時に、それが〈体制の良心〉に発するものであるからこそ、バークは、「信託」を「責任意識」の契機として「責任意識」のために構成すれば足りたのである。[60]バークが「命令的委任」を拒否するに当たって、「国民の意思」とは峻別して掲げた判断の基準、すなわち「理性と衡平という偉大な原理、および人類一般の意思」[61]とは、まさにこの〈体制の良心〉を指すものに他ならない。そしてこうした〈体制の良心〉に基づくならば、四〇万の「国民」以外の人々に加える「庇護」の仕方のみに最大限の「深慮」が払われる反面、彼らが「庇護」の対象であること自体は疑いの余地なきものとせざるを得ないであろう。そのことは、労働者層に対するバークの態度の中に最も明瞭に現われている。

周知のように、一七七〇年代のイギリスでは、農村の資本主義的経営化が完成されつつあり、他方産業革命の開始と共に、農村からの流出人口の一部は漸次近代的工場労働者階級として再編成され始めていた。だがトレヴェリアンも指摘するように、「産業革命が他のすべてのものを変革した後にも、旧態依然たる統治機構は、その末端に至るまで神聖不可侵のものとして温存され、農村から流出した人々は、精神的・肉体的な荒廃の中に依然として足掻き続けていた」[62]。ところで一七九五年から九六年にかけ、イギリスの農村は深刻な凶作に襲われたため、折しも対仏戦争の時とあって、ピット内閣は農産物の価格統制を断行しようとした。これに反対したバークの立場は、地主層の利益を中心とする徹底した自由放任主義であり、その意味において、政府を「旧態依然」たらしめようとするものであった(63)。

バークの反対の論拠は、第一に、雇傭・売買等の契約は「当事者間の判断と利害とに基づくことがら」であって、権力(裁判所)の介入はその履行に関してのみ認められる、という法律論であり、これに基づいてバークは権力の介入に限界を画したのである(64)。第二に、だが農業企業家と農業労働者との間には利害の対立があり、従って権力の不介入は実質的に労働者抑圧の機能を果たすという論があったのに対し、バークは次のように言う。「もし企業家が労働者から利潤を引き出すことが止み、その資本が絶えず肥えかつ実を結ぶことが不可能となるならば、企業家は、自分の手足となって働く者を保護するに足る衣食住の糧を、豊富に与え続けることができなくなる。故に、企業家が労働者の生産物から十分な利潤を獲得することは、労働者にとって、何にも優る基本的な利益なのである。」「だがもし企業家が極度に貪欲であったら？　それならば一層結構なことである。企業家は、多くの利得を望めば望むほど、自分の利益の主たる源泉である労働者を良い労働条件下におくことに、いよいよ関心を払うものであるから。」こうしてバークにおいては、「私人の悪徳は公共の福利」というマンデヴィルの図式が、労使関係にも妥当するのである。その上バークによれば、こうした構造は、神によって支えられている。すなわち、「恵み深くして叡智に富める、万物の支配者は、人間が自己の私利を追求するならば、意図すると否とを問わず、自己の個人的成功によって同時に公共の福祉に貢献せざるをえなくなるように仕向け給う」のである(65)。こうしたバークの立場からすれば、権力の介入はそもそも不必要と言うべきであろう。ところでバークによれば、神の意志は、さらに積極的に権力の介入を禁ずるのである。

すなわちバークは、第三の論拠として、次のように述べている。「万物の中で最も価値高く、最も重要なのは、精神(mind)である。」ところで「家畜は鋤や挽車の活きた本体(informing principle)であり、労働者は家畜にとって理性であり、企業家は労働者にとって思考力と統率力とを持った本体(thinking and presiding principle)である」のだから、「農業というものは、全面的に自然と正義との秩序を備えている[66]」。つまりバークの「本然の貴族政」が、ここでは企業家から家畜までのトマス主義的なヒエラルヒーとなって現われている。だがバークにおける自然秩序は、このように中世的な形式で表象されると同時に、その実態の性質上、内容の点では近代的とならざるをえない。すなわちバークによれば、「労働力とは、他の商品と同じく一つの商品であり、その価格は需要に応じて高下する」ものなのであるから、商品交換の法則と抵触するような「異質の規制を受けてはならない[67]」。それにこの商品交換の法則とは、「自然の法であり、従って神の法なのである[68]」。従って、こうしたバークの立場からすれば、権力の介入は悪と呼ばれなければならないであろう。

　このようにして、労働者に対しては権力の「庇護」さえ及ぼすべきでないとし、しかも他方では彼らの「信託」だけは自明のこととして想定するバークにおいて、「民主政」とはいかなる意味のものであり、またなぜ「責任意識」が最も力説されるかは、多言を要しないであろう。バークにおいて「民主政」が、常に、「本然の貴族政」を本質とする体制のためという視角から考えられていることは、こうした〈政治外的存在〉との接点に最も鮮明に現われてくる。だからこそ、公権力による価格統制に反対する論拠として、上述の原理的観点からするもの以外に、バークは本来の〈効果の理性〉に立ち還って次のように付け加えることを忘れなかった。すなわち、「一旦民衆が、権力の手によって養われることに、たとえただの半年でも慣れてしまったならば、彼らは他の方法で糧を得ることに決して満足しなくなるであろう。そして、政府にパンを求めるようになってしまえば、一旦饑饉が襲った時には、民衆は飼主に背いてその手に咬みつくことであろう」。つまり、権力があらゆることに介入する時には、「悪いことが起これば……何でも政府の責任に帰せられてしまう」危険を招くに過ぎない[69]、というわけである。労働者ないし一般民衆はもとより、無代表の自由土地保有民に対してさえ以上のような虚構性を露呈するバークの「民主政」において、近代民主政の基本をなす社会的価値がいかなる意味を賦与されているかということも、もはや想像に難くないであろう。ここでは次に自由、財産権、平等の三つについて略述するに止めたい。

バークが、君主政の存在理由を自由の保障という点に求めたことは前述したが、彼は、アメリカ植民地の立場を擁護して国王と議会とに激しく抗議していた一七七四年にさえ、こう述べている。「わが憲法の中で特筆すべき部分は、わが憲法が認めている自由であります。この自由を不可侵のものとして保持することは、特に下院議員に負わされた義務であり、本来下院議員に委ねられている信託であると思います。しかしながら、私の言う自由とは、秩序と結合した自由であり、これ以外に自由は存在しないのであります。すなわち、単に秩序および徳性と併存しているのみでなく、それらなくしては存在しえない自由を私は申しているのであります[70]。」

まず第一に、バークにとっては、君主政が自由を保障し、自由と秩序とが結合するのであるから、逆に言えば、自由は王権を前提として初めて成り立ちうるのである。このことは、自由の根拠とされる権利が特権(privilege)という観念で表象される場合に最も明らかとなる。すなわちバークによれば、「すべての特権は、王権の行使から例外的に免除されることを意味するのではありますが、それは決して王権を否定するものではありません。特権を要求するということは、その語意からして、上位の権力の存在を内に含んでいるのであります。なぜなら、国家ないし個人の特権について語りながら、その国家ないし個人は上位者をもっていないと言うとするならば、それは無意味なことを話すに等しいからであります」[71]。ところで第二に、このように上位者を前提にしつつ秩序に結合する自由が、何よりも「高貴な自由(noble freedom)」[72]として主張されるのは当然である。なるほどバークによれば、自由とは「徳性」なしには存在しえない「有徳の自由(virtuous liberty)」[73]であり、「人間は、自分自身の欲望に道徳の鎖を課する性向を体得するに比例して、市民的自由をもつ資格を得る」[74]のであるが、このような道徳的資格を得れば誰もが「市民的自由」を獲得しうるのでないことは言うまでもない。すなわち、バークにとって、「有徳の自由」とは同時に「高貴な自由」であり、それを基礎づける「われわれの権利と特権」とは伝統の遺産であって、「成り上がり者の傲慢を阻止する」ものに他ならない[75]。従って、伝統的な権利と特権とをもつことが第一の資格であり、その中で道徳的資格をもつ者が真の「自由」を要求しうるのである。そしてこれがまさにバークの「本然の貴族政」に対応するものであることは明らかであろう。すなわち、バークにおける「貴族政」は、一方には君主政を、他方には「民主政」を前提とすることにおいて成り立つものであり、またバークの「民主政」が、一方には「信託」を他方には「庇護」を想定することにおいて成り立つ「責任意識」を中核としていることと並行して、彼の言う「有徳の自由」は、権力と自由との結節点たる「本然の貴族」に体現されることによって典型的に具象化されるのである。バークはこう記している。「自由な政府を創るためには、つまり自由と拘束という相反する要素を融合して一つの矛盾なき作品に仕上げるためには、優れた思考力、深い洞察力、聡明かつ強固にして総合的な精神を必要とする。」「叡智を伴わず、徳性を備えない自由とは、何を意味するのであろうか。それは、あらゆる悪の中の最大の悪なのである。なぜなら、それは教養と自制力とをもたない愚劣、悪徳、狂気の謂《いい》だからである。」[76]

ところで「本然の貴族政」がバークにとって体制の本質をなすものである以上、自由が体制——つまりバークの言う「秩序」――と「併存するばかりでなく」、まさに体制において存在するものであることは、むしろ当然と言えよう。つまり「自由」とは「理性ある自由(rational liberty)」[77]に他ならず、ここでバークが言う「理性」とは、もとより体制を容認する理性であって、これをウェーバーが儒教について用いた表現に倣って言えば、体制に対する「対立的緊張を絶対的最小限にまで縮減した」[78]合理主義を意味するのである。従ってバークによれば、「自由とは権力と融合されるべきものであり、統治の形態および規律と調和すべきものであり、統治の目的とするところに従属すべきもの」[79]に他ならない。

このようにバークにおいては、体制に対立する自由はそもそも存在しえず、自由とはすべて既存の体制における自由であるとすれば、自由そのものもまた既成事実の中にその根拠を求められるのも当然である。すなわちバークの場合には、自由の根拠は「過去から受け継ぐ(inherit)」ことの中にある。バークによれば、「マグナ・カルタから〔一六八九年の〕権利宣言に至るわが国の一貫した基本的国策(policy of our constitution)が示すように、われわれは、過去から受け継いだ遺産という形でわれわれの自由を要求し主張してきたのであり、この遺産は、われわれの父祖に由来し、われわれの子孫に引き継がれるべきものである」。そしてこの自由は、「世襲財産」であり「実定的な、歴史に裏付けられた、世襲的権利」であるから、「人としての権利」ではなく「イギリス人としての権利」と呼ばれなければならない[80]。だがバークのこうした言葉から、われわれは、果たしてイギリスに〈自由の伝統〉があったと解すべきであるのか、それともそれは〈伝統に基づく自由〉しかなかったことを意味するのであろうか。恐らくバークにとっては、このような区別そのものが無意味であろうが、しかしそれが無意味とされる点にこそ、バークの言う「自由」の特殊な意味があると言わねばならない。

このことは、いみじくもバークが自由を「世襲財産」になぞらえた点にも見られるところであって、財産権が「自由」において占める地位の重要性に着目する時、自ずから明らかとなろう。かつてセイバインは、ロックについて次のように記した。「彼は、財産権以外に自然権は存在しないなどとは決して言っていないし、またそう信じてもいなかったと言ってよい。……しかし彼は、およそ権利というものを言い表わす場合に、しばしば『財産権』という言葉を用いており、……従って財産権は、重要かつ典型的な権利という意味をもたざるをえなかった。[81]」ここで「自然権」の代わりに「世襲的権利」と置き換えるならば、セイバインの言葉は、ほとんどそのままバークについても適用することができる。だからこそバークは、「わが国においては、自由をめざす偉大なる闘争は、その端緒から、主として課税の問題をめぐって展開された」ことをイギリスの一つの特質として挙げたのである。[82]

すなわちバークによれば、「そもそも市民社会は、市民の財産権を護ることを当初に誓約してできたものである」。「市民の財産権は〔国家権力に比して〕時間的に先行し、権利の上では至上であり、衡平の点で優位を占める[83]」ものであり、従って「財産権の保障と自由とは決して切り離すことができない[84]」。ところで「私有財産の本質的特色は……それが不平等である点にある。故に、他人の羨望をそそり立て強欲を誘発するような巨額の財産は、危険に曝されることのないような状態に置かれなければならない。そうすることにより、富者の財産は、より貧しい人々に対する自然の防壁を獲得し、またより貧しい人々の財産に段階的差別があることによって、いよいよ安全を保障される[85]」。

ところでバークにおいては、私有財産の本質としての不平等は、単なる事実と考えられているのではなく、財産は本来不平等でなければならないのである。なぜなら、第一に、「少数者の財産を強奪しても、実際のところ多数者の各自に配分されるのは、考えられないほど少額のもの[86]」なのであり、この結果生ずるのは「完全な平等――つまり平等な貧窮、平等な難渋、平等な赤貧[87]」に過ぎない。第二に、企業家と労働者との間には何ら利害の対立がなく、むしろ利害を等しくするという既述の所論に対応して、バークはこう記している。「貧者が蜂起して富者の財産を破壊することは、貧者自身の利益のためにも、およそ知恵のない方法であって、それは、パンの価格を下げるために工場を焼き払い穀物を川に投げ込むような愚挙に等しい[88]。」以上いずれの理由からしても、財産の平等化は愚昧な行為に過ぎないわけであるが、バークの論拠はこれに止まらない。

第三に、バークによれば「自分がすでに所有している財物を保存しようとし、また他人に優越しようとする各個人の激しい闘いは、人間の本性に内在する不正と専横とからわれわれを護る一つの契機なのである。それは財産権を保護し、社会を秩序ある状態に保持する本能とも言うべき働きをする[89]」。「家族単位の財産を恒久化しようとする力は……社会そのものを恒久化する傾向を最も強くもつもの」であり、また「各個人の欲望は、権力を助成すると同時に抑制する」ものなのである[90]。このようなバークの考えが、私利の追求は「万物の支配者」の意志によって社会の福利と結合するという彼の予定調和論と対応することは、言うまでもなかろう。つまり、私有財産を恒久化しようとする力は、「われわれの弱点をしてわれわれの徳性を補助するものたらしめ、貪欲をさえ仁愛たらしめる[91]」ものなのである。このように、私利の追求が「自然の法」「神の法」に適い、有利なものこそ正義と善とに合致するとすれば、私欲に基づく私有財産とその不平等とを否定し、秩序ある「社会そのもの」を破壊することは、バークにとって、必然的に悪と意識されざるをえないであろう。だがバークの言う「社会そのもの」とは、元来地主的市民層の支配体制なのであるから、財産の不平等を否定することが体制そのものへの挑戦と意識されることは当然であり、従ってまた、〈欲望の体系〉こそ「自然の法」「神の法」と考えられて、ここでもまた実利と正義との「対立的緊張を絶対的最小限度まで縮減した」合理主義が現われるのも怪しむに足りない。

こうしたバークの立場から、「平等」の意味も決定される。バークによれば、イギリス憲法の下では「すべての者が平等の権利をもっている。しかしそれは物質的平等に対する権利ではない」[92]。そもそも私有財産は不平等を本質とするのであるから、「われわれは、算術的平等にこだわる必要はない」[93]。従ってバークにとっての平等とは「真の精神的平等」に限られる。それは、「強力な君主」、「秩序に服しながらも志気旺盛で、国民の亀鑑たる貴族」、「貴族を抑制しながらもそれを鼓舞する自由な市民」、「改革され、尊敬を集めている聖職者」、「いかなる境遇にあっても、徳性の修得によって幸福が見出せるという認識と、そうした幸福の追求とを教えられた人民、すなわち、庇護を受け、満足を懐き、勤勉で従順な人民」[94]を実体とする体制の中にのみ存在する「平等」であり、いわば身分的分業に基づいた「平等」[93]に他ならない。それは体制における平等であるが故に、バークが、「精神的平等すなわち政治的平等」と述べることも可能であったのである。

バークにおける「民主政」が以上のような内容をもつものとすれば、彼がフランス革命に激しく敵対したことも理解に難くはない。バークにとっては、「本然の貴族政」が体制の本質であると同時に「民主政」の本質でもあり、従って彼の「民主政」は、原理的に治者と被治者との距離を前提としていたのに対し、フランスにおける人民主権のイデオロギーは、原理的に治者と被治者の同一性に立脚していた。またバークの「民主政」は、君主政と貴族政とを予想したものであるのに対し、フランスの場合には、民主政が君主政と貴族政とを排除する可能性を具有していた。さらに、バークの立場からすれば、〈距離の意識〉のないところに「責任意識」はありえず、「責任意識」のないところには「信託」も「庇護」もありうるはずがない。つまりバークの視点に立つ限り、人民主権の〈神話〉は、革命の指導者から「責任意識」を剥奪する必然性を本来的にもつのであるから、彼らは「責任意識」のない政治家と映じ、ここから、「邪悪な野望と汚れた栄達欲」の持主、「詐欺師、ペテン師」、「人気市場の入札人」といったバークの評言が生まれてくるのである。次にバークの立場からすれば、「責任意識」のないところに「信託」があるはずがないから、フランス国民議会は、そもそも「自分たちを選出した国民の指示から逸脱して」誕生したものと断定されるわけである。同様にして、革命によってフランス「国民」が得たのは「庇護」ではなく、「犯罪による貧困」であり、「国民議会が国民を救済しているのではない。……国民議会という厄介者があるにもかかわらず国民が自救しているのだ」ということになる。つまりバークによれば、フランス国民は革命によって、「利益のために徳性を犠牲にしたのではなく、利益そのものを放棄した」のである。[95]

このように「徳性」のみならず「叡智」をも欠くに至ったのは、バークによれば「成り上がり者」が権力を掌握したからに他ならない。このことは、フランス革命が革命である以上当然のことであるが、バークにとっては、「民主政」内における堕落としてだけでなく、「民主政」の外からその枠を破壊するものと映じたのであった。バークの言葉によれば、「狡猾で騒動好きの弁護士やユダヤ人のブローカーに指導され、最下層の破廉恥な女ども、宿屋や居酒屋や娼家の主人、生意気な徒弟、番頭手代……といった連中にたきつけられた、俗人教区委員、警官、その他の小役人に、国家の最高権力を委ねるような組織が、汚辱に染まることもなく破壊をこととすることもなしに存立しうるなどとは、到底信ずることができません」[96]。つまりバークにとって決定的なことは、フランスでは封建的貴族という形で存在した地主層が、支配の地位から排除されたことである。そしてバークにとっては、「権利と特権と」ではなく〈権利か特権か〉の二者択一に基づく自由は、もはや「有徳の自由」でも「理性ある自由」でもない。

また「自然に還る《ルトウール・ア・ラ・ナチュール》」ことから出発する自由は、「過去から受け継ぐ」ことではなく、過去を断ち切ることに根拠を求めるものであった。そして明らかにフランス革命は〈政治外的存在〉を政治の舞台に登場させ、「庇護」の対象は大量に政治の主体に昇格した。これくらいバークにとって「不自然な《アンナチュラル》」ことはない。従ってバークの言によれば、このような変革を「貴下ら〔フランス国民〕は偏見との闘争と考えているが、貴下らは自然と抗争しているのである[97]」。バークがこのように評するのは、それが「本然の貴族政」を破壊するものと映ずるからであることは想像に難くないであろう。

なるほどフランス革命は、シェイエスの造語による「能動的市民《シトワイヤン・ザクティーフ》」のみに選挙権を与え、「受動的市民《シトワイヤン・パッシーフ》」は政治外的な存在に止まった。しかしこうした差別はバークにとり、何ら革命の本質を変えるものではなかった。彼にとっては、国民議会が土地所有に付随する特権の廃止を決議し(一七八九年八月四日)、教会財産の没収を確定した(一一月二日)ことだけで十分であった。財産権に関するこれらの変革が、バークの反フランス革命の態度を決定する上に、また彼のフランス革命批判の焦点として、いかに重要な意味をもつかは、多言するまでもなかろう。それにバークにとっては、「フランスでは君主政と財産権とを切り離してはならず、一方が欠ければ他方も存在しえない[98]」のである。つまり、伝統的な王権と財産権との否定において誕生する民主政は、「議会に財産権侵害の権利があるなどと夢想だにしたことがない[99]」と言うバークにとって、いかにしても「民主政」ではありえないのである。

同様にして、このような民主政は、バークの体制像における如く君主政と貴族政とを前提にした「真の精神的平等」に基づく「民主政」ではない。バークの言う「本然の貴族政」とは、いわば〈生まれながらの不平等〉であるのだから、「生まれながらの平等」はバークにとって「平等」ではありえない。バークによれば、フランスの革命勢力は「水平化(level)しようとするのであって平等化(equalise)しようとするものでは断じてない。……故に、これらの水平主義者は、自然の秩序を変革歪曲しようとするものに他ならない[100]」。

このように見てくれば、バークの言う「民主政」と革命フランスにおける民主政とがほとんど対蹠的でさえあることは明らかであろう。ところでバークにおいては、財産権が自由の根本的基礎とされたのみならず、そうした〈実利の秩序〉が直ちに「自然と正義との秩序」と意識され、〈欲望の体系〉が「自然の法、従って神の法」へと直結されているのであるが、これは何故であろうか。この点をさらに明らかにするためには、翻って、バークにおける宗教の意味を検討しなければならない。

四　国教会

イギリス国教徒たるバークにとって、宗教は教会を離れて考えられず、教会は国家を離れて存在しえない。バークによれば、「イギリス国民は、国教会を便宜上のものと考えているのではなく、国家に不可欠のものと考えている。すなわち、国家と切り離しうる異質的なもの、国家に便宜的に付け足したもの、その時々の効用の如何によって保持したり除去したりしうるものなどとは考えていない。イギリス国民にとって、国教会は全体制の基本原理であり、体制の全体およびそのいかなる部分とも一体不可分のものなのである。イギリス国民は国家と教会とを切り離して考えることができず、また一方を口にして他方に言及しないことはないと言ってよい[101]」。従って教会と国家とは同盟関係にあるのではない。「同盟とは、本来相異なり互いに独立したものの間のことであります。しかるにキリスト教国においては、教会と国家とは全く一体であり、一つの全体を構成する不可欠な部分としての差異しかないのであります。[102]」それでは、なぜ国教会は「全体制の基本原理」となりうるのであろうか。バークによれば、「われわれは、宗教が政治社会の基礎であることを知っている——否、より的確な言い方をすれば、そのことを内面に感ずるのである」。なぜなら「人間は体質的に(by his constitution)宗教的な動物である[103]」からら。

このようにして、国家と教会との一体性は、人間性にまで遡ることによって原理的な基礎づけを獲得する。しかしバークのように国家と教会とを一体化することが、二つの客観的な機能をもつことは明らかである。すなわち、一方では「国家と法律とが聖別される」と同時に、他方では、教会が「財産権と法律と宗教とを一身に体現」することとなる。[104]従ってここには、〈体制の神聖化〉と〈宗教の世俗化〉とが「一体不可分」とならざるをえない必然性が内在している。

ところで、このように〈体制の神聖化〉という形において世俗化する国教会は、バークによって、単に原理的にのみでなく〈体制への効用〉によっても根拠づけられる。言うまでもなくそのことは、国教会は「便宜上のもの」「効用の如何によって」存否を問われるものではないというバークの所論と、何ら矛盾するものではない。なぜなら、国教会は国家と一体不可分であることによって、はじめて体制への効用を営みうるものだからである。

さて国教会の効用は、第一に王権の抑制にある。それはもとより君主政の機構そのものを否定するのではなく、その「濫用」を阻止するのである。[105]第二に、国教会は貴族に「本然の貴族」たるに相応しい自覚をもたせる効用を営む。すなわち、国家の聖別の結果、「人間の統治をつかさどるすべての人々は……自分の役割と目的とが高貴にして価値高きものであるという観念を懐くべきこと、……無常にしてはかない俗世の人気にこだわらず……永遠の名望と栄光とを重視すべきこと」を教える。こうしてバークによれば、権力に参与することは「神聖な職務」となるのである。第三に国教会は、バークの言う「民主政」の支柱であった「責任意識」を究極的に根拠づけ、それを強化するために「必要」であるとされる。すなわち国教会は、「自由な市民に対する健全な畏敬」を保障し、「権力のいかなる部分を掌握する者も……信託を受けた自分の行動につき、社会の偉大なる主、創造主、創始者に対して責任を負っていることを強くかつ厳粛に肝に銘ずる」ことを確保する。(106)

このように見てくるならば、バークの言う宗教の体現者たる国教会が、いかに体制と「一体不可分」であるかが明らかとなろう。そしてバークにおいては、国教会が一方では原理的に人間の宗教性に基礎づけられ、他方では体制への効用に根拠づけられているように見えるのであるが、実はそもそも人間性そのものが体制への効用という観点から構成されていると言っても過言ではない。しかもさらに重要なことは、それにもかかわらず、バークの意識においては、あくまで人間性によって基礎づけられていると表象され、そのために、体制そのものに永遠の、また超政治的な根拠が与えられ、体制は「聖別」を受けることによっていよいよ不動の体制とされている、ということである。換言すれば、バークが果して彼の言う「人間性」の虚構性をリアルに意識しているか否かは別として、国教会は体制——体制の実体的各部分ではない——のために「必要」なのである。そしてこの意味においてこそ、バークの言う国教会は国家と「異質的な」「独立した」ものではないのであり、一方では国家は教会に優越すると共に、他方では、教会は国王や議会には隷属せず、それらを前提としつつ〈体制の神聖化〉という機能においてそれらを拘束するという関係に立っているのである。(107)

バークにおける宗教が、国教会を担い手とする〈体制の宗教〉であり、彼のいう「人間の宗教的本性」が体制のための擬制に他ならないことは、それが〈政治外的存在〉に対していかなる機能をもたせられているかを見ることによって一層明らかになる。彼の記すところによれば、「自然の従属(natural subordination)という原理が、人民の心の中から作為によって根絶されるようなことがあってはならない。人民は、自分があずかりえない財産の権利を尊重しなければならない。そして、自分の努力に相応の報いを受けられないのが世の常だと解った時には、永遠の正義(神)が、最後には努力に応じた報いを与え給う、という慰めをもつことを学ばなければならない。人民からこの慰めを奪う者は……貧しき人々、惨めな人々の冷酷な敵である」[108]。この言葉からしても、バークの言う宗教が〈体制宗教〉であることは明白であり、また「自然の従属」という観念に鑑みて、バークの言う「人間の本性」が体制のための擬制であることも多言を要しないであろう。

バークの言う宗教は、このように国教会を媒介として体制と癒着しているのであるから、彼にとって宗教とは、単に個人の「内面の聖所」におけることがらではなく、「団体的な性格」[109]をもつ「団体的な信仰と礼拝」であり、宗教によって得る「慰め」は「社会としての慰め」なのである。しかしこのことは、バークが国教以外の教派の信仰を、宗教として認めないという意味なのではない。バーク自身、カトリックからの改宗国教徒を父とし、カトリック教徒を母とするアイルランド出身者であった。それに何よりも、彼の護持する体制は一六八九年に信仰自由令を闘いとった体制であった。従ってバークによれば、「宗教的寛容は国教の一部分」[110]であり、いわば信教の自由そのものが〈体制宗教〉に織り込まれているのである。そこでバークにおいては、第一に、個人的良心の世界においては信教の自由が承認され、「英国国教会の信条は宗教的信条の一種なのであって、国教会の信条のみが宗教的信条なのではない」[111]。しかし第二に、信条の自由が〈体制宗教〉の一部分である限り、政治体制と相容れない信条はもちろん寛容の適用を受けない。それに、そもそもバークの体制像からすれば、国教会ですら、それが宗教の機構であってこそ初めて体制を「聖別」しうるのであり、その意味で、一見非政治的であることなしには、その政治的機能を果たしえないわけである。だからこそバークにとっては、「神学的かつ政治的な朋党」であるユニタリアンは、「徒党、反乱、陰謀、戦争、混乱等の権化」として抑圧されるべきものなのである[112]。

このように、国教会は聖職の機構であることにおいて最も世俗的効用を高めるという構造は、教会の土地所有権に対するバークの考えの中に端的に現われている。バークは次のように述べている。「教会の〔土地〕所有権は特恵を受けた特権的財産権であることを、私は快く認めるものであります。」「一国家の各部分、各階層の間には、均整が保たれていなければなりません。従って、富裕な国家における貧乏な聖職者は、彼らが導くべき国民におよそ相応しからぬものであり、国家の宗教的感情に屈辱感を与えるものであります。こうした反宗教的節倹は、悪しき質素……とさえ申せましょう[113]。」つまり聖職者は富まなければならない。彼らが貧乏であることは、「富者をして、自分の魂を癒す真の医薬を軽視せしめる[114]」可能性があるからである。こうしてバークが、宗教の世界についてさえ禁欲を主張せず、むしろ禁欲を非難するということは、実利と正義との緊張を最小限にまで縮小するバークの思惟様式の根底をなすものであり、それは、彼の宗教があくまでも〈体制宗教〉であることに由来するのである。

従ってバークが、フランス革命政府の教会所有地没収——つまり聖職者の特権的財産権の否認——を直ちに無神論の現われと受け取り、その故に、そこに体制の否定を読み取ったことは、当然と言わなければならない。まことに、フランスにおける聖職者と貴族との特権の廃止は、王権の無視および打倒とともに、バークをして反革命の態度をとらしめるに至った決定的な契機であった。人間は「体質的に宗教的な動物」だとするバークにとって、「無神論とは、単にわれわれの理性に反するのみでなく、われわれの本能に逆らうものである」[115]。ここでバークが言う「理性」もまた体制を容認する理性であり、「本能」とは体制における「慰め」――被支配者のみならず支配者の「慰め」――を求めるものであることは、すでに述べたことから明らかであろう。従ってバークによれば、「政治社会に対する最も怖るべき、最も残虐な攻撃は、無神論によってなされる」[116]のであり、無神論とは「社会そのもの」を破壊するものなのである。

五　政治体制

以上において、バークの護持する体制像の実体を各部分について見てきた。しかしフランス革命に対するバークの攻撃の根拠は、革命フランスが、以上のような体制の個々の実体的部分をそれぞれ否定するものであるということに尽きるものではない。

そもそもバークにおいて君主政の存在理由は、自由と安定との保障に求められた。換言すれば、君主政は本来、自由の保障という形で「貴族政」と「民主政」とを前提としているものであり、それらとの間に、またそれら相互間に均衡を保ちながら体制の安定を保障する、という機能においてのみ存在を認められるものであったし、そして、それらを前提とすることによってこそ、君主政そのものもまた強固な地歩を獲得しうるものであった。またバークの言う「貴族政」は、機構的に下院を典型としつつ「自由な統治」を体現するものであるから、王権から自由を護るという形で権力を掌握する限り、あくまで王権を前提とするものであり、自由を護るという形で支配する限り、あくまで「民主政」を予想して成り立つものであった。従ってまた、「貴族政」は君主政と「民主政」との双方を前提とすることによってこそ、確乎たる基礎をもちうるものであった。そして「民主政」は、君主政を前提とする、総体としての「貴族」が〈貴族の中の貴族〉の「責任意識」を媒介としつつ確保するものであり、体制における位置の点で、また民主的統制の仕方の点で「貴族政」を基礎としてのみ成立しうるものであった。国教会は、以上のように相互に前提としながら抑制し合う三つの原理から成る体制を、全体として「聖別」することにおいて存在し、また〈体制の神聖化〉によりそれら相互間およびそれらと教会との間に均衡を保障することにおいて存在するものであった。

こうした体制の構造について、バークは次のように述べている。すなわち、イギリスの体制の各部分は「いずれも、単に各々の具有する目的に相応しくできているるばかりでなく、さらに、各部分相互が制約し統制し合うような構造をもっている。従って、〔君主政、貴族政、民主政、国教会の中の〕どの原理をとってみても、その作用は、ある一定のところまで行くと抑制され停止させられている。……ここから次のような結果が生ずる。すなわちイギリスの憲法には、時には明白な、時には認知し難い、不断の交渉と妥協とが内在するのである[117]」。そして「わが憲法のすべての部分は、相反する利害の持主として互いに牽制し合うと同時に、互いに友人として提携している[118]」。これが「複合憲法(mixed Constitution)」における「相互抑制の秘密」なのである。こうして「わが憲法は、極めて多様な部分から成ることにおいて統一を保持している[119]」。

およそこうした有機体的な考え方からは、必然的に次のような結論が導き出されると推論できよう。

第一に、各部分は全体を前提としてのみ存在しうるのであるから、一部分のために全体の均衡を破壊することは許されない。このことは、その一部分が王権であろうと、議会の立法権であろうと、国民の権利であろうと、選挙区の地域的利害であろうと同じである。事実バークの言うところによれば、権力とは「わが国民の統一の中心」であり、「全体のために信託を受けたもの」なのである。そこでバークにとっては、「われわれの幸福な境遇はわが憲法に由来する——ただし、憲法の全体にであって、いずれか一部分のみに由来するのではない」。従ってまた、「特定の部分に、偏った恩恵と注意とが注がれるために、その部分は極めて厳密に創られている半面で他の部分が全く無視されたり実質的に毀損されたりするくらいなら、全体としては不完全かつ不恰好にでき上がっていることの方が好ましい」[120]。

これほどまでに全体としての統一と均衡とに固執する点にこそ、〈体制の良心〉たるバークの本領を読み取ることができよう。ここからして、バークがイギリスの体制を解明するに当たり、「教会」[121]「君主政」「貴族政」「民主政」という言葉の前に必ずestablishedという形容詞を付け忘れなかったことの意味も理解されよう。けだし、それらはいずれも「体制における」原理だからである。

これに対して革命フランスは、多様性ではなく同質性と均一性を特色とする「人としての権利」を旗幟として掲げ、この権利の抽象的普遍性において新たな統一を獲得した。また、人民主権に立脚する民主政は、貴族、教会そして国王の支配を排除することによって「全体」となり、かくて遂に「第三階級はすべて」になった。バークが鋭く看取したところによれば、革命政府の「陰謀家たち」は、「彼らの具体的な行為によってと言うより、そもそも原理的に、王権を全面的に絶滅し、一切の身分的差別を廃絶し、財産権を完膚なきまでに破毀」[122]したのである。彼らは「このようにして社会の水平化という計画を完遂」[123]したのであり、こうして部分が全体に代位するに至ったのであるから、バークにとって革命フランスは「国家ではなくして自由結社」[124]と映ずるのも当然である。

ところで、「全体」は各部分の多様性において成り立つということは、一方では、上述のように各部分が「全体」の一部を占めるに過ぎないことを意味すると同時に、第二に、いずれかの一部分が欠如しても「全体」はその存立を脅やかされ、従って「全体」はそのいかなる部分をも失うことはできない、ということをも含意するはずである。そして事実バークは、その意味において君主政、貴族政、民主政、国教会のいずれもが「不可欠」「必須」であることを主張したのであった。

しかし、われわれはここで一つの問題に逢着する。それは、このように「全体」のいかなる部分にも存在理由を認めるとしたならば、そして他方、バークがブリストルの選挙民に述べたように、国家は「一つの利害つまり全体としての利害をもつ統一国家」でなければならないとするならば、各部門の利害を一つの利害へと統合するルールは果たして何であるか、という問題である。バークはこの点に関して、直接には説明を与えていない。しかしそのことは、今〈政治外的存在〉のことは論外におくとして、一八世紀ホウィッグたるバークにとって議会主権は一つの自明な原理であり、従って王権や国教会との均衡抑制を内包しつつも下院が優位に立つべきことは疑う余地がなく、その結果、彼の言う「貴族政」と「民主政」とを一貫する多数決原理が統合のルールとして事実上前提とされているからである。しかし、例えば、全国三部会の合同を主張した第三階級の要求に屈して、一七八九年六月二七日にルイ一六世が聖職者と貴族との残留派に対し国民議会への合流を裁可したような場合に、その後の国民議会の多数決をバークは承認しうるであろうか。答えはもちろん否である。ではバークにおいて多数決とはいかなる意味をもつであろうか。これに答えるに必要な限度で、バークにおける多数決原理およびその基礎となる契約について一瞥しよう。

さきにも言及したように、バークによれば、「野生の自然状態」においては「国民(people)」は存在しない。「団体」としての「国民」という観念は「全く作為に基づく法的擬制」であって、その根拠は

「共同の合意(common agreement)」に在る。従って人々が当初の契約ないし合意を破棄した場合には、団体としての「国民」は解消し、単なる個人の併存があるに過ぎない。この状態においては、個人が個人として止まるか、それとも別個に国家を形成するかを決定する権利は個人に帰属し、個人を拘束する合法的強制力は存在しない。そしてバークによれば、多数決原理は、団体としてこの国家が存在する限りにおいてのみ妥当する。ところでこの多数決原理は二つの前提をもっている。第一は、「全員一致によって団体が結成されたこと」、第二は、「単なる多数者の行為が、多数者と少数者とのいずれに対しても、全体の行為として妥当すべきことを、全員一致で合意したこと」である。そこで、当初の契約が破棄されて人々が「野生の自然状態」に還った時には、そもそも団体が存在しないのであるから、多数決も妥当しない。もし再び多数決原理を復活させようとするなら、まず全員一致による団体結成から始めなければならない。しかし「野生の自然状態」では、団体を結成するか否かの決定は個人の自由に属するのであり、従って「強制加入」は無効である。[125]

バークのこうした論理によれば、貴族や聖職者の特権の廃止、その財産の没収というような行為は、「本来の契約ないし合意」に含まれていないのであるから、そうした行為がなされる時には、国民は「野生の自然状態」に還り、従って多数決は妥当しないことになる。

バークのこの論理を見て直ちに想起されるのは、「多数決の法則は、それ自体契約の所産であり、少なくとも一回の全員一致を前提としている」[126]というルソーの言葉であろう。そして形式的には全く同じ論理が、ルソーの場合には、百人が自己を国王に譲り渡したとしても、それを望まない十人は百人の決定に従う義務をもたないという、人民の自由を擁護する論理であったのに対し、バークの場合には、貴族、聖職者の特権を擁護する目的に用いられているのである。そのことは、「この〔全員一致の〕合意の具体的内容は何かということは、ある社会が採ってきた形態を見れば分かる」というバークの言葉によっても十分に裏付けられている。バークによれば、ルイ一六世が第三階級の議員を倍増したことからしてそもそも伝統に反し、従って王の権限を越えるものであった。このように、伝統的体制のいかなる部分の変更も「全員一致」を必要とすると極言するところに、バークにとり体制の各部分がいかに不可欠であり、一部分の欠如がいかに直ちに「全体」への脅威と意識されるかが看取できよう。

従ってバークにとり、革命政府による特権的所有の廃止は単に貴族の特権の侵害とは意識されない。王権の縮小ないし否定も単に国王の権限の侵害とは映じない。フランス革命の脅威は、それら「各部分」への危険の「算術的総計」ではない。どの部分に対する脅威も、直ちに「全体」への挑戦なのである。ところで総じて政治体制の基本的構成部分に対する脅威は、常に多少とも体制全体にインパクトを及ぼすのが当然であり、またこのことはフランス革命の歴史によって実際に示されたところなのであるが、しかし、こうした事実の力学を、バークがその同時代人の何びとにも先んじて特に鋭く先取して意識したことの理由は、彼の擁護する体制像の有機的構造と、そして彼が常に体制全体に着目していたことに求めなければならない。そして、それだけに却って、バークはフランス革命の将来について的確な洞察を行うこともできた。

すなわち、以上のようにいずれかの部分の欠如によって「全体」が「全体」として存在しえなくなるとすれば、第三の帰結として、他の部分の犠牲において残存する部分そのものも、もはや「全体」の部分としての本来の原理を変質せざるをえないことになる。そして事実バークは、フランスの民主政は単にバークの言う「民主政」が量的に拡大して他の部分を侵害したというだけのものでなく、「民主政」とは全く性質を異にした「完全民主政」「絶対民主政」であることを看取した。バークによれば、フランス革命は「無謀にも、こうした均衡を破壊することによって、全体を、調和の欠如した相互に無縁な一団の集塊《マス》へと解体してしまった[127]」。すなわち、異質的な「各部分」の相互抑制を内包しない体制は、砂の如きマスを産み出す。そこでこうした「絶対民主政」は、紙一重で正反対の体制に転化する危険を内蔵する。

バークが看取したところによれば、「純粋民主政は、間もなく、邪悪にして下賤な寡頭政へと直行すると私は考える」。フランスでは「専制政治を間接に拘束して緩和する要素がすべて取り除かれてしまった。従って、もしフランスに君主政が完全に再建されるとしたら、それが現王朝であるか他の王朝であるかを問わず……恐らくは地上に出現した権力の中で最も徹底して恣意的な権力となろう。そしてこの権力は、類例を見ないほどの乾坤一擲の勝負を敢行しなければならないであろう」。またバークは、革命当初における軍隊内の混乱に関連してこう記している。「軍の将校は、暫くの間叛乱や派閥抗争を続けることであろう。そして終には、兵卒に親しまれる術を心得、的確に命令する精神をもつところの、人気に乗った一将軍が万人の眼を惹きつけることとなろう。……だがこうした事態に立ち到ったその瞬間に、軍隊を実際に動かすこの人物が貴下ら〔フランス国民〕の主人となるのである。この人物は卑賤の身であるが、貴下らの国王の主人となり貴下らの議会の主人となり、貴下らの共和国全体の主人となるであろう[128]。」いみじくも「軍国民主政(military democracy)[129]」を予言したこの鋭い洞察は、彼が親しんだ古典に示唆をえたものであるにせよ、一七九〇年、つまりフランス革命勃発の翌年、そしてナポレオンのクー・デタの九年前という時点で、同時代人に先駆けてなされていたのである[130]。

ところで第四に、こうして等質的個人を主体とする民主政を排撃し、それはもはや「全体」の部分的原理ではなく従って「民主政」とは質を異にすると言うバークの指摘を裏返してみるならば、バークにおいては「民主政」でさえ個人を単位にするものではないことは明らかである。すなわち既述のように、「民主政」の場合ですら、代表は伝統的地方団体の代表であって「個人の代表」ではないという「事実上の代表」の擬制が、リフォームに反対するバークの根本原理だったのであり、[131] 彼の言う「部分」の実体は常に「団体(corporation)」なのである。従って、一七八九年の全国三部会召集当時における「各身分こそ……フランスの国民であった」とするバークの立場からすれば、個人が直ちに国民の構成主体となることは、およそ体制としてありえないことなのである。バークによれば、「人としての権利と称するものは……国民の権利ではありえない。なぜなら、国民たることと、人としての権利を持つこととは両立しないからである。前者は政治社会という状態の存在を前提としているのに対し、後者はそれの欠如を前提としている。だからフランス共和国の基礎そのものが、誤謬であり自殺的である[132]」。つまりバークの立場からすれば、「人としての権利」とは「野生の自然状態」に属するものに過ぎず、この意味でもフランス共和国は「アナーキー」であって「団体」ではなく、従って「内における合法的強制力も、外に対して承認を要求する権利も持たない[133]」ことになる。

以上の四点を綜合して考えるならば、バークが革命フランスの体制を指して、「根本的に誤っている」とか「全構造が誤っている[134]」と書き、「それは政治上の革命ではありません。……それは社会全体の破壊であり解体なのであります」と記し、またそれは「組織化された無政府状態」であって「イギリスの政府とフランスの無政府」とを比較することはおよそ無意味であるとして、〈体制なき体制〉に根底的かつ全面的な反撥を示したことも、今や容易に理解しうるであろう。

六　体制の限界

このように体制の本質を複合性に求めるバークの眼には、革命フランスの体制は、いわば〈単細胞の体制〉と映じざるをえなかった。(135) ところで、こうした複合的構造は、単にバークの思想における体制像のみに止まるものではなく、〈体制の良心〉たるバークの行動自体がこうした複合性を有していたのであり、政治家としてのバークの生活は、まさに複合的実践から成り立っていた。そのことは、アメリカ革命とフランス革命とに対するバークの態度の「矛盾」に対し彼自身が与えた説明の中に、極めて的確に要約されている。

すでに述べたように、一七九〇年『省察』を世に問うて反革命運動を開始したバークは、一七九一年五月、フォックスを支持するホウィッグから激しい攻撃を浴び、バークのフランス革命に対する態度は、かつてアメリカ革命を弁護し、エコノミカル・リフォームを主唱した時の態度と矛盾していると非難された。これに応えたバークは、まずイギリス憲法が君主政、貴族政、民主政の三原理から成るべきことを述べ、続いて次のように記している。

「私はこれら三者のすべてを、それぞれ全く異なった根拠に基づきながら——と言っても、それら三者は実際には調和した統一性をもちうるものであり、また幸いにして現実にもっているのであるが——護持しなければならない。もし、このように多様で、一見相矛盾するような部分から成る複合憲法を擁護しようとするならば……矛盾なしに済ますことは不可能である。

かかる憲法の偉大なる構成部分のいずれか一つが危殆に瀕した場合には、憲法全体の友たる人間は、攻撃に曝された部分の護持に必要なことだけをとり上げて……声を大にして語るものである。その場合には……他の部分の利益のために語りうることや語るべきことまで網羅して——あたかも大学の講義のように——一時に何から何まで述べ、その結果聴衆の心を混乱に陥れる……ようなことをなすべきではない。他の部分は、差し当たって問題の外にあるのだ。……今日は国民の権利のために剣を執ったのだから、明日も、王権打倒をめざす人々に賛成しなければいけないのではないか、などと考えてはならない。また私が明日は王権を擁護したからといって、私が国民の権利を見殺しにするようになったと推断してはならない。……

もし複合憲法の諸原理の正しさを認めてもらえるのであれば、今や幕を閉じようとしている、私の政治家としての生活における一切の言動が一貫したものであることを、私はこれ以上弁明しようとは思わない。[136]」一七九一年の発言である。

そしてバークは、その死の前年の一七九六年には、こう書いている。「このような危機においては、私は口を閉ざすか、でなければ、思う通り話すかです。いかなる場合にも、虚偽と欺瞞は許されません。しかし、あらゆる美徳の実践の場合と同じく、真理の経済(economy of truth)というものがあります。それは一種の自己抑制であり、真理を適度に語ることであり、それを詳述することもあるのです。しかし、どの場合にも一律に当てはまる規則がある訳ではないのですから、この先何年もある貴殿に妥当することは、余命半年しかないことが確かな私には意味がありません。今私は、言うべきことを一挙に語らなければならないのです。私が書くことは、すべて遺言に当たるものなのです。そこには弱点もあるでしょう。しかし、それは死に向かう者の偽りのない発言なのです。[137]」

バークの生涯の発言の原則を自ら要約したとも言うべきこの「真理の経済」という言葉の中に、彼の力説する「政治的叡智」「深慮」「慎重さ」など、要するに〈効果の理性〉に導かれた状況的相対主義が、何を遺言とすべきかの状況判断も含めて、彼の実践の中に一貫して脈うっていたことを読みとることができよう。それは科学的認識と異なった政治的判断の核心を把えたものであり、まことにバークは、政治に本来的に附随する優れた意味でのオポチュニズムを洞察し、それを体得していた。

彼が悪しきオポチュニストに堕さなかったのは、ひとえに彼が〈体制の良心〉であったからであるが、しかしまさに同じ理由によって、バークはあくまでも〈体制の良心〉たるに止まった。バーク自身、いわゆる「矛盾」の根拠をイギリス憲法そのものの構造に求めたように、彼の状況的相対主義は、終始一八世紀イギリスの体制の枠内を出ることはできなかった。イギリスの憲法こそバークのオポチュニズムを可能ならしめたものであると同時に、イギリス憲法の許す範囲においてのみ、それは可能であった。従って、彼が体制に対して誠実であればあるほど、彼の意識においてはイギリスの体制がいよいよ神聖化され、その反面、彼の状況的相対主義は、客観的にはいよいよイギリスの体制の特質と制約とに拘束されざるをえなくなった。本来一つの方法となりうる状況的相対主義が、バークにおいては、フランス革命との対決に当たり全く放棄されてその実体性を露呈したのであるが、それはバークがイギリスにおける最も誠実なオポチュニストであったからに他ならず、バークが〈体制の良心〉であったことこそ、彼がフランス革命を理解する上で最大の障害となったのである。

一八世紀イギリスは名誉革命に始まるとしばしば言われるように、バークの護持する体制は名誉革命の体制であり、より正確に言えば、名誉革命のもたらした体制を伝統化した体制であった。従ってバークの状況的相対主義は、あくまでもこの特殊な体制によって実体的に裏付けられたものであり、彼にとって規範となる「伝統」ないし「歴史」は、常に名誉革命を基準として構成されたのである。

一七七七年一月、すでに北米では英軍と植民地軍とが烈しく戦闘を交えていた時、バークは『国王への上奏文』の中で次のように記している。「名誉革命により、わが王政の古き系譜は断ち切られたのでございます。当時国民は、原初の権利(original rights)を回復致したのでございますから、当時の〔国民の〕行為は、実定法の承認に基づいてなされたものではなく、すべての法律の源泉であり目的であるところの臣民の自由と安全とが、一切の法律に優越し優先する行為を必要としたことに基づいたのでございます。……故に、国王をも議会をも持たぬ国民が自由な選択を行いました結果、国王と議会との両者を一新する幸福な憲法が生まれえたのでございます。陛下が臣らを治め給う権利は、自由というこの偉大なる原理に由来する法律が王政を確認し承認したことに基づくのでございます。それらの法律が臣らに自由を与えたのではなく、臣らの自由が法律を生み出したのでございます。陛下の御代のいかなる瞬間におきましても、陛下の権利は、当初確立されました時といささかも変わらぬ基礎の上に在るのでございます。(138)」

ところが、こうした国王に対するやや脅迫的な態度は、フランス革命の勃発と共に一変する。すなわちバークによれば、名誉革命に当たって「新しい王統は〔旧王朝と〕同じ血統から選ばれた」のであり、この革命は「古来の正統な法と自由とを保存するために行われた」のであり、名誉革命が「新しい政府を創ったというが如き観念は、われわれに吐き気と戦慄とを催させて余りある(139)」ものであり、国王と王妃が議会の合意を得て継承者を決定する権利は、「至高の主権者〔国王〕に具有するものであるし、また常にそうであったのであって……名誉革命によって得られたものではない(140)」のである。一言にして言えば、名誉革命において「われわれが行なったのは、……革命を完遂することではなくして、それを予防すること」であった。

ほとんど別人の筆になるかの如きこうした二つの解釈の中に、バークのオポチュニズムを判然と読みとることができよう。ところでここで重要なことは、バークの名誉革命解釈のいずれが正しいかということではなく、彼がいかにオポチュニスティックに振舞い、状況の必要に応じていかに変貌しようとも、名誉革命を規範とすること自体には変わりがないという点である。状況が変わるに応じて、絶えず名誉革命の解釈を意図的に変え、また変えなければならないという点に、そしてまた、名誉革命を規準とする主張のみが最大の説得力をもちうると信じられている点にこそ、バークの状況的相対主義の実体的限界が最も明瞭に現われているのである。

バークの擁護する体制像が以上のようなものであるとすれば、彼がなぜ革命フランスの体制を否認したかは明らかであろう。しかしこれだけでは、なぜバークがフランスからの侵略に先立って干渉戦争を唱道したかは明らかではなく、従ってまた、一七九六年フランスの恐怖政治が終焉しイギリスの同盟国が次々と対仏講和を締結していく時に、バークがなぜ「国王弑逆者との講和」に反対したのか、ということの理由も明らかでない。仮に革命フランスの体制を否認するとしても、国際政治の上で現実の脅威が存在しないならば、干渉戦争はもとより「自衛」戦争さえその必要がないはずであろう。フランス革命の上に自己のイリュージョンを託したフォックスのことは別とするとしても、現にピットは永く中立政策を堅持し、またトルコ問題に没頭することができたのであり、一七九六年には対仏和平交渉を開始したのであった。それにもかかわらずバークがつとに干渉戦争を主張し、そしてまた対仏講和に強硬に反対したとすれば、その理由は、もはや国際政治そのものの変化の中にあるのでもなく、またバークの体制像とフランス革命の原理との相剋自体の中に求められるものでもない。ではその理由をどこに求めるべきであろうか。

ここでわれわれは、バークの護持する体制像の実体ではなくして、彼がその体制を擁護し根拠づける仕方に眼を転じ、バークが何を擁護したかではなく、いかに擁護したかを検討しなければならない。

（1）Cf. Bagehot, W.: *The English constitution*, N. Y., American Preface, p. 3.
（2）*Letter to a Member of the National Assembly*, pp. 270–1.（WK, IV, pp. 36–7）
（3）*Appeal*, WK, IV, p. 106.
（4）*Member of the National Assembly*, p. 271.（WK, IV, p. 37）
（5）*Reflections*, p. 24. (Clark, 175–6)
（6）*Member of the National Assembly*, p. 281. ここでバークの言う「諸身分(states)」とは、国教会、上院、下院の三者を指す。
（7）*Reflections*, p. 23. (Clark, 174)
（8）*Appeal*, WK, IV, p. 79.
（9）*Letter to the Sheriffs of Bristol*, WK, II, pp. 225–6.
（10）*Reflections*, p. 72. (Clark, 237)
（11）*Ibid*., p. 64. (Clark, 226)
（12）*Member of the National Assembly*, p. 280.（WK, IV, p. 50）
（13）Cf. *Thoughts on French Affairs*, p. 285.（WK, IV, p. 315）; *Remarks on the Policy of Allies*, WK, IV, p. 439.
（14）*The Rights of Man*, in Conway, M. D. (ed.): *The Writings of Thomas Paine*, 1894, vol. II, p. 288.
（15）*Appeal*, WK, IV, p. 106.
（16）*Reflections*, p. 36. (Clark, 191)

(17) *Ibid.*, pp. 124, 123. (Clark, 295, 294) なおバークがアメリカ革命を弁護して議会と国王とを激しく攻撃していた一七七五年の演説の中でさえ、ピューリタン革命を「王権簒奪」と呼んでいることは示唆に富むものと言えよう。*Speech on Conciliation with America*, WK, II, p. 147.

(18) Green, J. R.: *Short History of the English People*, 1903, p. 680.

(19) *Letter to the Sheriffs*, WK, II, p. 232.

(20) *Reflections*, pp. 25-6. (Clark, 177-8)

(21) *Speech at the Conclusion of the Poll*, WK, II. pp. 95-6.

(22) *Ibid.*, pp. 96-7.

(23) より正確に言えば、バークが政治道徳を極めて重視した点こそ、彼の擁護する体制像に直結するものであることについては後述(本章第三節および第三章)。

(24) *Appeal*, WK, IV, p. 169.

(25) *Ibid.*, pp. 174-5. なおバークが自分の選挙民に対して示した貴族主義的な態度については cf. Barker, E.: *Essays on Government*, 2nd ed., 1951, pp. 198 ff.

(26) *Appeal*, WK, IV, pp. 175-6.

(27) バーク自身、ダブリンの一下級弁護士の息子であった。そして、確かに一八世紀イギリスでは、地主層と商業ブルジョワとの融合が大量に見られたから、「有能な平民は、通商財政部門の政府機関を左右する地位にまでのぼることができたし、バークやシェリダンのようなズバ抜けた才能の持主に対して昇進を妨げることはできなかった」。それにもかかわらず、家柄の低い人物にとって、政治家としての栄達の道は嶮しかったのであって、そのことは例えば一七八二年、当時としては革新派政権ともいうべきロッキンガム内閣の組閣に当たり、バークは入閣できず名目的な官職を得たに過ぎなかったのに比し、バークより二〇年も若く、バークといわば師弟の如き間柄にあったフォックスが外務大臣の地位に就いたことによっても明らかである。

それに「バークは、自分の能力によって最高の官職を得ることなど、そもそも期待していなかったように見える」とさえ言われている。それは、〈体制の良心〉たるバークの負うべき宿命であったと言えよう。Cf. Brown: *op. cit.*, p. 9; Prior, J.: *Memoir of the Life and Character of the Right Hon. Edmund Burke*, 1854, vol. 1, pp. 400-4; Namier, L. B.: *The Structure of Politics at the Accession of George III*, 1929, vol. 1, pp. 12-6.

（28）*Member of the National Assembly*, p. 278.（WK, IV, p. 47）

（29）*Appeal*, WK, IV, p. 152.

（30）*Observations on the Conduct of the Minority*, WK, V, p. 49.

（31）*Reflections*, p. 42. (Clark, 198)

（32）*Member of the National Assembly*, p. 279.（WK, IV, p. 48）

（33）*Reflections*, p. 76. (Clark, 242)

（34）*Appeal*, WK, IV, p. 164.

（35）*Reflections*, pp. 38-40. (Clark, 194-6)

（36）*Ibid.*, p. 242. (Clark, 413)

（37）*Appeal*, WK, IV, p. 185.

（38）*Reflections*, pp. 77, 73. (Clark, 243, 238)

（39）*Thoughts on French Affairs*, p. 288.（WK, IV, pp. 318-9）

（40）*Annual Register*, 1772, pp. 46 ff. Cf. Lecky: *op. cit.*, VI, p. 90.

（41）従ってまたバークは、アメリカ革命については次のように述べることが可能であった。すなわち、「アメリカ人のイギリスに対する関係は、一六八八年のイギリスとジェームズ二世との関係と同じ」(*Appeal*, WK, IV, p. 101)であり、「まことに、定理と系とを共に独占することは難しい」(*Speech on Conciliation with*

America, WK, II, p. 121)。つまり北アメリカ植民地の自由民は、「ナイト、バージェスその他を選出派遣して本国議会における代表とする自由と権利とを、全く有していなかった」(*ibid*., p. 155) のである。

(42) *Appeal*, WK, IV, p. 109.

(43) *Letter to William Elliot, Esq.*, WK, V, p. 126.

(44) *Reflections*, p. 66. (Clark, 230)

(45) Cf. Veitch, G. S.: *op. cit.*, p. 15.

(46) *Speech on the Middlesex Election*, WK, VII, p. 65.

(47) *Reflections*, pp. 89–90. (Clark, 257)

(48) *Reflections*, p. 90. (Clark, 257–8)

(49) 周知のように、ロンドンは伝統的に強い自治権を確保して、シティとイギリス政府とを峻別する建前を堅持してきており、また同市会は、小商店主を主要な選挙民とすることにも見られるように、当時としては著しく民主的な構成をとっていた。こうした背景の下に、一八世紀後半のロンドンは、ウェストミンスター選出のフォックス、ミドルセックス選出のウィルクスという、二人の強硬な王権制限論者をもったのである。ところでウィルクスは、一七六四年、不敬の言辞を公刊した廉で有罪を宣せられたため、パリに逃亡したが、一七六八年には不在のまま最高点で下院議員に再選された。同年帰国と共に刑の執行を受け、下院では除名が可決された。その後同年に再選挙が二度行われたが、二度ともウィルクスが当選し、その都度下院は選挙の無効を宣言した。そして翌六九年、彼が四度目に再選されるに至って、下院も遂にその当選を確認することとなった。これがいわゆるウィルクス事件である。この事件が陪審制度、下院議事公開制、パーラメンタリー・リフォームの運動様式等の成長の上に及ぼした影響についてはcf. Veitch : *op. cit.*, pp. 25 ff. バークは、こうした下院の措置に反対して「下院は全憲法体制の中で最も強力であるが故に、最も堕落しやすい部分」であると述べた。*Speech on the Middlesex Election*, WK, VII, p. 62.

(50)　*Parliamentary History*, XXI, pp. 594-5 ; XXII, pp. 357-8.
(51)　*Speech on the Duration of Parliaments*, WK, VII, p. 75.
(52)　*Parl. Hist.*, XXII, pp. 1416-22.
(53)　*Speech on Reform of Representation of the Commons in Parliament*, WK, VII, pp. 92-3.
(54)　Trevelyan, G. M.: *British History in the Nineteenth Century*, 1922, p. 62. 二〇九人の有力な地主が集った一七七九年一二月三〇日の集会は、"Nobility, Gentlemen, Clergy and Freeholders of the County" の会議と呼ばれ、八人の上院議員と一七人の下院議員が混っていた。なおヨークシャはロッキンガムの選挙地盤の一つであった。Cf. Veitch : *op. cit.*, pp. 56 ff.
(55)　例えば、一七七四年シャープ(G. Sharp)は *A Declaration of the People's Natural Right to a share in the Legislature...* というパンフレットを著わし、一七七六年三月ウィルクスは "A Bill for a just and equal Representation of the People of England in Parliament" を下院に提出し、同年一〇月カートライト(J. Cartright)は有名なパンフレット *Take Your Choice* を公刊し、一七八〇年リッチモンド卿(Lord Richmond)は "A Bill for declaring and restoring the natural unalienable and equal right of all the Commons of Great Britain to vote in the election of their representatives in Parliament" を上院に提出した。これらの主張にはさまざまのニュアンスがあるが、ほぼ共通に言えることは、イデオロギー的にはしばしば普通選挙を要求するに至っていることと、しかし同時に、しばしばそれが復古というタームで表象されていることである。これらの要求は、もとより議会では黙殺されてしまっただけでなく、パーラメンタリー・リフォームを主張する人々からも邪魔者扱いされていたのであって、そのことは、例えば、上述した一七八二年のピットの提案が否決された直後に開かれたリフォーマーの集会の決議が、リッチモンドの主張を織り込まなかったことからもうかがわれる。Cf. Veitch : *op. cit.*, pp. 42 ff.
(56)　*Speech on the Plan for Economical Reform*, WK, II, p. 361. 一七五〇年代から擡頭したリフォームの要

求は、七〇年代に入るとともに、一方にはバークを典型とするようなエコノミカル・リフォームと、他方フランスやアメリカの新思潮の影響を受けたラディカル・リフォーマーを典型とするようなパーラメンタリー・リフォームという二つの型をとるようになった。そしてこの両者の協同によるミニマムのリフォームが、一七八二年、アメリカでの敗北によりノース内閣が退陣したのを機に行われたエコノミカル・リフォームであり、これによって、イギリスの国内政治面における重商主義体制に終止符が打たれた。この改革によって「イギリスの政界浄化の第一歩」が印せられたが、他面、じらいリフォームの勢力は分裂し、この改革を出発点としてさらにパーラメンタリー・リフォームを要求する人々に対して、この改革を終着点とするロッキンガム派は、曖昧な態度からやがて反対の立場をとるに至った。ここにもバークの立場の特質と限界とが容易に見られるであろう。Cf. MacCunn, J.: *The Political Philosophy of Burke*, 1913, pp. 81 ff. それに、本来地主層の大部分は地租軽減を目標にリフォームを要求したのであるから、エコノミカル・リフォームによってその目的が相当に達せられた後は、到底リフォームの強力な推進力たりえようはずはなく、こうした趨勢が一七八五年のピット案否決を生み、ここにリフォームは一段落を画することになった。次いで、フランス革命勃発に鼓舞されてリフォームの運動が蘇生の色をみせた時には、パーラメンタリー・リフォームの主唱者であった人々自身が分裂を露呈して脱落したのであるが、その代表的な例がピットであった。もともとピットが主張したパーラメンタリー・リフォームは方法と状況判断との点でエコノミカル・リフォームと異なるものに過ぎなかったからである。

(57) *Regicide Peace* I, V, pp. 284-5. バークにおけるこうした「国民」の観念は、フランスについての彼の考えの中に極端な形で現われている。すなわちバークによれば、「国家(body politic)としてのフランス」は、国王、貴族、地主的市民、聖職者、官吏から成り立っていた(*ibid.*, p. 326)。ところで革命勃発後に「フランスの身分的団体の構成者(*corporate people* of France)がどこにいるかと言えば……彼らは、フランドル、ドイツ、スイス、スペイン、イタリア、イギリスにいるのである」(*Remarks on the Policy of the Allies*,

WK, IV, p. 421)。つまりエミグレだけが「国民」として認められ、革命政府下のフランス国民は一括して〈政治外的存在〉の烙印を押されるわけである。これが、革命フランスを「アナーキー」と呼ぶバークの表象と対応することは言うまでもない。そしてここでは、国民意識が常に体制の意識に還元されていることに注意すべきであろう。

(58)　*Regicide Peace* I, V, p. 285.

(59)　*Thoughts and Details on Scarcity*, WK, V, p. 134.

(60)　ロックにおいては権力に対する統制の契機を建前として構成された「信託」は、ホウィッグの支配体制の安定化とともに、メイトランドの言う「常識化」を経て、バークにおいては支配の契機を露呈するに至った。これに対応して、バークにおいては、権力に対する統制が「責任常識」のタームで主張されることになった。Cf. Locke, J.: *Two Treatises of Civil Government*, Bk. II, §§ 142, 149, 122 ; Maitland, F. W.: Introduction to *Gierke's Political Theories of the Middle Age*, 1900, pp. xxxvi f.

(61)　*Letter to the Sheriffs of Bristol*, WK, II, pp. 196-7.

(62)　Trevelyan : *op. cit.*, p. 13.

(63)　「地主層の利益を中心とする」と限定したのは、いうまでもなくバークの自由放任主義は産業資本そのものを基軸とするものではなく、従って地主層の利益保護は権力の基本的使命であったからで、そのことはバークにおいても例えば穀物の輸出奨励金が、権力を媒介とする利潤確保の槓杆であった事実に徴して明らかである。Cf. Lecky : *op. cit.*, VII, p. 247.

(64)　*Thoughts and Details on Scarcity*, WK, V, p. 138.

(65)　*Ibid.*, pp. 140-1. バークはまた、「権力の独占は、いかなる場合にも、またいかなる程度であろうと、悪であることは言うまでもない。しかし資本の独占はその逆である」(*ibid.*, p. 151) と述べている。この点にも、国王の大権を抑制しつつ権力に参与し、それを媒介としつつ資本の原始的蓄積を強行していく地主的市民層の支配体制がうかがわれるだろう。

(66) *Ibid.*, p. 140.

(67) *Ibid.*, pp. 136, 142.

(68) *Ibid.*, p. 157. ではバークの立場からすれば、労働者が需要を発見できず餓死に瀕する場合にいかに対処すべきであるか。「その場合について私の意見は次の如くである。すなわち、正義の原理たる商品交換法則に準拠しては何ものも要求できないという事態に人が立ちいたった時には、その人は商品交換の世界から脱落して慈悲の管轄下に入るのが常である。この領域は、国家権力とは無関係である。もし権力が干渉するならば、それは、本来権力が保護すべき私有財産を侵害することになるからである。貧民に対する慈善行為は、すべてのキリスト教徒にとり、債務の弁済に次いで負わされた明白な義務……であることには疑いの余地がない。」*Ibid.*, pp. 145-6.

(69) *Ibid.*, pp. 156, 168.

(70) *Speech at his Arrival at Bristol*, WK, II, p. 87.

(71) *Speech on Conciliation with America*, WK, II, p. 137.

(72) *Reflections*, p. 32. (Clark, 185)

(73) *Ibid.*, p. 241. (Clark, 412)

(74) *Member of the National Assembly*, p. 281. (WK, IV, p. 51)

(75) *Reflections*, pp. 32-3. (Clark, 185)

(76) *Ibid.*, pp. 242, 241. (Clark, 412-3, 412)

(77) *Ibid.*, p. 2. (Clark, 145); *Address to the British Colonists in North America*, 1777, VI, p. 192, et al.

(78) Weber, M.: *Gesammelte Aufsätze zur Religionssoziologie*, vierte Aufl., 1947, Bd. I, S. 514.

(79) *Appeal*, WK, IV, p. 207.

(80) *Reflections*, pp. 31, 30. (Clark, 183)
(81) Sabine, G. H.: *A History of Political Theory*, rev. ed., 1950, p. 528.
(82) *Speech on Conciliation with America*, WK, II, p. 120.
(83) *Reflections*, p. 104. (Clark, 272)
(84) *Speech on Conciliation with America*, WK, II, p. 177.
(85) *Reflections*, p. 48. (Clark, 208)
(86) *Ibid.*, p. 49. (Clark, 208)
(87) *Thoughts and Details on Scarcity*, WK, V, p. 142.
(88) *Ibid.*, p. 134.
(89) *Reflections*, p. 135. (Clark, 308)
(90) *Letter to William Elliot, Esq.*, WK, V, p. 126.
(91) *Reflections*, p. 49. (WK, III, p. 298)
(92) *Ibid.*, p. 56. (WK, III, p. 309)
(93) *Speech on Reform of Representation of the Commons in Parliament*, WK, VII, p. 98. (六行後の引用も同ページ)
(94) *Reflections*, p. 35. (Clark, 189)
(95) *Ibid.*, pp. 161, 239, 35. (Clark, 336, 409–10, 189)
(96) *Member of the National Assembly*, p. 246. (WK, IV, p. 4)
(97) *Reflections*, p. 47. (Clark, 206)
(98) *Remarks on the Policies of the Allies*, WK, IV, p. 414.
(99) *Reflections*, p. 149. (Clark, 323)

（100） *Ibid*., p. 46. (Clark, 205)

（101） *Reflections*, p. 96. (Clark, 264) バークはすでに一七七〇年に、「統治権力は、明らかに神の権威に由来する制度である。ただし統治権力の形態と、権力を行使する人間とは、すべて人民によって決定される」と記している。*Thoughts on the Cause of the Present Discontents*, WK, I, p. 348. バーカーの指摘するように、この思想はトマス・アクィナスに連なる。ところでバーカーは、バークが『省察』以後の晩年において、こうした思想に「根本的な修正」を加え、権力に対する人民の積極的参与を否定したと記しているが、ここではむしろ逆に、タウンゼンドの諸税法を契機にアメリカ問題が次第に深刻化し、イギリス国内ではウィルクス事件が世に衝撃を与えていた時期においてさえ、〈統治権力の聖別〉というバークの思想が一貫されている点に着目すべきであろう。そして、バーカーのこうした解釈が平面性を脱しないことは、本稿の第三節および第五節の叙述からして明らかであろう。Cf. Barker : *op. cit*., pp. 224 ff. なおバークとアクィナスとの思惟様式の類似が、バークの経済思想にも現われていることは前述した。

（102） *Speech on the Petition of the Unitarians*, WK, VII, p. 43.

（103） *Reflections*, pp. 87-8. (Clark, 254-5)

（104） *Ibid*., pp. 91, 114. (Clark, 259, 283)

（105） *Speech on Dormant Claims of the Church*, WK, VII, pp. 139-40.

（106） *Reflections*, pp. 89-90. (Clark, 256-7)

（107） Cf. *ibid*., p. 97. (Clark, 265)

（108） *Ibid*., pp. 240-1. (Clark, 411)

（109） *Ibid*., p. 95. (Clark, 262-3)

（110） *Speech on Relief of Protestant Dissenters*, WK, VII, p. 25.

（111） *Ibid*., p. 37. Cf. *Speech on the Acts of Uniformity*, WK, VII, pp. 12 ff.; *Speech on the Petition of the*

Unitarians, WK, VII, p. 56.

(112) *Speech on the Petition of the Unitarians*, WK, VII, pp. 47, 54.

(113) *Speech on Dormant Claims of the Church*, WK, VII, pp. 139–40.

(114) *Reflections*, p. 100. (Clark, 268)

(115) *Ibid.*, p. 88. (Clark, 255)

(116) *Speech on the Relief of Protestant Dissenters*, WK, VII, p. 36. この演説が、一七七三年のバークのフランス旅行の直後に行われたことに注意。なおこの無神論の問題は、バークがアメリカ革命に当たって植民地との協調を説くことができた一つの重要な理由を示唆するものと言えよう。すなわちアメリカ革命に当たっては、教会財産没収という問題はもちろんのこと、そもそも宗教の問題は係争の範囲に属さなかった。のみならず、実に宗教が抵抗の一つの支柱でさえあった。従って、例えば一七七七年にバークが、ペインの『コモン・センス』を指して、「彼の論理は、その前提になっている事実に誤りがないとすれば、抗弁不能と言うべきものであります」(*Letter to the Sheriffs of Bristol*, WK, II, p. 211) と言いえたのは、同じく人民主権とは言いながら、クウェーカーたるペインは同書第二章の中で、聖書そのものを典拠として王権否定と人民主権の論理を展開したからであったと考えられる。もとよりバークのように、教会聖職者の特権廃止を直ちに無神論の現象と解することは正確ではないが、しかし次のような事情に留意することは必要であろう。すなわち、一八世紀のイギリスでは、バークも述べた通り、宗教上の寛容が〈体制宗教〉の一部であったのに対し、フランスでは、ユグノーの弾圧が強行されて以来、カトリシズムが〈体制宗教〉の全部であった。従ってフランスでは、権力のデカダンスが同時に宗教のデカダンスに結びつくため、権力への抵抗は同時に宗教そのものの否定という形をとる条件が存在したのに対し、イギリスでは、アメリカ植民地を含めて、権力への抵抗が寛容の枠内において、宗教に基づいてなされることが可能であった。

また後に「ジャコバンの無神論」との対決において、バークは英国国教会以外のキリスト教教会や教派に対しても「キリスト教」としての親近感ないし一体感を示したが、まさにその反面として、アイルランドのカトリック教徒が「ジャコバン」に傾斜あるいは同調するようになったと彼の目に映じた場合には、そのリフォームの要求に、かえって警戒感や拒絶反応を強めることが少なくなかった。「もしカトリック教会が無神論者により打倒されるならば、英国国教会その他のプロテスタント教会が生き残りうるとは考えられない」と言うバークが、このリフォームの要求を拒んだ第一の理由は、「共通の敵ジャコバン」を眼前に内紛を避けよ、ということであった。しかし当時(一七九五年)には、すでにロベスピエールは失脚してフランス総裁府と連合諸国との講和の機運が生じていたのであり、イギリスでは、ローマ法王はもとよりフランス王に対する伝統的恐怖も当然消滅していた。従って、時機を失せずにリフォームを認めることこそ内紛を回避する道であった。バークの第二の反対理由は、アイルランドのカトリック教徒が議会に議席を得ても、それは少数に過ぎないという「算術的」な根拠であった。以上のことからしても、「ジャコバン」との対決でバークが究極的に擁護したのは、決してキリスト教一般でもなく、また純粋に内面化されたキリスト教徒でもなく、終始〈体制宗教〉であったことは明らかであろう。Cf. *Letter to William Smith, Esq., on Catholic Emancipation*, WK, VI, pp. 363-73.

(117) *Appeal*, WK, IV, p. 208.

(118) *Observations on the Conduct of the Minority*, WK, V, p. 49.

(119) *Reflections*, p. 31. (Clark, 184) またバークは、このように書いている。「わが憲法体制は、四方が絶壁の山頂で、取り囲む深い海を眼下に見下ろす地点に立って、精妙なバランスを保っている。一方に傾き過ぎる危険から逃れようとすると、他の方向に傾き過ぎる危険を冒すことになりかねない。」*Thoughts on the Cause of the Present Discontents*, WK, I, p. 520.

(120) *Reflections*, pp. 184, 243, 59. (Clark, 355, 413, 220)

(121) *Ibid.*, p. 88. (Clark, 255)

(122) *Appeal*, WK, IV, p. 104.
(123) *Member of the National Assembly*, pp. 266–7. (WK, IV, p. 31)
(124) *Reflections*, p. 179. (Clark, 353)
(125) *Appeal*, WK, IV, pp. 169–74.
(126) Rousseau, J.-J.: *Du Contrat Social*, liv. I, chap. V, 1943, Aubier, p. 86. Cf. Locke : *op. cit.*, §§ 95–9.
(127) *Speech on the Army Estimates*, WK, III, p. 221.
(128) 以上 *Reflections*, p. 182(これはクラーク使用の初版にはなく WK, III, p. 479)、および p. 216(Clark, 388)。
(129) *Ibid*., p. 208. (Clark, 380)
(130) もとよりバークのこうした洞察は、アリストテレスの政治理論によって示唆を与えられたものである。Cf. *Aristotle's Politics*, tr. by B. Jowett, 1920, pp. 114–5, 156–7, 199 f.
(131) *Letter to Sir Hercules Langlishe*, WK, IV, pp. 292 ff. Cf. Emden, C. S.: *The People and the Constitution*, 1933, pp. 187 ff. フォックスもまた「事実上の代表」の理論を容認している例として *Parl. Hist*., XXX, 1792–93, p. 302.
(132) *Appeal*, WK, IV, pp. 186, 188. このことは、「野生の自然状態」における個人が全員一致で国家を形成し、従って国民となる、というバークの前述の所説と矛盾するかに見えるかもしれない。しかしすでに記したように、バークによれば、その全員一致の合意の内容は「社会が採ってきた形態」から知られるのであり、そしてフランスについては、一六一四年に最後に召集された全国三部会を不可分の構成部分として含む体制が、その契約の内容をなすのである。ところでバークにとって最も「不可解な」ことは、国民議会がその契約を破棄したということよりも、むしろ、契約破棄によって生じた「野生の自然状態」がそのまま「政治社会」とされていることなのであり、だからこそバークには、革命フランスの体制が「組織化されたアナーキー」と映じるのであると言えよう。
(133) *Appeal*, WK, IV, p. 170.
(134) *Regicide Peace*, I, WK, V, p. 325.
(135) バークのこうした表象と、イギリス憲法には「よき秩序に伴う単純性」が見られず、ただ「無秩序に対抗する巨大な足場」しか認められないとするシェイエスの評価との対照は興味深い。Cf. Sieyès, E.: *Qu'est ce que le Tiers Etat?* (ed. Champion), 1888, pp. 62 ff.
(136) *Appeal*, WK, IV, pp. 93-5.
(137) *Regicide Peace* I, WK, V, p. 340.
(138) *Address to the King*, WK, VI, pp. 178-9. なおこの上奏文は、国王に提出するために書かれたのであるが、ロッキンガムの裁量により、結局実際には提出されなかった。
(139) *Reflections*, pp. 20, 29. (Clark, 170, 181)
(140) *Appeal*, IV, p. 133.

第三章　伝統主義的思惟様式

アメリカ革命への同情とフランス革命との対決とに際して、バークが伝統を規範とする点で一貫していたことはさきに述べた。バークにとって「古来の」ということは一切の肯定的価値の同意語であったと言ってよく、彼の価値判断は、伝統のタームに還元されることによって根拠づけを完了する。ところでこのような思惟様式は、果たしていかなる政治的意義をもつのであろうか、またそうした思惟様式は、フランス革命と対決したバークにおいていかなる機能を果たしたのであろうか。それがここでの問題である。

一　伝統と理性

「人間は習慣の創造物である」[1]という言葉の中に、バークの伝統主義と見合った人間観は尽くされている。なぜなら、元来伝統主義とは反復された既存の事実そのものを規範化する原理であり、習慣もまた、所与の行動様式をその反復の過程で体得することを指すからである。そして伝統主義が、社会的慣行を自覚的に規範化するのに対応して、習慣は、社会的規範を無意識的に実在化する。従って、いわば〈体制の習慣〉たる伝統を価値規範とするバークの立場は、体制を前提とするために、また体制を安定させるためにも、人間を習慣の動物と規定する必然性を本来内包していると言えよう。

このように社会において無意識的ないし前意識的に妥当通用する規範または範疇が、バークの言う「伝習観念(prejudice)」に他ならない。彼によれば、「われわれ〔イギリス国民〕は、古来の伝習観念を斥けることなく、逆にすこぶる大切に保持しており、さらに敢えて言うならば、われわれはそれが先入見(prejudice)であるからこそ大切に保持しているのである。そして先入見が、長期間存続したものであればあるほど、また広汎に支配したものであればあるほど、われわれはそれを大切に保持するのである」[2]。すなわち伝習観念は、人間にとって前意識的に与えられているという正にその事実性によって規範としての価値を獲得し、それが長期間反復されて持続したという事実によっていよいよ価値を高めるのである。それは、人間のア・プリオリな理性に合致することによって妥当性を保障されるのでもなく、人間の自由意志に基づくが故に正統性を得るのでもない。バークによれば、そもそも人間それ自体が習慣によって創られるのであり、「白紙」から出発するものではない。

「人間がどのようにしてこの世に生まれてくるのか、ということは、闇に閉ざされた不可測の領域に属する。自然の営むこの神秘な過程は本能に発するのであるが、本能は人間が作ったものではない。だが、人間にとって未知の、そして恐らくは不可知の自然的原因(physical causes)から、精神的義務(moral duties)が生ずる。……両親は、親子関係に伴う精神的関係を持つことに合意を与えない場合もあろう。しかし合意の有無にかかわらず、両親は、自分達がいかなる契約をも決して結んだことのない相手方に対して、長年月にわたる重い義務を負わなければならない。子供達は親子関係に入ることに合意を与えてはいない。しかし現実に合意がなくとも、事実としての親子関係は子供達に義務を負わせる――より正確に言えば、親子関係にあるという事実はすでに子供達の合意を予想している。なぜならば、およそ理性ある存在が所与の秩序と和合して存在している場合には、そこに合意があると想定されるからである。」このような〈事実規範〉は、親子関係に止まるものではない。バークによれば、「かかる肉親の間柄は国家の要素であり、そしてかかる間柄から生ずる社会的紐帯は人間の意思とは独立に開始し持続するものとすれば、同様にして、われわれの側から何らの協約を与えなくとも、……われわれは祖国という人間関係によって拘束されることとなる(3)」。

人間はこのように社会的な宿命を負うのみではない。伝統を形成し、伝習観念を堆積していく歴史もまた、人間理性にとって「ほとんど知覚しえない(4)」ような変化として作用する。従って過去の伝統がほとんど無意識に形成され、現在の伝習観念が個人によってほとんど無意識的に習慣として体得されるのと同じように、将来もまた、歴史はほとんど知覚しえない変化を続けていく。ここには、人間の理性による歴史の切断や飛躍は存在の余地がない。バークが市民社会を自然状態と峻別して作為の社会(artificial society)と呼ぶ場合にも、それは理性を媒介とした主体的作為の社会をいうのではなく、伝統に染め抜かれた義務の世界という意味で自然状態と対立する社会を指すのである。作られるのではなく成るものとしての保守主義的歴史観がここに打ち出されているのである。

ところでここに現われた、理性的作為に関する限界意識は決して決定論的なペシミズムに導くのではなく、逆にそれは伝統に対する深い信頼感に基づくものである。リースマンの言葉を借りれば、「こうした〔人間能力の〕限界の意識は……思想家とその聴衆たる同時代人との主観に無力感を惹き起こすものではなかったし、少なくとも社会ダーウィニストの場合には、また恐らくはバークの場合にも、社会の有機体的発展の針路について、確乎たる楽観的見解を懐いていた(5)」のであって、この決定論的オプティミズムを、ストラウスに倣って予定調和論的歴史観と呼ぶことができよう(6)。

こうして、個人の合理的・自発的選択の余地はいわば存在的《オンティッシュ》に限定される。バークによれば、「われわれは人類全体に対して義務を負っているが、その義務は自由意志に基づく特定の契約の所産ではない。それは人と人との関係および人と神との関係に由来するが、これらの関係は選択しうる筋合いのものではない。われわれが人類の中の特定の個人ないし集団と結ぶ一切の契約の効力は、そうした契約に先行する〔人と神とに対する〕高次の義務に基づいている。低次の人間関係は、ある場合には自由意志に、ある場合には必要に基づいて形成される」[7]。

人間はゾーン・ポリティコンであり[8]、生まれながらにして伝習観念に染まった社会的動物であるということは、バークにとって、もちろん単なる事実の問題ではない。むしろ、事実そのものが権利根拠であり、その意味では事実と規範との区別が消滅しているという点にこそ、伝習観念や習慣の特質があると言ってよい。従ってバークにあっては、子はなぜ親に従うべきか、人はなぜ祖国を愛すべきかといった問いは、人の出生が「闇に閉ざされる」のと同時に不問に付せられる。それはもはや個人の理性にとって「不可測の領域」であるとする彼の立場が、「体質的に宗教的な動物」というその人間観に連なることは明らかであろう。

このように、人間が生まれながらにして、存在的に伝習観念に染まっている以上、バークにとって、理性が伝統の価値根拠を問うということは一つの倒錯に他ならず、伝習観念に対抗することは理性の自殺行為に他ならない。一七五六年、若きバークは、理神論者ボーリングブルック(Henry St. John Bolingbroke)を反駁する意図をもって、『自然社会の擁護』という小冊子を匿名で著わした。これはボーリングブルックの論理と文体とを極めて精妙に模倣したものであったために、世人はボーリングブルック自身の筆になるものと信じたと言われているが[9]、バークの狙いは、要するにボーリングブルックの論理を徹底していくならば、いかなる帰結に陥らざるを得ないかを、相手の論理を借りて論証することにあった。すなわちこの筆者は、真理は幸福を破壊するものではないという理神論的前提のもとに、理性的に人間社会の現実を直視していくのであるが、その結果、いかなる政治社会も、戦争と惨害、圧制と悪徳といったものを伴わないものはないということが、史実に徴して次々と論証され、こうして筆者は政治社会(artificial society)に幻滅と絶望とを禁じ得ず、自然社会への郷愁に駆り立てられる。そして筆者はこう結んでいる、「〔政治社会に対して〕以上のような評価を下す結果、私の死に安楽が約束されるようになったことは、私の幸福とするところであります[10]」。

ここでは、ボーリングブルックに対するバークの皮肉な駁論が、果たして論証として妥当であるか否かは問題ではない。理性による認識を徹底する時には、人間の——従ってまた理性自体の——自滅を招かざるをえないということ、換言すれば、伝習観念そのものの根拠を問う理性は、必然的に自己の死を愉しむ以外にない、ということをバークが論証しようとした点が重要なのである。「わが国の思想家の多くは、世の伝習観念を破壊するためにではなく、伝習観念の中に潜在する叡智を発見するために、彼らの理智を行使しているのである[11]」というバークの言葉に明らかなように、彼にとって理性とはあくまで伝習観念に内在するものであって、それと対立する理性はもはや理性として成り立たないのである。

それのみではない。伝習観念の一つとしての国教会について記した後、バークが率直に告白するところによれば、「私が述べてきた見解は、わが国民の間で、極めて古い時代から今日まで、絶えず、また遍く称揚されながら受け容れられてきたものであり、そして、その見解は私の心に非常に深く滲み透ってしまっているため、私は他人から教えられたことと、私自身で考え出したこととを区別することができないほどである[12]」。つまりここで注意すべきことは、伝習観念を規範とすることの意味は、単に理性の認識内容と伝習観念の内容との区別が不可能であるということばかりでなく、さらに、判断の主体もまた、伝習観念ないし伝統の中に解消されるということをも指す、という点である。バークにとって叡智の主体は「父祖」であり、規範とすべき判断の主体は「人類」である。彼によれば、「個人は愚かであります。群衆は、思慮なく行動している限り、当分は愚かでありましょう。しかし〔人間〕種族は賢いものであり、時さえ経るならば、種族全体としては、人間は常に正しく行動すると申して差し支えありません」(13)。従ってバークの理性の立場からすれば、個人が判断するに当たっては、あくまで個人の判断能力に信頼せず、時を経た種族全体を主体として判断せねばならず、換言すれば、彼にとっての理性とは、いわば伝統を主体とする判断能力なのである。故に、「伝統」が終始判断の主体であって対象となりえないとすれば、伝統との対立において理性が伝統の根拠を問うということは、この意味においてもありえないのである。

こうして認識ないし判断の内容と主体との二点で、個人の理性は伝統と完全に癒合されるとすれば、理性的個人を主体とするフランス革命のイデオローグが、二重の意味で、伝習観念をまとわない「裸の理性」の信奉者としてバークの眼に映じ、「人間味を感じさせない(Hominem non sapiunt)(14)」存在として激しく攻撃されるのもけだし当然であろう。バークにおいては、「習慣の創造物」たる人間の理性は伝統における理性であり、伝統に内在する叡智の発見者であって、既存の事実がいかにして規範としての権利をもちうるかを問う能力は、理性から本来的に去勢されている。

二　伝統と権力

すでにアレヴィも指摘しているように、「伝習観念の理論を法的な言葉に言い換えると慣行法〔権〕(prescription)の理論となる」[15]。すなわち、伝統的カルチュアの社会心理的側面が伝習観念に、その法的側面が慣行法に当たると言ってよい。伝習観念が、個人の合意による理性的認証を受けなくとも前意識的に妥当する社会規範であり、それは長期かつ広汎に事実上行われているということだけで規範としての価値を獲得するものであったのと同様に、「慣行法」もまた、ある社会関係が長期間存続したという事実そのものから権利が生ずることの社会的承認に立脚しているのである。

そこで、体制の根拠を伝統に求めるバークにおいては、必然的に、法は慣行法であることによって根拠づけられる。すなわち、「わが憲法は慣行法的な憲法であり……その権威は、それが悠遠の(out of mind)昔から存在してきたという点のみに存する」のであり、「慣行権は、あらゆる権利の中で最も確実なものであり、そのことは単に財産権の場合のみならず、財産権の保障を任務とする統治権力の場合にも当てはまる」[16]のである。

このように体制の法的根拠を「慣行権」の上に基礎づけるということは、換言すれば、権力はそれが存続してきたという事実そのものによって正統性を獲得することを意味する。そのことは、人民主権と対決したバークが契約説をいかに再解釈したかという点に判然と現われる。彼によれば、「社会以前の状態、すなわち諸個人の集合状態の中には、主権という観念も、服従という観念も存在しえないことは言うまでもない。この二つの観念を生み出す社会は、契約に基づいて形成される。ところで、国民がその契約に反して、一つのもの〔主権〕を放棄しておきながらしかも保持している、などと考えるのは全く荒唐無稽である。それのみではない。そうした考えは、人々が強力な集団を結成した場合には、いつでも社会的結合を解体する力と権利とをもつ、という想定に基づいている。……歴史の古い、慣行法に基づいた一切の統治権力、例えばわが国の統治権力に対して国民が服従するのは、国民がその統治権力を選んだからではなく、その統治権力の下に生まれ合わせたからである」。従って人民主権の思想は、「政府の淵源が人民にあるということと、政府の存在を決定する権利が人民にあるということとを、悪辣かつ愚劣な方法で混同するものである」[17]。

正統ホウィッグをもって自任するバークにとっては、「端緒における合意」の神話が最小限不可欠の要請であったにしても、しかし、一旦契約によって統治権力が成立した暁には、権力はそれが存在しているという事実そのものからその正統性を確保することができ、その際には、淵源における契約は、その神話的自明性の故に却って問題から外されてしまう。こうして、その権力の下に生まれたという「自然的原因から」服従の義務が生じ、人間が生まれたという事実が「不可測の領域に属する」如く、国民が服従の義務を負うことも、前意識的な「所与の秩序」のみに基づいて自動的に決定される。ここでは権力は、既存の権力であるというだけで正統性をもちうるのであり、事実が権利なのであるから、事実の権利根拠を問うことはそもそも意味をなさないわけである。

バークのいう「慣行権」は「無知と迷妄の時代」からの既成事実の累積ではないかと疑問を呈した知人に、バークはこう答えている。「貴殿が身近に見る土地資産の多くは、元来武力によって、つまり暴力によって、獲得された……可能性があります。しかし、それは昔の暴力であり、当初は不当であったとしても、時間によって浄化され、合法になったのです。このような考えこそ、迷妄と無知なのかも知れません。しかし私は、啓蒙と純化によって法の基本原理と自然の正義から脱却するよりは、むしろ無知と迷妄のままに止まっていたいと思います[18]。」

名誉革命と隔たること一世紀近くに及ぶ世代の一員であるバークの場合には、名誉革命によって樹立された同一の体制が、当初とは全く異なったタームで根拠づけられる。例えば同じ財産権が、ロックにあっては「自然権」として、バークにあっては「慣行権」ないし「世襲的権利」として擁護されたのと同じように、統治権力は、前者においては被治者との理性的な「合意」によって、後者においては権力が存在するという「事実」によって正統性を獲得する。ロックにおいては先入見を排除するために重視された「経験」がバークにおいては「先入見《プレジュディス》」そのもの、つまり「伝習観念」となり、前者は人間の精神を「白紙」であるとすることによって、後者はそれを「白紙」でないと主張することによって、同一の体制を護持しようとしたのである。

こうしたバークの特質は、総じて、名誉革命の体制を伝統化し、名誉革命を革命としてではなく伝統として意識することに根ざす。換言すれば、ここで特徴的な点は、もはや体制像の内容ではなく、体制を表象する仕方なのである。すなわち、名誉革命を革命と意識することによって権力を基礎づけ、従って伝統的権力の正統性を根源的に問うことを通じて成り立った権力として措定するか、あるいは、名誉革命を伝統として意識し、従って革命権力の正統性の根拠を根源的に問わないことによって権力を基礎づけるか、という根拠づけの仕方の差異が決定的に重要なのである。

ところで、伝統主義の基盤をなす伝統とは、バークにあっては「伝習観念」として前意識的に社会に妥当している規範を指すことは既述した。しかしながら、言うまでもなく、もし伝習観念が前意識的に妥当しているならば、そもそも伝統主義という形で伝統を象徴化する必要はない。伝統主義を必要とするのは、実は伝習観念が前意識的妥当性を多少とも喪失している状況に他ならない。既存の事実が直ちに規範と意識されず、むしろ単なる事実として表象され、伝統が評価の主体ではなく対象となる、といった傾向が生じていればこそ、伝統もまた伝統主義として意識的に規範化される必要を生ずるのであって、マンハイムの表現を借りるならば、「保守主義者は、挑戦を受けた（reaktiv）場合にのみ体系化して思考する」[19]。従って伝統主義には本来的に一つのパラドックスが内在していると言える。すなわち、伝統主義はもともと伝統へのインパクトを予想しており、既存事実の権利根拠を問う者を前提しているが、それにもかかわらず、伝統主義は、事実の権利根拠を問う者に対して事実のタームをもってしか応えないのである。だが、伝統主義にとっては事実の権利根拠を問うことが無意味であり、かつ理性の自殺であったように、伝統の実質的根拠を問う者にとって、既存事実のタームによる回答はおよそ無意味であり、こうした回答の受諾こそ理性の自殺行為に他ならないであろう。本来伝統が既存事実の権利根拠を問わない精神構造を必須要件とするのに並行して、伝統主義もまた、既存体制の実質的根拠を不問に付すことによって成り立つのである[20]。

三　伝統と効用

バークがこのように体制の根拠を伝統に求めたことの基底には、個人理性に対するいわば存在論的な深い不信が横たわっていた。しかしながら、バークにおける伝統の規範性は、単にそれが前意識的な所与であり、「多くの時代を重ねた、多くの人間の思想の所産」[21]であるという点のみに求められているのではないようにも思われる。例えばアメリカ革命に際してバークは、「私自身の能力に対して徹底的な不信を懐き、私個人のあらゆる思惟推論を全面的に放棄し、かくも幸福なる憲法と、かくも繁栄せる帝国とをわれわれへの遺産として遺した父祖の叡智に対して深甚なる敬意を表する」[22]立場から、伝統への復帰、課税の撤廃を主張した。また伝統を破壊した革命フランスを指して、「フランスは利益のために徳性〔伝統の遵守〕を犠牲にしたのではなく、利益を放棄したのだ[23]」と記している。ここから明らかなように、バークにとって、伝統とはあくまでも現在の効用をもつものである。古くから存続しているということは、有用性を示す何よりの証左であり、従って、革命フランスの政治構造には「それが福利をもたらすであろうことを証明する何らの経験もない[24]」ということが反革命を正当化する。

こうして一見したところ、伝統はそれ自体として価値をもつのではなく、何が福利をもたらすかを発見し検証する手段として価値をもつのであり、究極の価値規準は現在の効用におかれているかのように思われるのであり、ここにアレヴィを筆頭とする多くの人々によって、バークが功利主義者として描き出される所以がある。[25]だがこのような解釈に対しては、なお検討と限定とを加える必要がある。例えば上に引用した言葉だけをとってみても、バークが「福利」と呼んでいるものは、実は「幸福なる憲法」「繁栄せる帝国」であり、フランスが失った「利益」とは実はアンシャン・レジームに他ならない。いわんや、革命フランスの体制が過去に「経験」をもたないことは、それが革命である以上当然のことであって、バークの言葉は反革命の意志宣示以上に意味をもちえないものである。このように見る時、バークの言う「利益」「福利」とは、彼の護持する体制にとっての利益ないし福利であることは明瞭であろう。「伝習観念は、危機に際して直ちに動員しうるものである。……伝習観念を通じて、人間の義務はその本性の一部と化する[26]」というバークの言葉は、伝習観念の効用が、体制への信従を確保する象徴の培養基である点におかれていることを端的に物語っている。

だが伝統主義が前提として想定する挑戦は、そもそもその伝統的体制の存在理由は何かという問いにあったのであるから、この問いの立場からすれば、一見伝統主義とは異なった価値規準をもつかの如き功利主義も、実は言葉を変えたものに過ぎない。つまり、ここには一つの循環があるに過ぎない。すなわち、なぜ伝統を遵守すべきかと問えば、伝統は有用であるからと答え、ではいかなる目的にとって有用であるのかと問えば、それは伝統的体制の存続にとって有用であるからと答え、では伝統的体制の存在理由は何かと問えば、それは伝統に基づいている点にあると答える。これが、伝統主義は体制の実質的根拠を不問に付すると、さきに述べた所以である。

既存体制が、あくまでも評価の基準であって対象ではないバークの立場に対して、強いて体制の根拠を問いつめれば、結局右のような形式的循環論に陥るか、さもなければ、体制を前提とすること自体が問いの対象となることによってバークの大前提が崩壊するか、そのいずれかしかありえない。もちろん後者はバークにとって致命傷に等しいものであり、バークが「思弁」を烈しく嫌悪したのは、それが体制の実質的根拠の合理的追究に発展することにより、体制に危機が到来することを鋭く感受していたからに他ならない。伝統的体制を合理的追究の矛先からそらし、前意識的妥当性の領域に還そうとするバークの努力は、次の例によっても十分うかがわれる。

すなわちアメリカ革命に際してバークは、北米植民地では聖書に次いで法律書が最も多量に売れていること、また植民地議会議員の大半が法曹界出身であることを指摘して、こう警告した。「これら法曹界の知識人に高い栄誉と高額の俸給とを与えて彼らを国家のために登用しないならば、彼らは統治権力に対する最も恐るべき敵手となるのであります。」[27] 言うまでもなく、ここでバークが指している法律家とは単なる実定法解釈業者ではなく、広く人権を擁護し、従って必然的に権力の根拠を問う立場に立たされる人々である。そこでバークは、他方において、課税権を持つことを主張する本国議会に対してこう呼びかける。「もし卿らにして、主権は本質的に無制限かつ制限不能であるという根拠から精緻な議論を演繹し、卿らの被治者にとり好ましからぬ結論を導き出され、その結果統治権力の源泉そのものを汚染腐蝕されるならば、それは途方もない致命的愚挙を犯すものでありまして、結局のところ、卿らは植民地人に対して、主権そのものが問題の焦点であることを教えることになるでありましょう。……もしその主権と彼らの自由とが両立しない場合、彼らはいずれを選びとるでありましょうか。[28]」こうしてバークは、既存の主権を保存するために主権論を忌避したのであり、彼は、伝統的体制にとって自己の根拠を合理的に基礎づけようとすることは自殺行為に等しいことを知っていたのである。従ってバークは、英帝国の権利根拠は不問に付して、それを「超理性的な全体(mysterious whole)[29]」というあの有名なヴェールで蔽ってしまうのである。

またフランス革命に当たってバークは、すでに述べたように、自分がホウィッグの伝統を継ぐ嫡子であることを主張し、数多くの「原始ホウィッグ」の言葉を引用して自分の立場の正統性を立証しようとしたのであるが、その中の一節にはこう記されてある。「〔名誉革命によって成立した〕この統治権力の根本的諸原理に疑念を挟むということは、〔秩序の維持を命ずる〕使徒の定めた掟に背く最大の罪に匹敵するものであることは明白である。[30]」次いでバークはこれらの引用を終えて次のように述べている。「私は私の見解が原始ホウィッグの見解と一致することを立証して来たのではあるが、もし私と原始ホウィッグとのいずれもが誤っているとすれば、以上の証しだけでは、私の見解の正しさを示すには適当でないであろう。しかし私の差し当たっての目的は、これら原始ホウィッグが正しいことを証明することにあるのではなく、私と原始ホウィッグとの見解が等しいことを示すことにある。私は原始ホウィッグを裁判官として提訴するのである。[31]」もとよりこの『新ホウィッグから原始ホウィッグへの訴え』は、同じホウィッグ中のフォックス派を相手どったものであるから、その意味においてバークの問題限定は一応尤もであろうが、しかしこの言葉から、バークがあたかも原始ホウィッグとバークとのいずれもが誤っているという可能性をも想定しているかのように推論することはもはや不可能であろう。バークが記したことではなく、記さなかったことに着目することがもし許されるとするならば、事実バークは終生一度として「原始ホウィッグ」の正統性そのものを問わなかったのであり、従って自分が「原始ホウィッグ」の直系であることの立証は、実は「差し当たっての目的」ではなく、バークの唯一の目的なのであり、伝統への忠誠さえ立証されれば、それで自分の正しさは証明されるのであった。

四　体制の神話

このように体制の価値根拠を問うことを忌避し、過去との連続性の上に基礎を置く伝統主義は、伝統への挑戦に直面する時、実質的根拠の欠如ないし薄弱さの代償として、しばしば既存体制の美化を試みる。もとよりいかなる体制も挑戦に対決しつつ自己を美化するのであるが、例えばカリスマなり自然法なり、何らかア・プリオリの価値に体制の根拠がおかれる場合には、確かに一方では、体制の現実に対する批判の超越的基準が不断に体制に内在することにもなるが[32]、他方では、体制の実態と一応切り離して原理そのものの美化に逃げ込むことも可能となる。だが伝統主義の場合には、そもそもア・プリオリの価値は原理的に排除され、二元論的思惟様式とは対照的に事実そのものが規範化されるのであるから、抽象的・超越的原理のタームで語ることは本来的に至難であり、従って事実のタームによる価値づけのみが可能であることの結果、却って体制の美化は高度に構造的な必然性をもつことになる。バークが、「イギリスの体制に対する非難の因となっているその欠陥の大部分は、イギリスの体制が図らずももつに至った欠点ではなく、辛苦の結果獲得した美点なのである[33]」と言い、またすでに記したように、フランス革命を契機として、アンシャン・レジームに関するバークの叙述が革命以前のそれとは対蹠的に一変し、事実の極端な歪曲による過去の美化が行われた、というような現象は、単にバークの〈状況的相対主義〉のみによるものではなく、むしろ彼の優れたオポチュニズムの基礎をなす伝統主義そのものの構造に由来するものと解することができよう。

　こうした既成事実の美化は、元来事実そのものが価値を内蔵しているという確信に立脚するものであるから、この美化の反面として、変革の必要性の挙証責任はすべて変革者の側に負わされることとなる。バークによれば「革命に訴えるという方法は……弁明を必要とする筋合いのものである。……人類の意思が認めるところによれば、われわれは、いかにして新たに権力が掌握されるに至ったかを吟味する権利と、新権力がいかに行使されているかを批判する権利とを持っているのであり、またこの新権力に対しては、従来承認されてきた既存の権力に対して通例払われるのよりも僅かな畏敬および尊敬の意を表すれば足りる[34]」。こうした立場から、アメリカ革命に当たってはバークにより、新税を課する国王および議会の責任がまず問われ、同様にして、フランス革命に際しては、専ら革命政府の責任が追及されアンシャン・レジームは免責される。このようなバークの立場は、「私が革命に対して懐く嫌悪感[35]」とか、また「私はいかなるものであろうと、それが破壊されるのを見、社会に真空が生ずるのを見ることは好まない[36]」という言葉に、むしろ率直に表明されていると言ってよい。それは単にバーク個人の感情が端的に表明されているという意味においてではなく、バークの立場すなわち伝統主義の一つの特質が歴然と現われているという意味においてである。

　すなわち、伝統主義の基準でありまた基礎でもある伝習観念は、本来理性による認証以前に妥当性を確保しているのであるから、伝統主義は本質的に人間の非合理性に依拠する。このことを端的に示すのは、バークにおいて、伝習観念の原型として家族の倫理が挙げられ、そして家族が「国家の要素」と規定された点である。彼によれば、「われわれは自分の家族愛から出発して国家への愛情にまで至る」。家族愛は隣人愛、郷土愛を媒介として祖国愛にまで拡大され、それらは決して相互に矛盾しない。そしてこれらを一貫して支えるのは「古来の伝習観念と非合理的な習慣」である。(37)

換言すれば、伝習観念を伝達培養する基礎単位としての家族において、出生という「自然的原因から精神的義務が生じ」、それがやがて国家への服従の義務にまで至るのと同様に、家族における自然的愛情から体制への精神的愛情が必然的に生まれる。そしてバークの伝統主義の立場からすれば、この非合理的な〈体制への愛〉こそ政治体制の究極的支柱をなすのである。それは理性を媒介とした友愛《フラテルニテ》ではなく、理性に先行し、しばしば理性を排除する愛情である。ルイ一六世が屈辱的な地位に貶されたことを耳にした時のバークの感情的反撥について、彼は、「こうした事態の場合には感情こそわれわれの理性を正しく導くものだ」(38)と記している。また政治原理としては絶対専制君主を否定するバークも、例えばローマ皇帝が苦難にあう場面を想起する時には惻隠の情を禁じえず、「われわれの感情はわれわれの理論と矛盾する。こうした場合には、感情が正しいのであって理論が誤っているのだ」(39)とさえ極言するのである。もとよりこれらの例は、バークが制限君主政を放棄することを意味するのではないが、ここで重要なことは、バークが、人間の本能的感情を通すためには理論を犠牲にするのも厭わない建前を判然と打ち出していることであり、ここでは、惻隠の情と体制の原理とをそれぞれの次元に区別して「感情も正しく理論も正しい」とする発想は全く見られず、逆に非合理的な感情そのものに適応しない政治理論は「誤っている」と断定される。もちろんいかなる体制の原理も究極的には一つの信仰に帰着しよう。しかしその信仰が理性的な価値への信仰であるか、不条理そのものへの信仰であるかが決定的に重要な差異であることは言うまでもない。そして伝統主義の一つの特質は、人間の非合理性を実質的原理として自覚的に打ち出す点にある。

五　政策の合理化

このように体制の価値根拠は理性の視点にとって最大のタブーであり、伝統的体制は理性にとって所与の前提である以上、理性の作業領域は何よりも手段の世界に集約される。つまりバークにおける合理性とは、ウェーバーの用語による「目的合理性」であり、政治的叡智は、体制を前提とする政策の領域に傾注される。「全統治構造は得策(convenience)の見地から考察」されるべきであり、「問題は方法にある」[40]と説くバークにおいては、政治はほぼ政策に等しいと言っても過言ではない。そしてバークの発言の中で最も精彩に富むものは、そのほとんどがこの領域に属すると言ってよい。ラスキも指摘しているように、一八世紀イギリスは、憲法の時代ではなく行政の時代だった[41]。そしてバーク自身支配層の一員であり、しかも優れた〈体制の良心〉であっただけに、彼にとって統治の方法に叡智を傾けることは、体制を不問に付することの代償として絶対不可欠の要件とならざるをえなかった。この要件は、バーク自身が意識すると否とにかかわらず、体制の構造からする客観的必要性に由来するものであった。

こうしてバークにおける理性は何よりも〈効果の理性〉であり、バークの言葉を用いれば、「叡智」「深慮」「政治的な慎重さ、細心周到な配慮、気質的な臆病さとは違った精神的な臆病さ[42]」である。「すべての統治権力、のみならず人間のあらゆる福利と幸福、あらゆる美徳、すべての思慮深い行為、こうしたものは妥協と取引との上に立脚している。人間は幾つかの不利を比較考量する[43]」のであって、思弁や論理に従って行動するのではない。そもそも「形而上学は定義なしには成り立ちえないが、深慮は、いかに定義したら有利かを慎重に考慮する」[44]のである。

〈効果の理性〉がその特質を最もよく発揮するのは、言うまでもなく、善と悪とではなく、悪とより小さい悪とを考量選択する状況においてである。例えば、アメリカ植民地に対する実力行使に反対したバークはこう述べた。「もし卿らにして実力行使が避けえないのであるならば、卿らの手に、名誉ある善か、または有利な悪か、そのいずれかを少しでも確保するように実力を行使し給え。」「もし卿らが殺人を犯そうとされる時には、強盗までにとどめておき給え。そして目的をもたない……狂人ないし暗殺者と目されることのないようにし給え。[45]」またバークが国王に呈した一文によれば、「権力が世論に多くの譲歩を行うところでは、強大な権力も〔国民によって〕甘受され、異議を招かずに済むものでございます。万事が強行されるところでは、万事が争いの種となります。私どもはこのような観点から、〔治者は〕国民全体の伝習観念に合致することをもって義務となしまた政策となすべきものと考えるのでありまして、このことは、かかる伝習観念の根拠に誤りがあったり、疑義を挟む余地がありましても変わることはございません[46]」。

ところで、権力のために伝習観念を利用しようとするのではなく、権力を伝習観念に合致せしめることによって体制の安定を図ろうとするこの発想に明らかなように、バークの〈効果の理性〉は、伝統的体制の維持という究極目的との連関においてのみ存在しうるのであるから、統治政策論通有のマキャヴェリ的な虚偽意識にも自ずから限界があり、伝習観念が事実規範であるという表象には変わりがない。換言すれば、バークの思想においては、伝習観念に偽装して実質的に伝統を破壊し、従って新しい価値体系を創造するような〈効果の理性〉は存在しえない。「叡智は素材を創り出すことはできない。……叡智の本領はそれを使用する点にある。[47]」叡智は、所与の体制の枠内で所与の素材を体制のために利用調整するにとどまる。聖職者の無為と奢侈について、「われわれはこうしたことさえ容認しているが、それはこれらの事柄がよいと思ってのことではなく、〔これらを廃止することによって〕もっと悪い事態が生ずるのを恐れるからである」[48]と述べるバークの場合には、また労働者階級に一応の同情を示しながらも、現在の「財産所有関係から生ずる利益と、それを変革した際に生ずる利益とが五分五分であるならば、変革すべき理由はない」[49]と記す時、この一見無意味のような言葉にも特殊の含意があることは明らかであろう。

けれどもこうした現状維持も、結局は伝統的体制の維持を目的とした手段に他ならないのであるから、同じ目的に必要な限り、バークの目的合理性は改革を排除するものではない。すなわち、「何らかの変革の手段をもたない国家は、自己を保存する手段をもたないに等しい」[50]のであり、過去からの「遺産という観念は……改良主義をいささかも排除するものではない」[51]。それどころか「保存しようとする性向と、改良を行いうる能力とを兼備することが、政治家たるための要件なのである」[52]。こうした、保存のための改革という統治技術上の叡智は、バークを単なる現状維持論者や反動主義者から截然と区別し、保守主義の鼻祖としてのバークの面目を躍如たらしめるものである。しかし、「私は変革を排除するものでは決してないが、ただし私が変革を行なった時でさえ、その目的は保存することにあった。……変革をなすに当たり、私はわれわれの父祖の前例に従うべきだと考えた」[53]という言葉にも明らかなように、彼の言う「自己改革(self-reformation)」[54]は、あくまでも体制の枠内における、危機の先取りである。否むしろ、改良可能性にまつわるオプティミズムによって、伝統的体制に対する確信は、いよいよ深まっていくと言ってよい。それはちょうど、バークの護持する体制が名誉革命を経たために、却って彼に革命の先駆者、自由の擁護者としての自画像を描くことを許し、「われわれにとって自由という至宝は、護持されるべき既得財でありこそすれ、将来闘いとるべき獲物なのではない[55]」と言わしめ、名誉革命――大文字の Revolution ――によって体制は一切の革命を完了したと確信せしめるに至ったことに対応するものと言えよう。そして、このように体制の実質的根拠を問うことなく、しかも改革可能性への信仰をもつということを裏返せば、体制の危機を含む一切の政治的不安の原因は、ことごとく、機構の運用の誤りか、個々の為政者の資質人格上の欠陥か、または「一部の分子の陰謀」か、少なくともそのいずれかに帰せられることになる[56]。

では、こうした政治的叡智はいかにして体得しうるのであろうか。バークによれば、政治の科学は「他のあらゆる実験科学と同じく、ア・プリオリには教えることができない[57]」。すなわち、政治学はあくまで実証科学でなければならないわけであるが、バークの言う「実験」とは、いかなる意味においても「白紙」から出発するものではない。彼によれば、「政治の科学は本来実践的なものであり、実用的な目的に向けられたものであるし、また経験を必要とし、しかも、いかに聡明鋭敏な一個人が生涯を費やしても足りないほどの経験を必要とするものである。従って、長期間にわたり相当程度に社会の共通目的を果たしてきた制度を敢えて破壊しようとする時、または、ある制度を、その有用性を過去において証明する何らの前例も亀鑑も存在しないのにもかかわらず樹立しようとする時には、無限の慎重さが必要である[58]」。ここには、実用的→実証的→経験的→伝統的、という系列ができ上がるのであるが、それはもちろん本来の意味でのプラグマティズムとは似て非なる〈後ろ向きの実用主義〉であり、実は前述した〈伝統と効用との循環〉が複写されているに過ぎない。しかも、こうした「政治の科学」を修得しうる実体的担い手は、もとより「本然の貴族」に限定されているのであって、この点からも、バークの言う

「政治の科学(Science of government)」とは「統治の科学」であり、その効用とは支配層の視座における功利主義的範疇に他ならない。つまり、「政治」「政治的叡智」「政治の科学」はすべて体制の実質的根拠の領域から閉め出されて政策の分野に収斂され、それに並行して、それらは支配層の「政治」「叡智」「科学」となるのである。

言うまでもなく、バークの力説する冷静な功利主義的思考は、同じくバークの重視する「責任意識」と見合った統治技能なのであり、従って危機感によって〈体制の良心〉が研ぎ澄まされればされるほど、バークの〈効果の理性〉はいよいよ純粋に〈エリートの理性〉となって結晶するのであるが、正に同じ理由によって、民衆《マス》に対する彼の非合理的な不信は、いよいよ亢進せざるをえない。換言すれば、バークの思想の構造として、いわば中間に合理性の世界を挿んで両極に非合理性の世界があると言ってよい。すなわち、一方の極では体制の根拠が不条理の世界に属し、その対極においては「政治」外的存在たる民衆が、それが体制に安住する限りはパターナリスティックな「庇護」の対象として、またそれが「政治」の世界に闖入する時には非合理的な反撥の対象として存在している。このように見る時、バークの合理性は、一方では体制への信仰、他方では民衆への不信という二つの非合理性を補償することによって体制の安定に貢献するものと言えよう。

バークの立場からすれば、「イギリスの憲法は、聡明にして思慮深き精神の持主には利益をもたらすこともできようが、凡庸な人種の意に副うにはあまりに卓越し過ぎたものなのである」[59]。従って民衆は「社会における権力の座を変革する何らの資格をも持たないのであり、彼らは社会の中に永遠に服従者として止まるべきであって、支配者ないし統率者たるべきものではない」[60]。なぜならバークの論理に従えば、「成り上がり者」は本質的に「経験」を欠き、その故に「叡智」を欠いているからである。だがフランス革命はバークにとって、まさにこうした意味での「民衆の蜂起」であった。それは単に、伝統的に少数者に帰属していた「政治」の世界に民衆が介入することを意味するのみではない。オルテガの表現を転用して言えば、従来「民衆は、もし自分達が介入を欲する場合には、特定の資格を身につけ、従って単なる民衆たることを止めなければならない、ということを了解していた」[61]のであるが、今や民衆は民衆であるままで「政治」の世界の前面にのし上がってきたと言わなければならない。これは明らかに体制そのものの変革であり、この瞬間から、民衆はバークの眼に「豚の如き群衆」と映らざるをえない。ここでは、個人理性を媒介として伝統的体制の実質的根拠を問う者こそが「理性を受け付けない」[62]「暴民」と断定され、「利己的にして邪悪な野望」「悪意に満ちた性向」「傲慢な反宗教的精神」の持主として、「ギャング」「窃盗」「詐欺師」「殺人者」等、ありとあらゆる悪罵を浴びせられるのであるが、革命に対するバークのこうした非合理的反応の中に、彼の「理性」の本質が遺憾なく露呈されていると言えよう。

六　政治への宗教的アプローチ

以上を要約するならば、バークの伝統主義は、体制の実質的根拠の合理的追究を必然的に忌避し、これに伴って「政治的叡智」の作業範囲は専ら「方法」の領域に集約され、それに対応して政治は政策に還元された[63]。これを逆に言うならば、体制そのものを問うことは、バークにとり本来的に「政治」の領域外のことに属し、「叡智」の本分を超えた問題なのである。従って体制そのものの実質的根拠に迫る「民衆の蜂起」に直面したバークには、フランス革命はもはや「政治」の問題として意識されず、その結果、彼が合理性をもって対処することは不可能となった。かくしてフランス革命には、道徳的な悪と宗教的な罪の烙印が押されることになる。バークによれば「対仏戦争は宗教戦争である。もちろんこの戦争は、それ以外のあらゆる社会的利益の擁護を目的としてはいるが、宗教戦争であることが主要かつ代表的な特質なのである[64]」。このようなアプローチの構造について、さらに若干の検討を加えてみよう。

そもそも伝統主義には、事実の規範化に伴う事実の美化の構造的必然性があることはすでに述べたが、その反面として、規範の側における俗化を伴わざるをえないのであって、その好例は、バークにおいて伝習観念は、それが誤謬ないし虚偽であっても規範的価値を賦与される点に求められる。伝統主義的思惟様式に由来するこうした〈美化＝俗化〉の構造は、容易に〈体制宗教〉の制度へと連結する傾向を一般にもつのであって、バークの場合にも、国教会は国家を「聖別」するという意味では伝統的体制を神聖化するものであるが、同時に、国家を「聖別」するという点では宗教の世俗化を招来するものであった。彼にとっては、現世に対する聖職者の禁欲こそ「反宗教的」であったし、また迷信は、それ自体として是認しうるものではないとしても、「だからと言って迷信からさえも公共の利益になる要素を引き出しうることを否定すべきではない。われわれは……迷信と同様にいかがわしい、人間の数多くの性向や感情から福利を導き出しているのだ。……迷信は薄弱な魂の宗教である。……聡明な人間は……迷信の虜となることもないが、またそれを烈しく憎むこともしない[65]」。

ところで、このように宗教と政治体制との緊張が最小限に縮小されるということは、一方においては宗教をも政治的効用の尺度で測る態度を生ずると共に、他方では政治の問題——体制それ自体の問題——が直ちに宗教の問題として表象されうることを意味している。宗教が〈体制宗教〉として実態的に世俗化していればこそ、バークの主観においては、政治の問題は宗教の問題として意識される。さらに付言すれば、バークにおいて、宗教は〈体制宗教〉であることによってこそ真の宗教たりうるのであるから、その意味では、そもそも世俗化という意識そのものが欠如している。つまり、宗教が世俗化しているが故に、世俗化の意識は存在せず、従って政治体制の問題は宗教の問題として受け取られ、体制の否定が直ちに宗教の否定と意識されることが可能かつ必然となる。やや大胆な言い方をすれば、革命フランスでは、無神論を含めて宗教的緊張感が政治化されて革命の一つの原動力となったのに対し、国教徒バークの場合には、宗教的緊張感の貧困の故に政治が宗教化されて反革命の一つの原動力となったのである。

バークによれば、体制の基礎をなす「慣習法は……自然法の一部[66]」であり、そして前章でも触れた通り、自然法は神法と一致し、既存体制の秩序は神の手に成ったものである。すなわち、「われわれに生を与え給うた畏れ多き創造主は、存在の秩序中に占めるわれわれの地位を決め給うた創造主である。神は、われわれの意志ではなく神の意志に従って、神の計略(divine tactic)によりわれわれに各々所を与えて秩序を定め給い、……われわれが、神の定め給うた所に応じて各自の本分を果たすことを、事実によって(virtually)命じ給うた。われわれは人類全体に対して義務を負っているが、その義務は自由意志に基づく特定の契約の所産ではない。それは、人と人との関係および人と神との関係という、選択の余地のない間柄に由来する[67]」。

伝統主義の立場に立つバークにおいては、慣行的基本法と異なった、またはそれを全く超越した自然法ないし神法は何ら実質的内容を持たないのであって、右の言葉も、自然法には慣行法以外の部分があるという含みを持つのではなく、慣行法は自然法の現象として把えられているのである。この意味において、「バークにとって自然法の精神は、イギリスのコモン・ローを規制する衡平の法原則に体現され、法的な先例と慣行の形をとって継承されていくものであった[68]」というスタンリスの解釈は正しい。このように見る時、バークが一見慣行法と対蹠的な自然法のタームに訴えるのは、実は慣行法を自然法化し、伝統を神法化する目的を果たすのであり、このことは、バークにとり慣行的基本法が自然法的ないし神法的な妥当性と自明性とを有していたことを示すものに他ならない。コバンの明快な分析を借りるならば、「ロックは、彼が樹立しようとする政治原理の哲学的基礎として自然法を用いたに過ぎないが、バークの場合には、神の法が人間の実定法に直結する。……バークはロックの自然法を、神定法と人定法という二つの相異なった、だが密接に関連し合った概念に分解することによって、自然法の機能をほとんど逆転してしまった。元来神定法は完全ではあるが、その内容は容易に確定しえないものであり、他方人定法は、極めて確定した内容を持ってはいるが、到底完全性を期し難い。この二法を頗る巧妙に結びつけることによって、バークは人定法の全体系を神定法の権威によって正当化することができた」[69]。このようにして、自然法意識は実定秩序を変革する契機ではなく、伝統的体制を永遠化する機能を持つことになったのであり、これは、名誉革命を伝統化するバークの立場を端的に示している。

こうして、体制そのものは自然法ないし神法の領域に属し、それらによって「聖別」されていると意識される結果、体制そのものを問う者は、バークの眼に道徳的な悪と宗教的な罪とを犯す者として映じ、従ってこうした者に対するバークの反応の仕方もまた、道徳的および宗教的とならざるをえない。これをケナン以来普及された表現に倣って呼べば、「政治に対する道徳的・宗教的アプローチ」と言ってよい。事実『省察』以後のバークの著作に現われた、道徳的・宗教的タームでの攻撃、罵詈等はほとんど枚挙にいとまがないほどである。

こうした道徳的・宗教的アプローチから、いかなる帰結が生ずるかについては、多言を要しないであろう。すなわち第一に、このアプローチは必然的に、動機の論理と心情の論理を内包しているから、フランスの革命政府指導者は、この点からも悪意、陰謀、堕落といった刻印を押される。だが第二に、より重要なことは、こうしたアプローチは善悪正邪のタームによる一刀両断的な思考様式をとり、従って唯一の解決策は妥協ではなくして絶滅であるとされる。つまり善は悪に勝たねばならず、善と悪との均衡、悪とより小さな悪との考量といった発想はそれ自体悪とされる。従って第三に、ここでは〈状況的相対主義〉の活動の余地は全くなく、イギリスの体制がそのまま普遍化され、状況を無視した〈体制の輸出〉が正当化される。これが、革命フランスの側からする現実の侵略の有無にかかわらず、バークが干渉戦争を唱えるに至った理由に他ならない。

なるほどバークは、干渉戦争に言及した書簡の中で、革命フランスをいかにして治癒するかという質問に答えて、「状況を顧慮せずに計画を述べることこそ、正に貴下ら〔フランス国民〕の一切の不幸の原因である[70]」と記して回答を固辞しており、モーレイは、バークのこのような態度を称讃し、その反面で、そうした態度が放擲されてしまったことを惜しんでいる[71]。だが少し仔細に検討してみると、バークが控えた判断は、個々の具体的な立法や制度についてのものであって、身分社会、特権的財産権、王政等の回復は、むしろ「手初めの」前提とされている[72]ことが直ちに明らかとなるのである。従ってバークの判断中止そのものが、実はモーレイの論点とは逆に、バークの状況的相対主義があくまでも政策の分野に止まり、体制については一点の変更も認めないものであることを示していたのである。

これを換言すれば、バークの優れた状況的相対主義も、もしそれが体制の原理そのものへの挑戦者が現われた状況においても同じように主張される場合には、実は体制の問題を政策の問題にすり替えることにより、自己の体制を自明のものとして主張するものであって、その限りにおいては、この状況的相対主義こそ、状況を無視した「思弁」に堕していると言わなければならない。すなわち、バークがその体制の実質的根拠を不問に付することは、それ自体その体制の肯定と革命の否認とを含意しているのであるから、いわんやフランス革命との対決において、イギリス憲法を絶讃し、革命フランスの体制を否認して、遂には干渉戦争の唱道にまで及ぶことは、いわば国際的な画一化の強行を意味することになる。この意味では、「私は他の人々と同じように正しくフランスの実状を知っているなどと大それたことは言わない。しかし私は生まれてから此の方、人間性を知ることに努力を払ってきた」[73]という、やや「思弁的」な言葉の方が、バークの思惟様式を極めて象徴的に表示していると言えよう。

以上において、バークがフランス革命に際しなぜその優れた状況的相対主義を放擲し、革命フランスの側からする現実の侵略の有無にかかわらず逸早く反革命干渉戦争を主張したのかという点を問題とし、その理由を、バークの伝統主義的思惟様式において政治体制が自然法ないし神法化される必然性が構造的に存在する点に求めた。あえて繰り返すならば、ここで重要なのは、伝統的体制の実体でもなければ神法ないし自然法の実質でもなく、体制の自然法化という思惟様式なのである。

ところで以上の問題提起と叙述との前提になっていたのは、当時国際関係において現実に革命フランスからの侵略の脅威がなかった、ということであった。確かに厳密な意味での国家間の関係の面で、一七九一年一月、バークが『国民議会の一議員への書簡』を書いた当時には、英仏関係にフランスの側からの侵略は存在しなかった。しかし、バーク自身は明らかに侵入の脅威のみならず、その事実をも感じていた。すなわち冒頭に記したように、バークが『省察』の執筆を最終的に決意するに至ったのは、一七八九年一一月四日、革命協会の祝賀会においてプライスがフランス革命を祝福したことを契機としてであった。換言すれば『省察』は革命協会などリフォームを主目的として結成されたイギリスの諸団体と、フランスの国民議会とを無差別に扱って反論を加えたものであり、その際バークはフランス革命を明らかに世界革命と見なしていたのであった。その点から言えば、バークが国家に対する外国の侵略を感じていたと言うよりは、イギリスの体制に対する侵蝕の脅威をひしひしと感じていたと言う方が正確であるかもしれない。だがバークの思想の特質は、彼にとってこうした侵略と侵蝕との区別が存在せず、体制の侵蝕は国家の侵略に等しいという点にこそあるのであって、だからこそ、外からの侵略が実在しなくとも国際的な国家行動としての干渉戦争を主張するに至ったのである。こうしてイギリスの国内体制への脅威に対抗する反革命を、干渉戦争を通じて国際化するという方式を踏む点に、フォックスやピットと異なったバークの立場の特異性があった。

だが、バークにとり直接の関心はイギリスの国内体制への挑戦でありながら、またフランスの側からの国家としての侵略が存在しないのにもかかわらず、イギリスの側から積極的に反革命を国際化して国家としての干渉戦争に訴えることをバーク自身が正当化できるためには、イギリスがその体制擁護のために干渉戦争を開始すること自体は侵略を構成しないということ、つまりそうした干渉戦争を侵略と認めないのが国際社会の原理であるということを前提としていなければならないであろう。バークがイギリスの体制を擁護する仕方の中に、〈体制の輸出〉の主張に至る必然性が内在するとしても、バークの国際社会観がこうした〈体制の輸出〉を否認するものであれば、彼はイギリス内の反体制勢力を国内問題として処理するなり、あるいはフランスに対しては「封じ込め政策」をとり、そこに生ずる均衡がフランスによって破られた場合に初めて防衛戦争に訴えるなりするに止まったであろう。従って残された問題を要約すれば、バークにとって、反革命イデオロギー戦争を、単にイギリスの体制の原理のみならず国際社会の原理に基づいて正当化することが果たして可能であったか否か、もし可能であったとすればそれはいかにしてであるか、ということである。

（1）*Letter to the Sheriffs of Bristol*, WK, II, p. 234.

（2）*Reflections*, p. 84. (Clark, 251)

（3）*Appeal*, WK, IV, pp. 166–7.

（4）*Reflections*, p. 165. (Clark, 340)

（5）Riesman, D. and N. Glazer: "Criteria for Political Apathy", in Gouldner, A. W. (ed.): *Studies in Leadership*, 1950, p. 513.

（6）Cf. Strauss, L.: *Natural Right and History*, 1953, p. 315. こうした決定論的オプティミズムは次の言葉にも見られる。「わが憲法の諸部分は、長い時間をかけて、漸次、そしてほとんど気付かない間に、相互に適応し合い、また各部分独自の目的のみならず全体に共通の目的にも適合するに至った。」*Member of the National Assembly*, p. 280. WK, IV, p. 50.

（7）*Appeal*, WK, IV, p. 166.

（8）人間性の完成手段としての国家という、アリストテレスに連なる観念を示す一例として――「人間の力によって完成されるべく人間に本性を賦与し給うた神は、同時に人間性の完成に必要な手段をも定め給うた――すなわち神は国家の必要を認められたのである。」*Reflections*, p. 95. (Clark, 262)

（9）Morley, J.: *Burke*, 1888, pp. 19–20.

（10）A *Vindication of Natural Society*, WK, I, p. 66. (Harris, Ian (ed.): *Edmund Burke: Pre-Revolutionary Writings*, p. 57). Cf. Utley, T. E.: *Edmund Burke*, 1957, p. 17. すでに学生時代から現われていたバークの反合理主義の例については cf. Samuels, Arthur P. I.: *The Early Life, Correspondence, and Writings of the Right Hon. Edmund Burke*, 1923, pp. 29–30.

（11）*Reflections*, p. 84. (Clark, 251)

(12) *Ibid.*, pp. 95-6. (Clark, 263)

(13) *Speech on the State of the Representation of the Commons in Parliament*, WK, VII, p. 95.

(14) *Reflections*, p. 178. (Clark, 352)

(15) Halévy, E.: *La formation du radicalisme philosophique*, 1901, t. 2, p. 15.

(16) *Speech on the State of the Representation*, WK, VII, p. 94. また別の箇所でバークは、イギリス憲法を構成する君主政、貴族政、民主政、国教会のいずれをも「われらの伝習観念」と呼んでいる。*Reflections*, p. 88. (Clark, 256)

(17) *Observations on the Conduct of the Minority*, WK, V, pp. 45-6.

(18) *Corr.*, VI, p. 95, to Captain Thomas Mercer (26 Feb. 1790).

(19) Mannheim, K.: "Das Konservative Denken", *Archiv für Sozialwissenschaft und Sozialpolitik*, Bd. 57, 1927, S. 86.

(20) ここでバークの思惟様式を「伝統主義的」と規定し「保守主義的」という通称を避けたのには若干の理由がある。周知のようにマンハイムは伝統主義と保守主義とを区別し、前者によって心理的な態度を、後者によって歴史的なイデオロギーを意味しているが、本稿で用いる「伝統主義」はそれ自体イデオロギーであって、この区分に即応するものではない。強いてマンハイムの区別に従うならば、バークの言う「伝習観念」の実体が前者に相当し、また本稿で「伝統主義」と呼ぶものは「保守主義」の一形態を意味すると言ってよい。それはともかく、近代リベラリズムのインパクトに対応する、伝統的価値体系の自覚化の所産である象徴を仮に一括して保守主義と総称する場合、本稿のようにバークの思惟様式を「伝統主義的」保守主義と規定する根本的な理由は、すでにマンハイムやマイネッケが示唆しているように、バークの「歴史」意識の本質が「連続性」の契機に求められる点にある。Vgl. Mannheim: *ibid.*, S. 127; Meinecke, F.: *Die Entstehung des Historismus*, 1936, Erster Band, S. 298 f. その端的な例は、社会的価値を「世襲財産《インヘリタンス》」のタームで根拠づける発想である。この点では、イギリスに関してさえ、バークを「保守主義者」と呼ぶことには留保が必要なのであって、伝統のタームによるエコノミカル・リフォームの域を出られなかったバークの伝統主義的保守主義と、一八三四年の「タムワース宣言(Tamworth Manifesto)」で、既成事実としてのリフォーム・アクトを、伝統のタームに還元することなしに受容したピールの近代的保守主義との間には、大きな飛躍があると言わねばならない。またこうした「連続性」の契機を特質とする以上、バークの伝統主義的保守主義が、ドイツを主要舞台として登場したロマン主義的保守主義および歴史主義的保守主義とも著しく異なることは明瞭であろう。なお Kirk, R.: *The Conservative Mind*, 1953, p. 37 をも参照。

(21) *Appeal*, WK, IV, p. 209.

(22) *Speech on Conciliation with America*, WK, II, p. 145.

(23) *Reflections*, p. 35. (Clark, 189)

(24) *Ibid*., p. 162. (Clark, 337) バークが伝統と効用との二つの範疇を一応区別していたことは次の言葉にも明らかである。「卿らの憲法は悪法であると言う者に対し、われらの憲法は古今不変であると答えても、それは十分な反論にならないことは確かであります。不変性をもってする主張は、ただ憲法が古法から逸脱堕落したとの主張に対してのみ回答たりうるのであります。卿らの憲法は悪法であると言う人々に対し、私はこう答えるでありましょう。『この憲法がもたらした効果に着目せよ』と。一切の社会的機構の価値は、それがもたらす道徳的所産によって測られるのであります。」*Speech on the State of the Representation*, WK, VII, p. 96.

(25) Cf. Stanlis, Peter J.: *Edmund Burke and the Natural Law*, 1958, p. xi.

(26) *Reflections*, p. 84. (Clark, 251)

(27) *Speech on Conciliation with America*, WK, II, p. 125.

(28) *Speech on American Taxation*, WK, II, p. 73.

(29) *Speech on Conciliation with America*, WK, II, p. 180.
(30) *Appeal*, WK, IV, p. 136.
(31) *Ibid*., p. 149.
(32) 「保守主義」のディレンマについて、この点のみを一面的にとり上げている例として Huntington, S. P.: "Conservatism as an Ideology", *American Political Science Review*, vol. 51, June 1957, pp. 458–9.
(33) *Appeal*, WK, IV, pp. 207–8.
(34) *Reflections*, pp. 161–2. (Clark, 337)
(35) *Ibid*., p. 23. (Clark, 175)
(36) *Ibid*., p. 135. (Clark, 309)
(37) Cf. *Ibid*., p. 193. (Clark, 366)
(38) *Ibid*., p. 77. (Clark, 243)
(39) *Appeal*, WK, IV, p. 79. 家族愛という伝習観念の拡大として祖国愛を考えるバークは、ルソーを指して、「人間一般を愛するが近親を憎悪する者」と呼び、またルソーの思想を実践する革命政府の思想家は「人類全般に対する慈愛と、顔見知りの具体的個人に対する酷薄無情さと」の持主であると糾弾したが、これはルソーおよび革命フランス下の国民意識の特質の一面を衝いたものとして、またそれとの対比においてバークの国民観を浮彫りにしている点で興味深い。*Member of the National Assembly*, pp. 265, 263. (WK, IV, pp. 29, 27)
(40) *Reflections*, p. 58. (Clark, 219)
(41) Laski, H.: *Political Thought in England*, 1948 imp., p. 10.
(42) *Reflections*, p. 243. (Clark, 414)
(43) *Conciliation with America*, WK, II, p. 169.

(44) *Appeal*, WK, IV, p. 81.
(45) *Speech on American Taxation*, WK, II, pp. 70, 72.
(46) *Address to the King*, WK, VI, p. 165.
(47) *Reflections*, p. 154. (Clark, 329)
(48) *Ibid*., p. 158. (Clark, 333)
(49) *Ibid*., p. 157. (Clark, 332)
(50) *Ibid*., pp. 19-20. (Clark, 170)
(51) *Ibid*., p. 31. (Clark, 184)
(52) *Ibid*., p. 153. (Clark, 328)
(53) *Ibid*., p. 243. (Clark, 414)
(54) *Address to the British Colonies*, WK, VI, p. 193.
(55) *Reflections*, p. 51. (Clark, 211)
(56) バークによれば、「イギリス国民の間にも多少の危惧と不満がない訳ではないが、その原因は憲法体制にあるのではなく、彼ら自身の行動にある」。*Reflections*, p. 243. (Clark, 413)
(57) *Reflections*, p. 58. (Clark, 220)
(58) *Ibid*., pp. 58-9. (Clark, 220)
(59) *Appeal*, WK, IV, p. 210.
(60) *Ibid*., p. 183.
(61) Ortega y Gasset : *The Revolt of the Masses*, (Mentor) p. 11.
(62) *Member of the National Assembly*, p. 248. (*WK*, IV, p. 6)
(63) バークにおいて「理性」という言葉は多義的に用いられているが、これをパーキンのように大体三つのレヴェルに要約することができる。第一は抽象的理性で、「裸の」「算術的」「幾何学的」「形而上学的」理性と呼ばれ、ヘーゲル流に言えば悟性に相当する。第二は具体的理性で、「道徳的」「精神的」「叡智」と呼ばれるもの。第三は、しばしば大文字のNatureと等置される理性で、超人間的な精神および自然の秩序を意味し、ここでは理性、自然、歴史、神の摂理は一致する。この中の第二の「具体的理性の本質は、より高次の理性の存在を承認し」、自己の限界を自覚する能力にある。Parkin, Charles: *The Moral Basis of Burke's Political Thought*, 1956, pp. 109 ff. さらに付言すれば、バークにおいてこの「具体的理性」がエリート(「本然の貴族」)の認識形態であり、民衆の認識形態は「伝習観念」であると言える。

(64) *Remarks on the Policy of the Allies*, WK, IV, p. 449.

(65) *Reflections*, p. 155. (Clark, 330)

(66) *Ibid.*, p. 148. (Clark, 322)

(67) *Appeal*, WK, IV, pp. 165-6.

(68) Stanlis: *op. cit.*, p. 38.

(69) Cobban, A.: *Edmund Burke and the Revolt against the Eighteenth Century*, 1929, pp. 42-3.

(70) *Member of the National Assembly*, p. 274. (WK, IV, p. 42)

(71) Morley, J.: *op. cit.*, pp. 185-6.

(72) Cf. *Member of the National Assembly*, p. 274. (WK, IV, pp. 41-2)

(73) *Reflections*, p. 133. (Clark, 306)

第四章　ヨーロッパ体制

一　フランス認識

フランス革命に対するバークの反応は、時間を追って微妙に変化した。この経緯は第一章でも述べたが、ここでは、とくにバークの国際認識に焦点を据えて、たどってみよう。

一七八九年八月九日、在ダブリンのチャールモント伯宛てに認めた書簡に、バークはこう記している。「当地の様子を申しますと、わが国自身についての思考を一時停止し、強敵である隣国で示された素晴らしい光景に驚愕の目を見張っている状態です――何と見事な観客、何と見事な役者たち！　英国は、フランス人の自由への闘いに、ひたすら驚きの目を向けるだけで、これに非難と称賛のどちらを送るべきか判断のすべがない、というのが実情です。私はこの数年、この種のことが進行していると見てはきたのですが、この事態には何か不条理で不可解なものがあります。ここに見られる精神は称賛する以外にないのですが、しかし同時に、パリ市民の昔ながらの凶暴性が、衝撃的な形で表出しているのです。……もしこれが偶発事件でなく本領を示すものだとすれば、あの連中は自由には適さないのであり、革命前の支配者並みの強力な権力による強制が必要となるのです。[1]」

このようにバークの当初の反応は、驚嘆と不安が交錯するアンビヴァレントな困惑であり、また関心の焦点はフランスに限られているという、二つの特徴をもっていた。ついで九月に、彼はフランスの旧知の友人が農村での暴動とパニック（大恐怖 Grande Peur）について記し、息子リチャード・バーク宛てに送った手紙に接していた。さらに一〇月の民衆と国民衛兵による「ヴェルサイユ行進」、一一月初めの国民議会による教会財産国有化決定をへて、同月一二日のフィッツウィリアム伯宛ての書簡ではこう述べるようになった。

「フランスは解体し、きわめて長期にわたり復旧不能となりましょう。これは誠に遺憾と言わざるをえません。私は、もちろんフランスが穏当な境界内にとどまることを願います。すなわち、わが国の利害からして、またおそらく人類の利害からして、フランスがヨーロッパに専制支配者として君臨するような事態が起こらないことが不可欠です。しかし、このヨーロッパ体制（Western System）の心臓部にある、この偉大な文明国が政治的に完全消滅することは、ヨーロッパ全般のみならず、とくにわが国に、多大の支障をもたらすと思われます。(2)」

ここでは、フランス内だけでなくヨーロッパへの影響に視野が拡大されているが、しかしそこに見られるのは、フランスの旧体制の崩壊が、同時に、国際政治上の有力アクターとしての消滅につながり、ヨーロッパの勢力均衡を崩すことへの危惧である。こうしたフランスの弱体化を、危惧するか歓迎するかの違いがあるにせよ、フランス革命の影響を、まずこうした権力政治の視点からとらえる見方は、当時のヨーロッパ旧体制支配層に共通のコンヴェンショナルな発想だった。(3)

また同じ一一月に、後に『省察』の宛先として記されることになるフランスの若い知人への書簡で、バークは革命フランスの体制について、臣民の自由、財産、安全、また立法・司法などの制度の観点から初めて総括的な批判を加え、もしその体制がバークの擁護する「原理や精神に立脚していないのであれば、貴殿方の獲得した自由を祝賀するのをしばし控えなければなりません。貴殿方は革命を行なったかもしれませんが、改革を行なってはいません。君主制を破壊したかもしれませんが、自由を回復した訳ではないのです」と記している。[4]この書簡は、後日の彼のフランス革命全面批判の嚆矢をなすものとして重要だが、焦点はフランスの国内体制にしぼられている。

　翌九〇年一月の後半、バークは二つの挑戦に直面した。一つは、第一章と第三章に記したように、前年一一月、名誉革命を記念したロンドンの「革命協会」の年次集会で、非国教徒牧師プライスが市民の平等の自由権、宗教的寛容の徹底を主張する演説を行い、また協会としてフランスの国民議会に革命を祝うメッセージを送ったが、その後公刊されたこの説教を、バークはこの一月に読んだのである。ここで、名誉革命の延長としてフランス革命を祝賀するという、バークにとって最悪と受け取られる形でフランス革命に共鳴する人々が、イギリスの中に現われたのだった。

　もう一つは、かねて面識のあったトマス・ペインのパリからの来信である。ペインは、かつてアメリカ革命に宥和的だったバークはフランス革命にも同情的だと思い込んで、「フランスでアリストクラートという言葉は、アメリカでのトーリーという言葉と同じように使われています」[5]と述べ、ついでフランスで事態が円滑に進んでいることを記した後で、こう書いている。「フランスでの革命は、ヨーロッパで今後起こるいくつもの革命の先触れであることは間違いありません。政治的観点から言えば、それは他の国の国民(Countries)と手を結び、宮廷とは手を切るという、新しい様式の同盟の形成なのです。」[6]ここでは、アメリカ革命がフランス革命を介してヨーロッパの世界革命に通じるという思想をいだく、これもバークにとって許し難い存在が現われたのだった。

　こうした背景の下で、バークはこの時期に『省察』の執筆を決意したと言われている。この時点で彼のフランス革命否定の基本姿勢が確定した。そして彼は、それまで私信にとどめていたフランス革命批判を、二月九日、軍事予算をめぐる議会討論で公式に表明し、フランス革命に好意的な発言をしたフォックスへの異議という形で演説を行なった。その中で彼は、フランスは弱体化し、ヨーロッパの勢力均衡システムという権力政治の点では脅威ではないとした上で、こう述べている。

フランスへの警戒が必要な理由には「その軍事力と、モデルとしての影響力とがあります」。「それと同類のルイ一四世は、強力な軍隊、完璧な専制政治、苛烈な宗教的不寛容を体現していたが、かつて専制政治、同類の不相応な華麗さの追求、また同じく国民の能力を超えた過大な常備軍への愛着が、ヨーロッパのすべての宮廷に浸透したのでした。とくに、時のイギリス国王だった二人のチャールズと二人のジェームズは、隣国の政府に惚れ込み、王権の威光に酔っていたのです。……この伝染病が、国王以外に広がらなかったことは幸いでした」。今日、病名は変わり、フランスの無慈悲な専制政治のモデルに代わって、「アナーキー」というモデルの浸透力がもつ危険が迫っている、とバークは言う。(7)

その上、バークはこの時期から、フランス革命反対を感情的表現をまじえて強硬に主張するようになるのだが、(8)それには二つの契機があったと考えられる。第一に、フランス革命あるいは「世界革命」とは言っても、何よりもそれが自国イギリスに浸透することが、彼の強い危機意識を生んだのだった。第二に、フランス革命への共感が、バークがこれまで議会政治家として行動を共にしてきたホウィッグの中にまで浸透し、とくにバークと互いに敬意をいだいてきた領袖フォックスがフランス革命を称賛する発言を続けたことが、彼の危機感と激情を掻き立てたのだった。(9)これは翌一七九一年五月の議場での公然たる絶交宣言にまでいたる。(10)

以上の経緯に見られる彼の思考については、二つの特徴を指摘することができる。一つは、イギリスの体制を軸とする強烈な防衛意識であり、もう一つは、その反面としてのフランスの旧体制の擁護と美化である。

まず第一について見れば、バークにおいては、イデオロギー的な反革命と、イギリスの国家利益の防衛とは不可分に重なっている。その両面を凝縮するのが、彼にとっての「イギリス憲法体制」であり、それは国家＝体制を表わす。彼の思考においては、名誉革命体制は不変であって、体制が変わってもイギリス国家がアイデンティティを保つことはありえないのであるから、国家と体制とは一体である。したがって、彼が反革命的イデオロギーの言葉で語る時も、それ自体、彼の考えるイギリスの国家利益の主張であり、一見「世界革命」に原理的に反対するような言説を展開する場合にも、それは第一義的にはイギリスの国家＝体制の擁護を主張しているのだった。そこには、「ヨーロッパ」という言葉で、実は、しばしば自覚されない「イギリス」中心的な視座が表出する。それは例えば、よく指摘されるように、『省察』がフランスの知人宛てという形をとりながら、イギリス内のプライスなどへの反論に冒頭から相当の紙数を割いていることにも示されている。[11] また同書刊行直後の書簡で、彼は自著について、「実のところ、私の第一の対象はフランスではなく、わが国なのです」と書いている。[12] バークにとって、フランス革命モデルをイギリスに投映するかのように見えるプライスなどの言動こそ、危機の根本である。なぜなら、イギリスの体制こそ、フランスのモデルであるべきだからである。

彼は『省察』でこう述べている。「私は、わが同胞がイギリス憲法体制を隣国の人々に模範として推奨すること、そしてわれわれ自身の体制の改善のために隣国をモデルなどにしないことを願っている。わが同胞は、その憲法体制の中に、計り知れない宝を所蔵しているのである。もちろん同胞たちにも、多少の危惧と不満がない訳ではない。しかし、その原因は、憲法体制にあるのではなく、彼ら自身の行動にあるのだ。[13]」

またバークは、革命フランスのイデオロギーがイギリスに浸透する危険は少ないとするピットなどの見解に反論して、「私は、フランスを無視することは絶対にできません」。なぜなら、革命政権がフランスで成功するか、一時的にせよ安定するなら、その影響を無視することはできない。「イギリスの憲法体制への挑戦と勝敗の帰趨を決する場は、イギリスではなくフランスなのです。」[14]つまり、裏返して言えば、イギリスの体制はフランスで勝たなければならないのである。

このようにバークはイギリス憲法体制を基軸とする発想に立脚したからこそ、フランス革命に対して逸早く敏感に反応することになったと言ってよい。すなわち、第一章でもふれたように、バークがフォックスやピットなどの政治家や他の思想家に先んじてフランス革命の原理に対し早期に批判と警告を発したことを取り上げ、その洞察力を称賛する意見が少なくない[15]し、それは誤りではないが、しかしバークが、このように、そもそもフランスでイギリス・モデルが支配すべきだと考えていたとすれば、革命への反応が早かったのは当然だと言うべきだろう。つまり、彼の反応の敏感さは、彼の洞察力の所産であるだけではなく、彼の思考の内容の帰結でもあったのである。

さらにその敏感さは、彼がイギリスで置かれていた政治的位相の所産でもあったのであり、彼の反応の早さには、イギリス内での政治的な経験という文脈と背景があった。ここでは次の二点に着目しておきたい。

㈠　バークのフランス革命批判の基軸をなすのは、個人の自然権否定の思想であるが、この個人の自然権の主張は、一七七〇年代から非国教徒を中心に、選挙権拡大を目指すパーラメンタリー・リフォームの運動としてイギリスで展開されていた。これに対して、第二章三でも言及したように、バークはすでに一七八二年に、議会を個人の代表と考える、この議会制度改革運動を「アナーキー」に直結するもの」と断じて、それへの反対の立場を明確にしていたのである。[16] その意味で、思想という点では、彼のフランス革命批判は一七八九年に始まったのではなく、その礎石は、すでにこの時期に敷かれていたと言ってよい。そして今や、こうした国内の改革運動が新たにフランスの革命とリンクするにいたったという認識から、バークは逸早く危機感を表明することになったのである。

(二)　もう一つは、フランス革命への強い共鳴現象が、ヨーロッパの他の国々以上に、バークの膝元であるイギリスで表面化したことである。これはしばしば「イギリスでのフランス革命問題」と呼ばれる現象であり、その限りでバークが敏感に反応したのには理由がある。しかし、実はイギリスでの共鳴は、議会政治の枠内での野党ホウィッグの多数の声として現われ、また議会制度・選挙制度改革要求の運動という姿をとったのであり、その意味で議会政治が機能しているからこそ、大陸諸国とは違って、時を置かず公的な言説として公然化することが可能だったのであった。[17] 換言すれば、体制批判の声が体制改革の枠内であげられた点にこそ、バークの認識とは反対に、フランスと異なるイギリスの体制の強みがあったのである。しかし、皮肉にも彼は、まさにこれをイギリスの体制への重大な脅威と受け取り、その結果、震源地フランスの革命に敏感に反応したのだった。[18] その反面で、イギリスの文脈での彼のこうした強い反応は、やがて、およそ立憲主義的議会政治に無縁な大陸の反革命勢力によって、強力な支援の声と受け取られるようになっていくのである。[19]

ところで、このようにバークがフランス革命をイギリスの体制の否定と受け取り、イギリスの体制について過剰なまでの防衛意識を示したということは、第二にその反面で、明示的・黙示的にフランスのモデルとしてイギリスの体制を投映することにつながり、それはまた、革命によってトータルに否定されたフランスの旧体制をイギリス・モデルと同一化し、それを全面的・無差別的に擁護することにつながる。

　バークは、例えば前出の軍事予算をめぐる議会演説で、彼が高く評価するモンテスキューの思想を拡大解釈し、そこで描かれているイギリスの体制像を念頭に置いて、こう述べる。「フランス人は、国家に秩序を与え、着実な方向づけをすることに寄与する、均衡と相互牽制のさまざまの仕組みを、すべて破壊することから始めたのです。……こうした均衡の仕組みは、きわめて古くからフランスの体制の、またわが国の体制の、そしてヨーロッパのすべての国の体制の骨組みをなしていたのであります。[20]」

　これは、前述したようにルイ一四世を「完全な専制主義」「専制的圧政」と呼び、それがヨーロッパのすべての宮廷に浸透したと、同じ演説の中で語ったことと首尾一貫しない。バークは、彼自身が『新ホウィッグから原始ホウィッグへの訴え』で正当化したように、その政治的状況主義に立脚して、異なった時点や場面で力点を変えるという点で「首尾一貫」しており、そこには評価すべき点があることは第二章六で述べたが、しかしこの場合は、同じ演説の中で、つまり同じ時点の同じ場面で矛盾する発言をしている。にもかかわらず、もしここに一貫している点があるとすれば、それは、均衡の体制と、絶対主義的専制支配の体制とのいずれもが、革命フランスの体制と正面から対立する点では共通するということであろう。だが、まさにここに、革命フランスに対立するというだけの理由で旧体制を無差別に肯定するという問題が生じる。

　これを端的に示す一例は、マリ・アントワネットについての、次のようなバークの「有名な」賛辞である。「私が、当時は皇太子妃だった現王妃をヴェルサイユで見たのは、今から一六、七年前のことであった。彼女がかすかに触れて立つこの地上に、これに優る心躍る光景が現われたことは未だかつてなかった。彼女は地平から舞い昇るようにして、周囲の高みをきらめきと歓びで満たしていた――いのちと華やぎと歓喜にあふれた、明けの明星のように輝きながら。だが、なんという革命か。あの飛昇と、この転落とを冷静に見つめるには、どんな心を持てばよいのか。[21]」

バークは、これを含む『省察』の草稿を、旧友フィリップ・フランシスに見せた。フランシスは、もしバークが彼女は完全な女性だと言いたいのなら、彼女の美徳を明示すべきだし、彼女の罪は無実だと言いたいのなら、彼女の魅惑を述べるのでなく反証をあげるべきだと指摘し、「貴殿が王妃について言うことは、虚飾にみちた言辞にほかならない」と評した。だがバークは、あの華麗さと「ヴェルサイユ行進」の屈辱との落差を想うにつけ「私の涙は溢れ、私の用箋を濡らす」としてこの忠告を受け入れず、ついに絶交を宣した。[22]旧体制の無差別の肯定は、ここにいたって戯画化の域に達するのである。[23]

この革命で失われたのは「古来の騎士道」の精神だとするバークは、さらに議論を拡大してこう述べる。「この精神こそが、近代ヨーロッパ(modern Europe)の特質をなしてきたのだ。この精神こそ、アジア諸国や、おそらく古代世界の最も輝かしい時代に繁栄した国々とも異なった、近代ヨーロッパのすべての形態の政府の特徴と優位性とを生み出したのだ。この精神こそ、身分の違いを乱すことなく高貴な平等をもたらし、それを社会生活のすべての階級の下層にまで浸透させたのだ。この思想こそ、国王と臣民との距離を同輩格へと縮め、無冠の人々を国王の仲間へと格上げしたのである。[24]」

これは、旧体制の肯定というよりロマン化という他ない。[25]

これ以降バークは、フランス革命に対抗するために、ヨーロッパ諸国の反革命大同盟の提唱へと進むことになる。しかし他方、バークがイギリスについて警鐘を鳴らしたほどに目立つ革命同調勢力がまだ自国内に現われていない諸国の支配層は、フランス革命をフランスの弱体化ととらえる権力政治的な視点に立っており、そうした視点での個別利害の計算で動いていた。とくに、オーストリアとプロイセンとの対立の構図は消えず、プロイセンとロシアとはポーランドをめぐって抗争し、オーストリアはフランス革命よりもオスマン・トルコとの対立を優先課題としていた。

そうした実情をふまえつつ、バークは反革命大同盟の必要を力説するのだが、同盟の必要を権力政治の論理で訴えることは難しい。なぜなら、それは、それぞれの当事者による個別国家利益の追求を正当化し、したがって大同盟の不必要性と不可能性を認めるという意味を持ってしまう。フランスからの権力政治的脅威という認識が各国に共有されない限り、それは避けられない帰結である。そして現に、革命の勃発によって、フランスは権力政治面では弱体化していたし、またそのような認識が広く共有されていたのだった。だがまさにそうであればこそ、バークとしては、反革命イデオロギーを個別国家を超えた普遍性の言葉で力説することになる。そのことがどこまで意識化されていたかは別にして、彼が、革命フランスの特質は「アナーキー」にあると繰り返し強調したことは、それが、すべての政治権力の否定であり、いかなる体制の権力にとっても脅威であることを訴えるという意味を持っていた。[26] こうしたレトリックは、フランス革命を「すべての宗派、すべての宗教に対する戦争」だとして、革命の指導者を無神論者と断定して糾弾し続けたことにも現われている。[27]

またこうした旧体制の全面的・無差別的肯定の立場をとる以上、バークがフランス革命勃発の歴史的理由を理解できなくても当然だということになろう。しかし、これはバークが革命前のフランスについてもっていた情報や判断とは、一見したところ整合的ではない。

すなわち、第一章の注(104)でも述べたように、バークはすでに一七六九年にフランスの財政危機を詳細に分析しており、そこでこう予想していた。「フランスの事態について、いくらかでも注意を払い、情報をもった人であれば、このシステムの全体に、何か並々ならぬ大異変が起るという予想が、その念頭から離れないに違いない。これがフランスに、いやヨーロッパ全体に及ぼす影響は、推定の域を越えている。[28]」

またバークは『省察』の中で、フランスで金融業層(monied interest)および政治的文筆家層(political men of letters)と、国王・教会・貴族などの土地所有層(landed interest)との間に断絶を生じたことを、革命の背景としてあげた。[29] 彼は、とくに前者による教会土地資産の没収をきびしく指弾したのであるが、そうした解釈の当否は別にして、とにかくここでは、革命の正当性は否認しながらも、そこに因果性を認めていた。だが、その二年近く後、一七九一年一二月執筆の『フランスの事態についての見解』では、貴族の排他的な精神が、他の富裕層の反感を買ったという意見を保持しつつも、「商業や経営を担う人々が軽侮の目で見られたという、私が信じ込まされていた説は誤り」であり、「文筆家層が軽侮あるいは軽視されるなど、事実に程遠い」どころか、フランスほど彼らが尊敬や愛顧を受けた国は世界にない、と言うにいたった。[30]

ここでは、フランス革命の背景としての階層的対立が何であったかは問題ではない。またバークのフランスについての知識が、とくにフォックスなどに比べて、決して乏しくなかったということも問題ではない。バークが、フランス革命の進行とともに、このように意見を変えることによって、革命の因果性の視点を放棄し、革命勢力の思想的な瀆神や背理、道義的な悪徳と背信、強権的な暴力と抑圧といった「悪」の糾弾という、モラリスティックな視点にますます傾斜していったことが焦点なのである。後年になるほどバークはフィロゾーフなど政治的文筆家層が、教会や聖職者が支えてきたマナーズ(manners)や道徳を破壊することの危険を強調していることをポーコックは的確に指摘しているが、[31] しかし他面で、この危険の強調自体が、問題をモラリスティックにとらえる傾向を一段と強めたことは否めない。こうして、フランス革命は、例えばアメリカ革命とは異なって、何らかの歴史的な内在的理解の対象ではなくなるのである。[32]

その結果、バークは革命勢力が歴史的・社会的な文脈を切り捨てた「人としての権利という抽象的形而上学」に立脚するとして、繰り返し激しく非難するのであるが、なぜフランスで非歴史的な原理が革命のイデオロギーとなったかの歴史的理解は放棄され、この非難そのものが「抽象的」「思弁的」になることは、第一章三、第三章六でも指摘した。

それでも一七八九年一一月には、フランスの事態についての書簡で、バークはまだこう記していた。すなわち、正義、自由といった「同じ目的を達成するのに、多くの方途があり、おそらくイギリスが辿ってきた道とは非常に異なった方式がありうるということに思い至らないほど、私は狭量ではありません[33]」。

だが、その後間もなく、こうした方法的相対主義は完全に消え去る。そして、イギリスの体制はヨーロッパの国々が範とすべき正統性と持続可能性をもつものとされ、それを基盤としてヨーロッパの同質性と、その反面としての革命フランスとヨーロッパとの異質性が強調される。革命フランスに対抗する「ヨーロッパを力強く支えるのはイギリスですが、そのイギリスとは、世界の他の国々から孤立した国ではなく」「ヨーロッパと一心同体だと自覚しているイギリス[34]」である。つまり、もはやイギリスというより「ヨーロッパ」というタームで、反革命が正当化されるようになるのである。では彼にとって「ヨーロッパ」とは、いかなる意味を持っていたのであろうか。

二　ヨーロッパ体制共同体

バークによれば、ヨーロッパの国々は「公法・国際法学者がこの諸国家の集合体を体制共同体(commonwealth)と呼んだ」ように、「事実上一つの大きい国家であり、ある程度は地域ごとの慣習や地方特有の制度の多様性があるにせよ、一般法という同一の基礎の上に成り立っている」。この共同体には、次のような共通の特性がある。

第一に、「ヨーロッパの諸国は、まったく同一のキリスト教」を共有してきたのである。バークは、ここではヨーロッパを分断した宗教戦争の歴史や、後述するイギリスやアイルランドでのカトリック問題などには立ち入らず、「儀式や下位の教義には若干の違いがあるけれども、基本部分については一致している」とまで言う。これは宗教改革以前のヨーロッパ観であるし、確かに近くはジェームズ二世へのルイ一四世の支援、ウィレム三世の渡英と名誉革命などトランスナショナルな介入や連携があったが、それが他面でイギリス国内での厳しい宗派対立と表裏をなしていたことは、ここでは消去されている。

第二は、ヨーロッパ諸国の政体や経済秩序の共通の源泉である、ゲルマン的慣習やローマ法などの遺制の共有である。

第三は、これらに基づく、君主政を典型とする身分制である。この場合、少数の国では「君主政が廃止されたが、ヨーロッパ君主政の精神は生き残っている」。つまり共和政の下でも、階級・身分社会が「そのまま、あるいは、ほぼそのまま」続いていれば、君主政以上に完全に国家の要件を充たしている、とさえバークは言う。

第四に、これらを背景に、ヨーロッパにはほぼ共通の文化(manners)と教育とくに大学教育のシステムが生まれている。したがって「ヨーロッパの市民は、ヨーロッパのどこにいても全くの異邦人ではありえない。……療養、観光、事業、やむを得ぬ事情などで自国から旅行や移転をしても、完全に外国にいると感じることはない」[35]。

一見して明らかなように、バークが描く、こうした「ヨーロッパ」の共通特性には、やや牽強付会や誇張がある[36]。しかし、もちろん彼は「ヨーロッパ」の同質性について学術論文を書いているわけではない。彼がその同質性を力説する目的は、何よりもフランス革命のイデオロギーに対して国際的結集をはかる政治的な対抗シンボルを打ち出すことにあり、その意味で、彼の言う Commonwealth of Europe は「ヨーロッパ大の体制共同体」に他ならない。それは、政治的な抗争的概念なのである。

例えば、第一のキリスト教について見れば、確かにバークは、繰り返し「ヨーロッパ」を「キリスト教世界(Christendom)」と等置する。そして、彼は宗教の重要性を終始力説するのだが、しかし彼自身の信仰告白は、論文・演説はもとより、その浩瀚な書簡集にもほとんど見られない。宗教の内容について記した数少ない文章として、彼の初期の草稿があるが、それに照らしても、彼は宗教そのものより、宗教の道徳的・社会的意味、つまり彼の言う「人と人との関係性(Relation between us)」の基礎づけに、力点を置いていたと考えられる[37]。と言って、彼が宗教の問題に深い関心を持たなかったということではない。むしろ逆であろう。なぜなら、オブライエンの言うように、母がカトリックであり、父は改宗国教徒であり、終始「隠れカトリック」の烙印を押されがちだった、アイルランド出身の政治家バークは、広く「キリスト教」と言う以上に立ち入ることを避け、信仰についての発言に用心深くなければならなかった、という複雑な背景があることも考えられるからである[38]。しかし、バークが語らなかったことの解釈はそうであるにせよ、彼が語ったことについて言えば、バークにとってのキリスト教は、第二章四と第三章六で指摘したように体制宗教であり、厳しい宗教的緊張感の貧困の故に、政治が宗教化されて反革命の一つの原動力となったのであった。こうした宗教の体制化に伴う世俗化は、彼が宗教を「慣行」ないし「習慣」として高く評価している点にも見られる。(39)したがって、それは「宗教的」というより、体制の秩序維持に不可欠と考えられた「社会的」な掟であり、「彼は神学者である前に社会学者だった」というヴィンセントの指摘は、おそらく失当ではなかろう。(40)フランス革命勢力の反宗教性に対するバークの激烈な攻撃も、「無神論」そのものよりも、教会財産国有化、聖職者の身分剝奪など、ひいては王制否定につながる体制秩序破壊に向けられていたと言ってよい。

また第二にバークが重視する法の遺制について言えば、確かにバークは若き日に書いたイングランドの法制史に関する一文において、イングランドの法についての一国史的な見方の誤りを指摘し、侵入者としてのローマ人の法的遺産には見るべきものがなかったとしても、アングロ・サクソン人のもたらしたゲルマン法の影響は重視すべきだとする視点をすでに強調していた。(41)その意味で、彼がイングランドを含むヨーロッパに共通の法的遺制の存在を指摘するのは妥当であるが、しかし彼のここでの力点は、それらの遺制から、一連の慣行権と「諸身分から成る国家が生まれた」(42)ということに置かれる。したがって、フランス革命による慣習法の否定として彼が具体的に挙げるのは、国民議会による領主の封建的諸特権廃止であり、地方行政区画の「幾何学的」改定による合理化案(43)などの事例であって、こうした措置に対する彼の厳しい非難は、旧体制とその下での特権や陋習の擁護に通じるものであった。ポーコックが言うように、「封建的および領主的な諸権利についての彼の言及は驚くほど少ない」(44)。

さらに、前記第三点の王政は、ルイ一六世処刑以後には「弑逆者」共和国との決定的な対決を叫んだバークにとって、ヨーロッパ体制の核心をなすものだった。だとすれば、イギリスのクロムウェルという弑逆者をどう扱うのか、という問題が起こる。「クロムウェルの政府は、確かにいくらか厳格だったが、新興権力にありがちな野蛮な専制政治ではなかった。国家の統率力という点で彼はチャールズ二世に劣らなかったし、優った点さえあった。法全般は成り行きに従い、見事に執行された。国王チャールズは彼を正式に免責した訳ではないが、支配権力を担ったと言うべき国民は、国王を実際上免責したのだ。……国王弑逆は国王と国民とに共通の敵であり、その故に放棄された。[45]」こうした歴史記述が牽強付会のそしりを免れないことは明らかだが、状況的オポチュニズムを重視し「真理の経済」を実践するバークは、ここでは、体制の秩序維持機能という点での同質性の持続を強調する歴史解釈を貫こうとするのである。[46]この点で、「歴史を語るバークは、イギリス史の伝統主義的な解釈と、そうした解釈そのものがイギリス史の形成に果たしてきた役割との双方を論じていた」というポーコックの指摘は鋭い。[47]バーク自身、この二つの役を意識して演じたのだった。

また、王政擁護が、ヨーロッパに現存する共和政とどのような原理的関連をもつのかは、曖昧のままに残されていた。彼は明示的には述べなかったが、その曖昧さの理由は、現存する共和国がすべて小国であり、「ヨーロッパ」の国際関係にとりマイナーな存在でしかないという、「体制共同体」の論理とは別な権力政治的な判断にあったに違いない。[48]しかし、フランスという大国の大革命に対抗する反革命を主眼とするバークの視点からすれば、そうした論理の混交を自覚するかどうかということ自体がマイナーな問題に過ぎなかったであろう。

その点をさらによく示すのは、「ヨーロッパ」に異邦人はいないという、文化の同質性の強調である。バークの表現に誇張があるにせよ、当時のヨーロッパに、高度に文化を共有する「貴族のインターナシヨナル」が存在したことは周知の通りである。出身国にとらわれない仕官や婚姻の例は珍しくなく、教育の面では子弟の「外国遊学(Grand Tour)」が慣行化していた。しかし、そのことは、バークが指している国境を超えた流動性が、第一義的には貴族・資産階級的エリートの特権であり、その意味で「ヨーロッパ体制」を支える文化が、本来、旧体制的反革命の性格をもつことを物語っているのであって、まさにその点にバークの主眼があったと言ってよい。

このようにバークがフランス革命を「世界革命」と受け取り、それへの〈対抗世界〉として「ヨーロッパ体制共同体」の同質性を措定する結果、そこから次のような思考と行動の指針が生まれてくる。

一　革命フランスに対抗し、ヨーロッパを網羅する大同盟を結成して戦わなければならない。つまり「これは内戦であり、それがジャコバンの狙いなのです。これは、ヨーロッパ古来の社会的、道義的、政治的秩序を擁護する人々と、それの全面的転覆を企図する狂信的で野心的な無神論者の一派との戦争です。フランス国家が他の国々に外から帝国支配を及ぼそうとしているのではありません。この一派が、世界帝国(universal empire)をめざし、その第一歩としてフランス国家を征服したのです(49)」。それは「瀆神と狂信」を本性とする革命勢力が宣戦した「宗教戦争」にほかならない(50)。「これは、社会全体の破壊と解体なのです。……この自称共和国の基礎は……悪行と強奪であり、それは人類に対する戦争なのです。強奪者と和を講じることは、共犯者になることです(51)。」「このような大義にかかわる事態では、また今日のような時期には、中立は存在しない。決意と全精力をもってジャコバン主義に積極的に反対しない者は、その一味である。ジャコバン主義をおぞましく思わない者は、その賛美者なのである(52)。」

二　ヨーロッパにとって異質の〈他者〉であり「悪」であるフランスの革命政府に対しては、不承認政策がとられなければならない。革命政府との単独あるいは共同の講和など論外であるだけでなく、そもそも講和の当事者になりうる政府など存在していないのである。「実態としては、フランスはフランスの外にあるのだ――精神をもったフランスは、地理的なフランスから切り離されている。家の主人は追い出され、盗賊が占拠している。フランスの身分的団体の構成者(corporate people)……つまり外交交渉や条約締結の能力をもった身分的団体の構成者……がどこにいるかと言えば、彼らはフランドル、ドイツ、スイス、スペイン、イタリア、イギリスにいる[53]」エミグレなのである。

三

われわれが戦っている相手は「フランスではなく、ジャコバン主義です。……われわれが戦っているのは思想でありモデルですから、要塞で進路を塞ぎ、領土の境界で押しとどめるという訳にはいきません[54]」。つまり、国境線を破られないように防衛するのでは対応できない。したがって、防衛目的の大同盟を結成するのでは役に立たない。受け身の守備ではなく、必要なのは「攻撃目的の同盟である。それによって、敏活な共同の敵に対抗して、共同の危険に共同で対処することを通じて団結を維持し、行動の一貫性を保持し、一定の時期を経て相当の成果をあげることが可能になる[55]」。

その上、この攻撃は早急に実行されなければならない。一つには、「この革命の影響の拡大を予防する何らかの手立てが早期に打たれなければ、どの周辺諸国も、完全に安全などとは到底言えない[56]」。つまりバークは、革命のドミノ理論的な波及を憂慮し、倒される前に倒す予防戦争的な攻撃を正当化する。彼は「安全保障についての自信過剰のために破滅するよりは、不安過剰の危惧をいだいて笑われる方を望む[57]」のであり、先制攻撃目的の同盟を擁護したのである。また第二には、時間が経過するほどに「簒奪者の政権は、それが持続するという事実だけによって力を増すでしょうし、もしそれに成功すれば、信用を高めることでしょう。民衆は権力の方に目を注ぎ、それに合流するか、少なくともそれに順応するようになるでしょう[58]」。したがって、早く打倒しなければならない。ここでは、暴力が時間的持続によって正統化されるという、バークの「慣行権(prescription)」の観念が、彼自身を脅かしている。

四　同質的なヨーロッパ体制護持のための反革命的先制攻撃を正当化する立場のコロラリーは、干渉戦争と占領による革命政権の打倒と、旧体制の復活である。しかしヨーロッパは、その同質性を脅かすような異質の政体を、同質化しなければならない。しかし「フランス国内の内因だけで反革命が起こるとは期待できません[59]」。「あなた方フランス人は、武装した専制支配を相手にしているのです。それを倒すには武力しかありません[60]。」しかし「外国の大部隊なしには、いかなる成果も期待できません。……相手は武装しているのです。……外国軍以外に任に耐え、成果をあげうるものはありません。……それも、少数の軍隊では役に立ちません。……またその外国軍は、通常の指揮下に置かれてはなりません。占領軍司令官には、軍事的技能だけでなく、政治的管理能力が必要です」。こうした占領と政権打倒にまで踏み切らない政策は「児戯に類すると確信します[61]」。

しかし新たに「政府を樹立するということは、外国が、補助や仲介ならともかく、主役となって行うのは至難の業です[62]」。

五　そこでバークは「フランス国民」自身による新政権樹立と旧体制復興を提言する。しかし「われわれがフランス国民(the people of France)と考えるのは、誰であり、どのように構成されるのか」が決定的に重要である。それは新たな政府が、いかなる原理に立脚するかにかかわる。

では「フランスに現存し、数を表わし、ジャコバン・クラブに取り込まれている諸個人を、フランス国家を構成する政治体と考えるべきなのか、――それとも、革命によって追放された本来の土地所有者諸個人、および諸身分制的政治体……を、フランス国民の合法的組織要素をなす、国家の真の構成員として考えるのか」。この重要な問題にかかわる「われわれの用語について、明確な考えをもつ必要がある。なぜなら、国民(people)という言葉の乱用こそが、今日の諸悪の根源であることは明白だからだ」[63]。

では、彼の言う「フランス国民」は、どのような政府を、どのように樹立するのか。バークは「われわれは王政支持に決めている」と断定する。「次いでわれわれは、誰が国王であるべきか、幼少の場合の摂政は誰であるべきか、国王および王政はいかに修正され支持されるべきか、もし国王が選ばれるとしたら、誰が選挙するのか、もし世襲なら、確立された順位は何か……などを決定しなければならない。」[64]では、こうした決定を行う「われわれ」とは誰か。バークは、フランスの王政については詳しく規定する半面で、「われわれ」については特定していない。それは「われわれ」とは反革命「連合国(allied powers)」[65]であることを自明視しているからであろう。

六　この「連合国」の指針を現地で実行に移すのは、「協力者」というべきエミグレの役割である。フランスでは逸早く一七八九年七月一七日に、コンデ公やアルトワ伯(後のシャルル一〇世)が、また九一年七月にはプロヴァンス伯(後のルイ一八世)が、パリを脱出していた[66]。他方、バークは『省察』公刊後、反革命の論客として「ヨーロッパ全土に重きをなす人物」[67]となり、イギリスへ逃れた貴族や聖職者、とくに在英亡命政権首班カロンヌの支援要請を受け、一七九一年八月に息子リチャードを、亡命王族・貴族の主要基地コブレンツに派遣した。前にもふれたように、バークにとり、国内に残留する王党派部隊を除けば、国外にいるエミグレこそ、真のフランスなのである[68]。トランスナショナルな存在としてのエミグレへのバークの支援は、トランスナショナルな世界革命という彼のイメージの裏返しであり、そのことは、彼がエカテリーナ二世にまで、エミグレ支援を要請したことにも示されている[69]。そして、エミグレは二つの点で役立つ。

一つには、王政を真剣に復興するのは王党派であり、財産権の回復に力をあげるのは古くからの身分的財産所有者である。彼らは自分の問題に「信念をもって(principled)」取り組むのであって、「外国人とは関心度が違う」。「フランスとのこの戦争では、フランス人一人は外国人二〇人に匹敵する」とバークは言う。二つには、彼らは「フランス語を話し、フランスの文化を熟知し、その慣行や思考のしきたりに通じている」から、「征服者」という印象を与えず、フランスの「正統な王政を維持し」、フランスの「身分的特権、法、宗教、財産権を保護するために来た」として受け入れられるだろう(70)。

こうして旧体制の復活が達成される。「われわれがこの戦争の主目的としているのは、王政の復活であり、それによって、フランスの顕官、聖職者、身分的財産所有者が、その本来の影響力を取り戻すのを助けることである(71)。」では「フランス国民」の中核をなすとバークが考えるこれらの人々は、何をすべきなのか。

七

ここでバークにとって問題なのは、これら「国民」のすべてが、ジャコバンの排除と旧体制の復興に適格だとは言えないということである。これらの中には、旧体制と革命勢力とに対して「中立」的な行動をとった者がいる。だが、この場合「中立の人間などありえない。……高位で有能な人物であっても、選択を誤らない判断力や、およそ原則を信条として公言する勇気をもたない者」には、復興の任を委ねることはできない(72)。

だがフランスの「有徳の人々は、最高に有徳の人々であり、それはフランスの悪質な連中が地上で最低であるのに対応する」。これらの人々は、誰が信頼に値するかを判別し、「虚偽と悪意のない者を武装し、徒党を組んだ悪意の連中を無力化し武装解除する」。こうしてフランスは「それ自身の土着の威厳と財産とに基づいて、自力で回復し問題を解決すべきなのである(73)」。

そして、アナーキー、反乱、無秩序、無神論によって荒廃し疲弊したフランスを建て直すには「少なくとも活力、警備、敏速、決断などの点で、軍事政権に匹敵するような権力」を移行期に必要とし、「合法的な君主も、犯罪以外の点では、簒奪者と同じ役割を演じる」くらいの行動力の持ち主でなければならない、とさえバークは言う[74]。このレヴェルでは、バークはあえて敵に姿を似せ、「ジャコバン」の裏返しと化する。

八　次に取り組まなければならないのは、賠償、処罰、免罪といった、正義の裁きに関する問題である。バークは、フランスの安定、フランスと王政との和解という基本的な観点から、全面的な免責にも全面的な処罰にも反対して、次のように提言する。まず、一般の民衆は罪に問われない。他面、国王や王妃の殺害者、革命裁判所で冷血な処刑を行なった者、神を冒瀆するような教会や家屋の破壊・放火を行なった者、「総じてジャコバン指導者全員」は処罰される。これは法に従ってなされるべきで、報復や、革命裁判所のような恣意的な処罰は避けるが、しかし、ジャコバンの免罪は絶対にあってはならない、とバークは言う。これを「戦争犯罪」になぞらえて言えば「革命犯罪」の処罰であり、その意味では革命裁判の裏返しである。

　ところで、ここでバークがとくに注意を喚起しているのは、こうした犯罪者や犯罪行為が「膨大な数にのぼると、われわれの正義の観念がそれに圧倒されそうになり」「免責してもいいのではないかと言う声が日々強くなる」おそれがあるという事実である。それに対して彼は、ここでの問題は通常の犯罪ではなく、「武器を持ち、官服をまとった権力」の犯罪であることを強調し、これを免責するのは「人道主義なのではなく、精神の怠惰と惰性である」とし、「こういうことを言う人間に限って、無差別に虐殺するか、そうでなければ、十把一からげに忘却するのだ」と鋭く指摘している[75]。

　以上の八点は、「ヨーロッパ体制共同体」に共通すべきだとバークが考える価値観、つまり彼の「文明」観に基づいたピット政権への提言である。

しかしすでに一七九三年初冬、フランスとの戦争が始まっていたとはいえ、これほど徹底した反革命干渉・占領政策は、ピット、フォックスなどの支持を得られるものではなかった。それを意識したためであろう、バークは、この提言を裏付けるために、ヴァッテルの著書からの抜粋を付録として添付し、反革命干渉戦争が国際法に合致していると主張する。[76]

確かにヴァッテルの見解には、コバンが言うように「自然法論者と実定法論者の中間的な視点」[77]が見られ、前者の自然法を尊重する国家の義務の重視、後者の「自由で独立」である国家の主権の重視という、二つの原則の関係について理論構成上の曖昧さがある。したがって、前者に着目すれば、同質的なヨーロッパの共通規範というバーク的な考え方に似ることになるが、[78]しかし、総体としてヴァッテルの思想の重点は各国の主権にあり、とくに干渉戦争に関しては、主権尊重、内政干渉の否認に力点が置かれている。それは、「国家が自由で独立であることの明白な帰結として、すべての国は自己が適当と判断するように統治する権利を持ち、どの国家にも他の国家の政治に介入する権利などいささかもない」という言葉にも明らかである。[79]ヴァッテルの時代には、宗教的イデオロギーが国境を超えた干渉を当然視する思潮は終わっていた。その点で干渉戦争正当化目的の、バークによるヴァッテルの著書の引用や抜粋には恣意的な点があり、「それに何が含まれているか、ということだけでなく、何が落とされているか、という点で示唆に富む」というウェルシュの指摘は的確である。[80]それに、バーク自身は反革命軍事干渉の必要という結論を、すでにその二年以上も前に出していたのであって、結論が先にある上でのヴァッテルの引用は、彼が自分の立場の正当化や説得力を補強する必要を、あらためて感じていたことの現われと見ることができるだろう。

ところでバークは、この提言の中で、もう一つ、これまでに記した提言とは性質を異にする、興味ある考察を行なっている。それは、革命フランス敗退後のフランスの位置づけである。

九

すなわちバークは「国家としてのフランス、およびその対外関係について率直に言えば、私の懸念はフランスがきわめて弱体化することである。……イギリスの将来の安全保障を考えることと、フランスを完膚なきまでに叩くこととには、大きな違いがある。もし政治地図の上に、英仏二国しかないとすれば、フランスを……わが国の準従属国にしようとする政策も正しいかもしれない。しかし、ヨーロッパのシステムは広範囲におよび、きわめて複雑である」。イギリスにとって脅威になるフランスが、他の国々にも同様に脅威になるとは限らない。「それどころか、フランスが強大国として存続しなければ、ヨーロッパの自由はおそらく維持できないであろう。[81]」ここでバークが言う「ヨーロッパの自由」とは、勢力均衡システムによって可能になると彼が考える、諸国家の主権の維持である。

だが、彼によれば、イギリスの政策は、フランスが一切の植民地、一切の通商、一切の艦船を放棄することを目指し、またオーストリアは、スイスからダンケルクにいたるフランスの国境地帯を奪取することを企図している。これは、フランス側に懸命の失地回復政策を生じ、「ヨーロッパを一世紀にわたる戦争と流血に巻き込むであろう」。プロイセンが、こうした状況を傍観するはずはなく、フランスとスペインに荷担するだろうし、ドイツ諸国はその犠牲に供せられるだろう。

そしてバークは、こう述べる。「私が恐れるのは、わがイギリス自身の力であり、イギリス自身の野心である、と言って失当ではない。私は、イギリスが過度に恐れられることを恐れる。……われわれはすでに世界のほとんどすべての通商を握っている。インドでのわが帝国は威力に満ちている。……もし他のすべての国の通商がイギリスの意のままになった場合、それでもわれわれは、この空前の力を乱用しないと言うかもしれない。しかし、他のすべての国は、われわれが力を乱用するに違いないと考えるだろう。」そして、この事態は早晩イギリスに対抗して諸外国を結束させ、「イギリスを没落に導くかもしれない」[82]。

ここには、イギリスの〈体制の良心〉としてのバークの面目が躍如としている。しかし、同時にここで注意すべきことは、彼のこの説得力のある考察と警告は、「ヨーロッパ体制共同体」の論理ではなく、完全に権力政治的な勢力均衡の力学に立脚しているということである。ではこのことは、バークの国際政治観を見る上で、どういう意味をもつのだろうか。

三　国際政治観の転回

バークの政治観、政治思想についての考察や研究は、そのほとんどが議会制、政党、保守主義などの内政、あるいは内政の延長としてのアメリカ植民地問題の視点からなされてきたし、彼のフランス革命批判も、国内政治的な革命の否定の当否という観点から論じられてきた。これに対し、従来軽視されてきた彼の国際政治観に着目したのは、ヴィンセントの論文[83]であり、その視点を敷衍したのはウェルシュの著書[84]である。両者とも、「国際関係の理論」という観点から、「リアリスト、ラショナリスト、レヴォルーショニスト」といったマーティン・ワイトなどの類型を使ってバークの思想に光を当てている[85]。もちろんバークの「理論」がこのどれか一つだけに当てはまる訳ではないことは認めているが、どのような意味でこれらの類型が当てはまるか否かを問題意識の下敷きにしている点で類型論の枠内にあり、思想の分析としては平板さを免れない[86]。しかし、ここではその点については立ち入らない。それよりも問題なのは、こうした著作が、バークのいかなる発言に基づいて、彼の「国際関係の理論」を組み立てたか、という点である。

すなわち、ウェルシュの立論の構成は、次の通りである。まず第一部で「バークの国際社会の理論」の特質として、(1)国際制度(Constitutionalism)、とくに抑制された勢力均衡と主権、その半面での国際法、(2)中世的秩序モデル(Medievalism)、とくに中世世界的なハイアラーキーと分権の秩序、(3)ヨーロッパ体制共同体(Commonwealth of Europe)、つまりキリスト教、君主政、慣習と法、文化の作法(manners)などの共有、それに基づく体制の同質性と国際的正統性、また自由貿易と経済的相互依存などをあげる。この(1)と(2)が成り立つための基盤は、体制の共同性である。次に第二部「保守主義的十字軍」で、フランス革命への反応、国際干渉の主張、聖戦の思想などについて詳述している。

このように、ウェルシュの立論は、まず上記のようなバークの「国際社会の理論」があり、次にフランス革命という事件が起こり、それへの反応として、その「理論」が「保守主義的(反革命的)十字軍」の主張として展開されたという構成になっている[87]。だがウェルシュが引照するバークの「理論」を表わす発言のほとんどすべてが、フランス革命勃発以後のものであることは、こうした立論の構成に疑問を懐かせる。すなわち、ここで言うバークの「理論」は、果たしてフランス革命に先行する認識枠組みだったのであろうか。

ところで、この「理論」とフランス革命に対する「十字軍的」反応との二つを結ぶ媒介項として決定的に重要なのは、前述したバークの反革命的政策構想からも明らかなように、「ヨーロッパ体制共同体」の観念である。そこで、果たしてこの観念が、フランス革命以前からのバークの「国際関係の理論」ないし思想の核心だったのかを検討してみよう。

フランス革命以前に、バークが国際関係についての考察をかなり明示的に記した文献としては二つあるが、それをどう読むかは、そのどちらについても注意を要する。

一つは、二〇代半ばのバークが文筆家として注目されるようになった一七五六年刊行の『自然社会の擁護』である。これは第三章一で述べたように、通常、理神論者ボーリングブルックの論理と文体を巧みに模倣して、その論理を極論まで推し進め、それによって議論の破綻を示すという目的で書かれた、痛烈な「風刺」の文章とされている[88]。つまり「自然社会と理性」に基づく立論が、いかに現実の社会に背反する思想に導くかを立証する意図で書かれた論文だと理解されている。これをボーリングブルックの自作だと受け取る読者が少なくないのを知って、バークは第二版に序文を加え、彼の意図は「風刺」にあることを確認している。彼の意図は、おそらくそうだったのであろう。しかし、これまでのバークの政治思想研究で重視されてこなかったこの論考は、単にボーリングブルックに向けられた「風刺」という以上に、複雑な意味を持っていると考えられる。その点を検討してみよう。

ボーリングブルックの論理を借りたこの論文は、基本的に「自然社会(Natural Society)」ないし「自然状態」と、現実の「政治社会(Political Society)」ないし「人為社会(Artificial Society)」との対比を下敷きにした上で、後者の悲惨、残虐、抑圧、愚劣、矛盾などの記述を徹底的に行う[89]。まず国家の対外関係については、「国家間関係の際立った特徴は、相互敵視である。あらゆる歴史は戦争の連続であり……これまで一貫して、また依然として現在も、あらゆる国家がひたすら目指す行動とは、相互の撃滅に帰着するものなのである[90]」と述べる。

次いで筆者は、紀元前二〇〇〇年頃の古代エジプト王による、記録に残る最古の戦役について、「王は七〇万を超える軍を引き連れ」、その半数は戦場にたおれたと推定されるが、これは勝者の損害であって、敗者の死者はそれ以上にのぼるだろう、そして「この戦争の動機は、王の尊大さ、残忍さ、狂気」以外になかった、と書き起こす。[91] 続いて筆者は、バビロニア、アッシリア、ペルシアなどの王朝が流した「血の海」、さらに古代ギリシアの対内・対外の戦争やローマの戦争、ゲルマン人によるローマ侵攻、スペイン人によるアメリカでの「一千万を超える殺戮」、また「アフリカの飢えた砂に血を存分に吸わせ、極北の地の雪を朱に染め、アメリカ大陸の野生の森を肥えさせる、声なき無名の流血」[92]、またそのような戦争に伴う疫病や飢餓など、死屍累々の歴史を入念にたどる。

次いで筆者は、「自然状態では、これほどの大量殺人を実行に移すという、血なまぐさい目的を共有するような兵員を、十分な数だけそろえることは不可能だった」が、政治社会の誕生以来、「人間の発明によって、殺人の秘術が研磨・改良され、初期の棍棒や石器の原始的な使用から、今日の小銃、大砲、爆弾、地雷といった武器の完成にまで至り、このように人工的・科学的方法で洗練された、あらゆる種類の残忍さを……政治家は大いなる栄光とわれわれに信じこませている」と指摘する。[93]

その上、人為的な政治社会では、圧政と隷従とが織りなす「支配従属(Subordination)」の体制を維持するために、支配者は国民を外敵に向けた武装へと駆り立てる。そして「人類を別々な社会へと引き離すこうした人為的な分断は、それ自体が、社会の間の憎悪と抗争の原因となる」。さらに「イギリス人、フランス人、スペイン人、イタリア人、それ以上にトルコ人とかタタール人」といった異なった名称を使うことによって、「人間(Man)」ではなく「外国人(Foreigner)」と互いに見なすようになり、「国民(Nations)」の間の対立や憎悪や侮蔑が深まって行く。「こうした人為的で政治的な区別ほど、われわれの本性(Nature)に反するものはない」のである。[94]

続いて筆者は、国内体制に目を向け、暴君の専制政治は「アナーキーより悪い」[95]と言い、「貴族政治と専制政治とは名前が違うだけ」で、「立法から排除された人民は奴隷と同じ」[96]であり、「民主主義という名の政体も」、貝殻追放やデマゴギーに見られるような暴政に変質する、と糾弾する。[97]そして最後に筆者は、「誰の目にも明らかな、富者と貧者への社会の分裂」をあげ、「貧者の仕事といえば、富者の怠惰と道楽と奢侈を支えることに尽きる」と言い、一例としてイギリスでは「一〇万の人間が鉛、錫、鉄、銅、石炭の鉱山で使役され、これらの不幸な貧民は陽光を滅多に見ることもなく、地底深くに送り込まれ、……最下等の粗食で命をつなぎ、見るに堪えぬほど体力をすり減らし、これら有害な鉱物の粉塵の中に常時閉じ込められているために、短命に終わる」[98]と書き、富と権力の癒着、政治制度と「人為宗教(artificial Religion)」との結託を指弾して筆をおく。

一体この文章は何を意味するのか。通常の解釈によれば、これは「自然社会と理性」の論理と、現実の政治社会とが、いかに背反しているかを示すことによって、「自然社会」の思想の非現実性を論証するという筆者の意図の下に書かれたのである。そうであろう。しかし、それは自然社会がいかに政治社会から遊離しているかを、きわめて生々しく迫真力をもって描くことによって、逆に、政治社会が人間の「自然・理性・自由」といかに乖離しているかを描き出すという、ラディカルな批判効果をも持ってくる。その意味で、バークの風刺自体が両義的でありうるのだ。ではなぜバークは、ボーリングブルックの「自然社会」論への直接の反論を書かず、このような回りくどい「風刺」の作業をしたのだろうか。[99]それは、文才豊かな若きバークによる、社会の注意を惹くための匿名の演技だったのであろうか。

ひとつ確かなことがある。すなわち、バークが、これほど入念に政治社会糾弾の文章を書いたということは、少なくとも彼に、政治社会がもっていると考え得る問題が何かを考えるという視点があったこと、そして彼に苛酷な現実に対する鋭い感受性があったことを物語っている。クラムニックの言葉を借りて言えば、「そもそも風刺の対象に何らかの重きを置かないで、皮肉に満ちた書き方をすることなど可能だろうか」。そして現に、大学時代の若き日のバークはアイルランド農民の貧窮について書いていたのであって、クラムニックはこの文章に見られるように、当時のバークの社会観にはアンビヴァレンスが見られ、現状批判と現実肯定との間で、内面的に苦闘していたと言う。[100] また、バークの若い時期の文章を収録した最新の『著作・演説集』第一巻の編者は、『自然社会の擁護』を「風刺」だとしながらも、「にもかかわらず、政治的権謀の徒、貧者の重荷を増すことで日を過ごしている富者、法律万能主義のために衰弱してしまった司法権、鉱山での搾取などに対する告発の書である」と微妙な留保を付している。[101] さらにマクファーソンは、より明確に、イギリスなど「一八世紀の先進社会の政治的、法的、経済的、道徳的秩序に向けられた正当な批判がありうることを、彼自身よく自覚していたのだ」[102]と、この風刺を読み解いている。

だとすれば、この論文に書かれたことは、当時のバークの思想の半身に他ならなかったと言うべきであろう。換言すれば、バークはヨーロッパの国際政治を苛烈な権力政治と見る、冷徹な眼を持っていたのだ。そしてこの現実の対極に措定されていたのは「自然社会」であって、「ヨーロッパ体制共同体」ではなかった。ここには「ヨーロッパ」を体制の共同体ととらえるような「理論」は、全く見られないのである。[103]

『自然社会の擁護』に見られる国際政治観について、以上では「風刺」の両義性という観点から通説に疑問を投じたのであるが、この疑問が失当でないことは、バークの国際政治観をより直截に示しているもう一つの文書『アニュアル・レジスター』を見ることによって明らかになる。第一章の注(104)で述べたように、バークは一七五八年度の創刊号から同誌の編集・執筆に当たり、少なくとも一七六五年までは、直接に執筆した。[104]この年鑑には、「歴史、政治、文学の概観」という副題がついているが、この時期一貫して、冒頭で国際情勢が優先的に詳述されている。

これが年鑑である以上、その記述が国際対立の「客観的な」叙述になるのは、ある程度当然としても、そこには同時に、筆者自身の意見、評価、国際政治観が絶えず織り込まれている。例えば最初の一七五八年度年鑑の冒頭で、当時進行中で、後に「七年戦争」と呼ばれることになる戦争での、アメリカにおける英仏の対立、シレジアをめぐるオーストリアとプロイセンの抗争を記述する中で、バークはこう述べている。

「読者が気づかれるように、私は、この紛争でどちらの国が正しいかを判断しようなどとは考えていない。きわめて明白なことは、当事国にとって、何が正しいかへの考慮は、何が有利かへの考慮にくらべ、はるかに小さい影響力しかもたないという事実である。[105]」

またそれを裏付けるように、一七六〇年度には、勢力均衡についてこう書いている。「勢力均衡は、近代の誇るべき政策であり、本来ヨーロッパの平和と自由とを維持するために考え出されたものだが、実際には各国の自由だけを守ってきた。勢力均衡は、無数の無益な戦争を生み出してきた。」それは「際限のない争いと流血」をもたらし、「同盟と反目との両方を広範な地域に拡大し、その結果、一旦紛争が始まると、戦争の舞台が予想を超えて広がるのが常である。……当事国は一箇所で得ても、他の箇所で失う。結局のところ、諸国の形勢は均衡し、紛争当事国のすべてが、大きな損失をこうむるし、最も幸運な国も、ほとんど得るものがないし、得たものも、戦費や損害に見合うことはない」。こうした経験を重ねることが「ヨーロッパの持続的平和につながればいいのだが……近代の講和条約は、自発的な節度ではなく、やむをえない必要の産物であり……そこから、新たな軋轢、これまで以上に和解不能な敵対関係、前例のない残虐な戦争が生まれるのである」[106]。

これが、バークの描く「ヨーロッパ」の「勢力均衡」の姿であり、それは権力政治以外の何ものでもない[107]。

さらにバークは、一七五九年冬のヨーロッパ大陸は、一七〇九年以来の寒波に襲われたとして、こう記している。「鳥は飛びながら凍えて落下し……歩哨が一〇人凍死し……軍隊には伝染病が発生してザクセンの住民の間にも広がり……疫病が家畜の間に蔓延した……。」「こうした窮状に回復の兆しは見えない。それどころか、民衆の苦しみを見て、国王たちは一層復讐の念を強めている。こうした広範な貧窮は、募兵を容易にするところから、軍隊にとっては資源になっている、なぜなら、ほとんどの国で、僅かな給金と糧食でさえ、窮乏化した農民には羨望の的であるからだ。貧困と疾病による死に比べ、戦闘での死は名誉であり、確実性が低いと思われているのである[108]。」

確かに当時は傭兵による「限定戦争」の時代であり、後のフランス革命・ナポレオン戦争に比べれば戦死者・戦傷者の数は多くなかったかもしれない。しかし、まだ「全体戦争」を知らない当時においては、これが「残虐な戦争」だったのであり、とくにここでは、そうした戦争史上の統計的な死傷者数ではなく、それを「無数の無益な戦争」と受け取るバークの感性と思想が焦点なのだ。

このようにバークは、権力政治の犠牲者である兵士や農民の悲惨を描くが、しかし、それはエラスムス的な反戦の訴えではなく、あくまでも権力政治の現実を追跡する視点に立った考察なのである。それをよく表わすのは、彼のフリードリヒ二世の軍略に対する高い評価である。つまり「経済、財政、軍の規律、勇気、勘の鋭い状況判断……」「敗北から立ち直る驚くべき天才的で英雄的な手腕。幸福の女神の微笑みは征服者を生むが、その鞭は英雄を生み出すのだ[109]」。ここでは他の諸王侯に比べて際立った、フリードリヒ二世の軍事的合理主義が評価されている[110]。

こうした現実認識をふまえて、バークは「和平がきわめて合理的に期待できるのは、二つの状況しかない」と判断する。「第一は対等の和平」で、これは戦争が「どの国にも利益をもたらさず、双方の疲弊と無益な戦いが、戦争当事国の戦意を殺ぐ」場合か、あるいは「損害が同等であるため、捕虜交換などが容易であったり、相手から得たもので互いに満足したりする」場合である。「第二は選択不能(necessity)の講和」で、これは「一方の当事国が完膚なきまで破壊されて弱体化し、征服者の言いなりの条件を受け入れる場合」で、「こういう形での講和こそ、戦争目的として極めて受けがよいのが常であり」、「人々はこうした勝利の望みをいだくのだが、まず例外なしに逆の結果に終わる」のである。「実際には、ヨーロッパのいかなる大国をも、こうした屈辱的な選択不能状態にまで弱体化することは、きわめて難しい。なぜなら、大国の一つでも、この屈従の地位に貶めるためには、すべての大国をそうした地位に貶めなければならない。つまり、もし戦争が続くとすれば、その渦中に大国を次々に引き込み、ついにはヨーロッパ全体が巻き込まれることになる。その結果、一種の均衡状態が生まれ、征服による講和は実現可能性がなくなる。」そして「もしこの点が十分に斟酌され、諸大国がそうした対等性のシステムを進んで受け入れるのであれば、人類が望みうる最上の平穏が訪れるはずである」。だが現実には、「諸国の真の利益に最も合致するはずの、こうした状況こそが、諸国の非合理的欲求と偏見とに最も鋭く対立するのだ」。したがって、こうした「均衡に立脚した和平は非難の的になる[111]」。

つまり「対等・均衡」は最も賢明な選択だが、それを追求すること自体が、結果的にはそれの拒否反応を引き起こして均衡を破壊することになる、という矛盾をバークは冷徹に考察していた。安定した勢力均衡による「ヨーロッパ共同体の平和」とは、理念であって現実ではないという認識が、ここに明確に示されている。

　以上に見られる『アニュアル・レジスター』の記述は、もはや『自然社会の擁護』のような風刺ではなく、同時進行しつつある国際政治の現実の叙述と解釈である。事実、一七〇〇年から一七九〇年までの期間に、ヨーロッパの大国のさまざまな組み合わせの下で戦われた戦争は、一六以上にのぼったのだった。[112] それだけに『アニュアル・レジスター』の文章は、バークの国際政治認識を率直に語っていると理解してよい。

　また、バークは、ポーランド分割について、晩年に至るまで一貫して批判しているが、そこで彼は、「二大国が対立している限り、〔中間の中小〕諸国の独立は安泰だが……もし双方の均衡のとれた相互膨張の方が、もっと手近で確かな利益だと相互に了解する場合には」中小国にとって逆の事態が起こるのであり、それは「一七七三《ママ》年のポーランド分割を見れば明らか」である、と記している。[113] つまりバークは、彼が反対する「分割」が、まさにヨーロッパの「諸大国」が追求する勢力均衡の産物であることを熟知していたのだった。ここでも、フランス革命後にバークが描いた安定調和的なヨーロッパの勢力均衡システムは、反革命の文脈で打ち出したポレミカルな理念であって、彼が上述のように認識している現実のヨーロッパの権力政治から遊離していることは明らかである。したがって、フランス革命以後のバークの国際政治観をもって、彼の国際政治の「理論」とすることはできない。

　逆に、彼は一方で、ヨーロッパの国際関係が権力政治であることを熟知しており、他方で、フランス革命のイデオロギーがもつ「世界革命」的特質を逸早く感知したからこそ、各国が従来通りの権力政治的な視点で個別利益追求に走ればフランス革命に対応できないことを恐れ、まさに「世界革命」に対抗するために個別国家利益を超えた「ヨーロッパ体制共同体」の理念と「理論」を打ち出したのだった。つまり「ヨーロッパ体制共同体」の「理論」は、フランス革命以後に打ち出された革命への対抗イデオロギーであって、フランス革命以前からの国際政治観ではない。この点で、ヴィンセントやウェルシュの類型的「理論」化、とくにバークは本来「現実主義」でも「革命主義」でもない「合理主義的」「国際制度論的」な「理論」の持主であったから、あるいはそうであったのに、フランス革命を機に「体制共同体」的「十字軍思想」へと転化したという見方は、どちらも「先行理論」の想定の点で正確ではない。[114] むしろ彼は「現実主義」的であったからこそ「体制共同体」イデオロギーを強烈に力説したのだった。その意味で、バークの元来の国際政治観が直線的に反革命的干渉戦争の正当化に連結したのではなく、フランス革命以後の彼の国際政治観そのものが、彼の反革命と〈体制の輸出〉を正当化するための構成観念《コンストラクト》だったのである。それは国際関係の「理論」というよりは、彼の信条的体制擁護の表明であると同時に、高度に戦略的な性格をもった言説であった。

フランス革命以後のバークの国際政治についての発言のもつ、こうした戦略的性格は、彼がこの時期に、勢力均衡の理念を打ち出したことにも示された。彼は一七九六―九七年に、一八世紀にイギリスが結んだ主な講和条約を例示した上で、「勢力均衡は、いかなる時にもすべての国家によって、ヨーロッパの周知のコモン・ローと見なされてきた」と記し、勢力均衡が平和の基礎になったかのように述べている。これは、フランス革命前のヨーロッパに遡って行なった発言であり、こうした遡及的な評価は、前述したような彼の当時の勢力均衡観とは明らかに矛盾している。ではなぜ彼がこのように書いているのか。その目的は、ひとえに「フランスは世界革命を引き起こすことで世界帝国(universal empire)を樹立しようと意図している」ために「勢力均衡という観念を全く受け付けない」ことを糾弾すると同時に、勢力均衡を受け付けないフランスに対してピットが勢力均衡の論理に基づいて試みている和平交渉に反対することにあった。[115] つまり、目的はフランス革命の否認という一点に収斂しているのであり、この時期に行なった、一見逆説的である彼の「勢力均衡」の理念的な擁護は、実は「世界革命」の否定という点で「ヨーロッパ体制共同体」と一体なのであって、ここにもバークの発言の状況的・戦略的性格が現われている。

そして、彼がフランス革命以後に力説した「ヨーロッパ体制共同体」が、実はイギリスの体制を基軸にしたイギリスの体制の投映であったのとパラレルに、フランス革命以前のヨーロッパの権力政治をこのように理念化して描いた時にも、彼の関心の中心は、ヨーロッパ大陸の勢力均衡にイギリスがどのように関与するかという、イギリスを軸にした国際政治観にあったのである。バークによれば、ヨーロッパの勢力均衡には四つのレヴェルがあり、「第一は、中央の大均衡でイギリス、フランス、スペインを包含し、第二は、北欧の均衡、第三は、ドイツの対外および対内均衡、第四は、イタリアの均衡である。このすべての均衡システムにおいて、イギリスが保護後見の役を担う[116]」のである。ブランニングは、こうしたバークの発想を「威風堂々たる島国根性(majestic insularity)」と評しているが、あながち的外れとは言えないであろう。[117]

こうしてポーコックの言うように、「バークはフランス革命がヨーロッパ大の、さらには世界大の意味をもつことを逸早く認識した。ただし、彼はそれがイギリスにとってどういう意味をもつかという視点から、それがイギリスを超えてもつ意味をとらえることを起点としていたのである[118]」。それは、体制と権力政治との双方についてであった。

四　帝国体制――インド

しかしバークの国際政治観は、ヨーロッパの国際政治やヨーロッパ内のイギリスの地位だけに限局されたものではなく、より広い世界の中でのイギリス「帝国」をその射程に収めていた。そしてバークの生きた一八世紀は、イングランドを中心として「英帝国」の制度化を進めていく時代であった。すなわち、一七〇七年にイングランドがスコットランドをグレート・ブリテン連合王国として取り込み、一八〇一年にアイルランドを合併するまでの時期がこれに当たるが、その間、この帝国の制度化の過程で、イギリスの議会は、したがってバークは、三つの挑戦に直面することになった。アメリカ植民地の独立、インド植民地化の強行、アイルランド植民地支配への抵抗、である。[119]では、こうした挑戦への対応に見られるバークの帝国的国際政治観は、どのような特質を示したのであろうか。

第一のアメリカ植民地へのバークの対応については、第一章でもふれたので詳述しないが、帝国の制度化(この場合、より正確には制度化の失敗)という観点から見ると、問題は比較的単純であった。すなわち、一つには、これは同じ「イギリス人」の間の「内戦」[120]であり、同じく「プロテスタント」である集団間の紛争であり、したがって、ここには「帝国」が通常内包する異民族、異教徒の対立はなかった。つまり、帝国を構成する本国と植民地とが異質の社会であることが紛争の根にあるという問題意識は――アメリカ先住民や黒人奴隷といった下位の〈他者〉への警戒を除けば[121]――重きをなさなかったのである。そしてまさにその故に、バークにとって、これは何よりもイギリスの「憲法体制」の在り方の問題であり、したがって、「帝国」問題をイギリスの体制を軸としてとらえるという思考が、一層純化して打ち出されることになった。それに加えて、結果的にはアメリカは独立によって「帝国」外の存在になり、「帝国」内の統合の問題には一応終止符が打たれたのだった。こうした二つの要因から、問題はイギリス本国に帰ったのであり、その場合、単に地理的単位としてのイギリス本国というだけではなく、それの体制という政治的・憲法的内実という二重の点で、もっぱらイギリスの国家体制の課題として問題意識を直截に構成する以上の必要はなかったのである。

ただしこの場合、もし体制の問題に注目するならば、アメリカは明らかに王政を否定したのであり、バークがフランスの共和政を激しく攻撃しながら、アメリカのそれをとくに問題にしないのは、原理的には一貫しない。(122) バークの使い分けの根拠は、要するにアメリカは大西洋を隔てて遠く離れているが、フランスは一衣帯水の位置にあるという「距離」の論理である。バークは私法上の「近隣権」を援用し、隣接地の建造物が迷惑を生じる場合にフランスをなぞらえている。(123) ウェルシュやハリデイは、こうした「近隣権」の主張をバークが反革命干渉の根拠の一つにしたことを評価するような見方をしているが、(124) それはバークがフランス革命の「世界革命」性を逸早く見抜いたことを評価することと矛盾する。「世界革命」は、政治地理や地政学を超えた変革の力学のはずだからである。

事実、ペインの例が端的に示すように、アメリカ革命に始まる「大西洋革命」はアメリカにとどまらずフランス、ひいてはヨーロッパに強い影響を及ぼした。その意味で、「世界革命」がイギリス帝国内で口火を切ったのがアメリカ革命であり、イギリス帝国外で勃発したのがフランス革命であり、その双方が波及したのが、後述するアイルランドの動乱だった。(125) だとすれば、体制の原理を第一義的に重視するバークが、アメリカでの王政廃止つまり「弑逆」を重視しないのは、思想的には一貫性を欠いている。しかし他面から言えば、彼が「近隣権」といった、やや便宜主義的な政治地理のアナロジーにまで訴えたということは、イギリスの国家体制への直接的影響の有無を判断基準として優先するという点で彼が一貫していることを、よく示している。

第二のインドの植民地化における東インド会社の役割についてのバークの意識は、もう少し複雑である。

インド問題に関心を示すようになったバークは、当初の一七六七年から一七七三年までの時期には、東インド会社の規制を目的として議会に提出された一連の動議や立法に反対の立場をとった。それは、東インド会社への本国政府の介入が、現実には、地位や富の分配によるパトロネージを通じて、ジョージ三世の王権および閣僚の影響力の維持・強化につながることへの抵抗だったのであり、彼は、インドそのものについては確たる定見を欠いたまま、当時のロッキンガム派の政治姿勢に沿って行動したのだった[126]。換言すれば、この時期のバークの関心の焦点は、帝国の中心部の権力構造にあったのである。

その後数年の沈黙をへてバークの立場は一転した。一七八一年まではマドラスの東インド会社の問題に取り組み、同年に下院の「インド問題に関する特別委員会」の有力なメンバーになってからは、ベンガルからの嘆願の審査を担当した。そして同委員会の詳細な第九、第一一報告を起草し、ベンガルの東インド会社の行動に対しても、現地インド側の視点から批判を加えた。ついで一七八三年には、バークの起草になると言われる「フォックス提出の東インド法案」支持の演説を行なった。その後も東インド会社への厳しい批判を続け、ついに一七八七年には、初代ベンガル総督ウォレン・ヘイスティングズ弾劾告発の下院による決定の推進役を果たし、翌八八年、上院で弾劾開始冒頭演説を行うに至るのである。この頃のバークの発言には、綿密な調査に基づいたものが多いが、その半面、誇張されたレトリックもあり、現地インド社会そのものの実態をどこまで正確に記述しているかについては議論の余地があろう。[127]しかし、本論文の主題はバークの発言に見られる思想ないし思考様式であり、ここでバークが提起した論点は、大きく二つにくくることができる。

　第一は、ヘイスティングズに代表される東インド会社の現地での暴逆、収奪、収賄、公金費消などが、議会の信任に背く行為であるという点である。八三年の演説では「いかなる政治的支配も、いかなる通商上の特権も、自己自身を根拠として成り立つ権利ではなく……そのすべてが厳密な意味での信託なのであります。そしてすべての信託は、その本質として、説明責任を伴っています。……では東インド会社は、誰に対して責任を負っていると言うべきでしょうか。無論、議会に対してであることは明らかです」[128]と述べ、東インド会社のこうした行為は、議会を柱とする本国の体制そのものを冒すものであるという認識を示した。

　同年末、フォックスとノースの連立内閣は崩壊し、国王の介入でピット内閣に変わり、翌八四年、ピットは選挙で大勝利を収めた。これに対してバークは、この選挙に東インド会社支配下のマドラスからの不正資金が流れ、ピット派に有利にはたらいたことを、八五年の議会演説『アルコット太守の負債』で、詳細な付属資料を提出して裏付けた。ピット内閣の一員ヘンリー・ダンダス(H. Dundas)と、東インド会社の現地の参事会多数派、中でもインドで巨富を築いたことで知られるポール・ベンフィールド(P. Benfield)とが共謀し、アルコット太守への貸し付けに対する収奪的な高利で得た裏金を使って本国の選挙を動かしたという実例が、バークの演説によって白日の下に曝されたのである。[129]

　バークの皮肉をこめた表現によれば、この「インドにいる謀略家たちとイギリスの内閣にいる謀略家〔ダンダス〕との連合」を基盤に、この「すばらしい閣僚」は、議会の改革という名目の下で、「宮廷での陰謀によってわが体制における自由を支えて下さり、インドでの犯罪行為によって本国の体制下での腐敗はなくすという……新計画を立てて下さった」のである。[130]

こうした事実は、東インド会社が、イギリス憲法体制下での議会の信託に反した行動を現地でとっているというだけではなく、その行動がイギリス本国に逆流して憲法体制そのものを腐蝕しているという、バークの非難の正しさを裏付けるものであった。[131]そして問題は金の流れだけではない。インドからの帰国者は、単に巨万の富を築いて帰国するだけでなく「その富の獲得に必須の悪徳をわが国に持ち込んでくる」のだった。[132]ここには、対外政策の内政への逆リンケージの問題がある。

こうしてバークは、一七八八年のヘイスティングズ弾劾冒頭演説で「この問題に深くかかわっているのは、わが国の体制の本質そのものであります[133]」と力説するにいたる。ここで、バークの東インド会社批判がイギリスの体制擁護に直結していることは明らかであり、この点では、体制への逆流を厳しく指摘した彼の対アメリカ戦争批判とも一貫している。[134]

バークのこうした体制護持の立場は、フランス革命勃発後も続いたヘイスティングズ弾劾裁判での演説で、一段と高い調子で語られた。彼はヘイスティングズについて、こう述べる。「暴君は叛徒でもあり、どちらも全く同根なのであり」、恣意的な力、法と公共秩序と道義の無視という点で両者は共通する。ただ暴君は上からの、叛徒は下からの暴虐であるが、ヘイスティングズは中間に位置し、暴君と叛徒を兼ねているのであるから、自国イギリスの法の権威と、インドなど他の権威との双方を無視する。[135]その現われは、自己の利益のために他の者の財産を奪取するという行為であり、「今日のヨーロッパの秩序を破壊し根底から覆す行為があるとすれば、それは、フランスで見られるように、国家が財産を強奪して関係諸階層に配分することから始まるのであり、……私は敢えて申しますが、万一卿らが、自己の収益のために財産強奪を行なったこの人物を無罪放免にされるようなことがあれば、それはジャコバン主義が財産と身分と尊厳とに加えた以上の打撃を意味するのであります[136]」。

バークは、このように、ジャコバンとヘイスティングズとを、イギリスの体制に対する二重の脅威として描き出し、体制護持の堅い意志を表明したのである。この二つを同列に置くことには疑問があるが、そうしたやや無理な二重映しをしても危機を議会に訴えるところに、彼の関心がいかに帝国の体制擁護の一点に収斂しているかが、端的に示されている。

バークのヘイスティングズおよび東インド会社糾弾の第二の論点は、より複雑な構造の思想的問題を提起している。

すなわち彼の論拠は二重の論理から成っている。彼は一面で、東インド会社の行動がイギリスの体制を腐蝕するだけでなく、インドの土着住民の惨状をもたらしており、それは「人類共通の自然の平等(natural equality of mankind at large)」を損なうという、普遍主義的な論拠に立脚する[137]。つまり、東インド会社はその行動を「特許状に基づく人々の権利(chartered rights of *men*)」だと主張して議会の規制立法に反対するが、「人々の権利(rights of *men*)」、すなわち人類の自然権(natural rights of mankind)」は神聖なものであり、それに反する支配行為は認められないのである。この権利がさらに明示的な協約で確認され、その中でもマグナ・カルタのように「大」をつけた憲章によって保障されたのが「憲章化された人々の権利(chartered rights of men)」である。だが、特許状にはこれに反するものがあり、東インド会社のそれは「大憲章と正反対」のものである。「マグナ・カルタは権力を抑制し、力の独占を打破するための憲章であります。東インド会社特許状は独占を確立し、権力を創出するための認許証であります。政治権力と通商独占は、人々の権利ではありません。……この特許状に基づく権利

は……人類共通の自然権を少なくとも停止してしまう」性格のものなのである。(138)

ここでバークが用いる「人々の権利、人類の自然権」という概念は、イギリスの国王や議会の権力に対して東インド会社や現地支配者が「憲章」上もつ権利をいうのか、その両者に従属するインドの被支配者の権利をも指すのか、必ずしも明確ではない。また彼が強く否定する「人としての権利(rights of man)」という観念との関係も不明確で、彼が通常用いる概念となじまない点があるだけでなく、後述のような矛盾も含む。しかし、ここでは、それはローマ法的な市民権に類する「人々の権利」であり、(139)また彼が措定する普遍主義はローマ帝国をモデルとしたものであり、バークには、「ヨーロッパ」や「キリスト教世界」とは異質な他の社会との関係を律する基本的規範として、普遍的な言葉に訴える必要があったと理解すべきであろう。(140)

しかし他面で、彼がフォックスのインド法案を擁護して、それは「インドのマグナ・カルタ」(141)だと主張したことにも見られるように、この「人類の自然権」の原型はイギリスでの「人々の権利」であった。にもかかわらず、彼がこの「人々の権利・人類の自然権」を、「イギリス人の権利」ではなく、普遍性のタームで力説するのには、格別の理由がある。

それは、バークの言葉によれば、東インド会社が「単に長期にわたり、連関性を持った組織的な悪行を続けただけでなく、それを正当化するために、同じく連関性をもった行動準則と思想原理の体系を持っている」という原理的な問題があるからである。(142)ここでバークが、その糾弾の焦点に据えたのは、ヘイスティングズの道徳観における文化的相対主義である。

すなわち、ヘイスティングズは弾劾に反論して、「アジアでの行動がもつ道徳的意味は、ヨーロッパで同じ行動が持つであろう道徳的意味と同じではない」(143)、「自分と太守との間の対立では、最強の力をもつ者が決定権をもつ」[144]と断言し、ヨーロッパで、あるいはイギリスで許されない行為であっても、アジアでは通用するのだと主張した。つまり、バークが糾弾する収奪、謀略、収賄、不正、残酷などは、現地では誰も異としておらず、インド人自身が行なっている。自分はいわば現地の「ゲームのルール」に従って行動しているに過ぎない、とヘイスティングズは反論したのである。

バークはこれを「道徳の地理的相対化(Geographical morality)」と呼んで激しく反発し、それは「人々の公的および私的な場面での義務は、人々の、宇宙の偉大な支配者である神に対する関係、また人々に対する関係によって定められるのではなく、気候や緯度・経度の差、つまり社会の類似性でなく経度の平行線によって決まる」という考えであり、「あたかも、卿らが赤道を越えると、すべての美徳が死に絶える」という思想だと反論する。[145]「道徳の法はいかなる場所でも同じ」[146]なのであり、「われわれは誰しも生まれながらにして平等に、身分の高下を問わず、治者も被治者も、偉大かつ不変の法に、万人が生まれながらにして従うのであり、その法は、人為が生み出すすべての仕組みや人が作り出すすべての方式に先行し、そしてわれわれの存在そのものに優越する」法なのである。[147]

こうして「権力者、父親、上位者の守るべき道徳という点で、東方の道徳とわれわれのそれとは同等」[148]なのであり、それに照らして言えば「法と恣意的な権力とは永遠に対立し」、「恣意的な権力を授与する者あるいは受託する者は、いずれも犯罪者」[149]なのである。

このようにバークは、イギリスないしヨーロッパとインドとに共通する、普遍的な権利・道徳・法・ルールの存在を力説する。しかし同じ演説で、彼は「イギリス派遣の統治者であるヘイスティングズ氏は、イギリスの制度的形態ではなくともイギリスの体制原理に基づいて、統治しなければならないのです」と繰り返し力説する。[150]ここでは、一見イギリスを超えたように描かれた普遍的な原理がイギリスの原理と等置可能であり、それが実はイギリスの体制原理に他ならないことが自明視されている。ここに見られるのは、イギリスの体制や価値の帝国への投映・拡大に他ならない。[151] 現に彼はこう述べている。「アジアでもヨーロッパでも、同一の諸国民の法(Law of Nations)が支配しています。……その点で、アジアはヨーロッパと同じく文明化しています。万一アジアが普遍的な法に全く無知である場合には、イギリスは総督を派遣して、改善の道を教えることです。[152]」このように、イギリスの価値体系を普遍化する。

ところが他方でバークは、イギリスとは異質のインドの文化を高く評価し、それの尊重を訴える。つまりインドの人々はアマゾンなどに棲む「卑賤で野蛮な人たちではなく、……長い歴史を通じて文明と教養を保持してきた人々なのです。われわれが、まだ森の中で生活していた時期に、すでに洗練された生活様式をすべて備えていた人々なのです[153]」。したがって「われわれは、もしそのような国を統治しなければならないのであれば、われわれのではなく、インドの人々の行動原則や準則に則って統治しなければならず、彼らをわれわれの狭い考えに当てはめるのでなく、われわれの考えを広げて彼らを包み込まなければならないのです[154]」。

バークがこうした文化的相対主義をとるとすれば、それは、ヘイスティングズの文化的相対主義とどう違うのか、疑問を生じるが[155]、それは別として、そうした文化的相対主義は、バークが常に抽象的普遍性を排し、歴史的形成の多様性を重視してきたことに合致しており、上記の「人類の自然権」といった一見普遍主義的な観念よりも、彼の思想との整合性をもつ主張だと言ってよいだろう。そして、もし敢えて彼の価値普遍主義と文化相対主義の二つの論理には矛盾がないと想定するとすれば、それは、土着的・自生的な文化や価値を尊重するという多元論的命題そのものの形式的普遍性と、そうした普遍的多元性の前提として措定される基本的な道徳・法・権利の実質的普遍性とを、彼が主張していると解釈するということになるだろう。しかし、仮にそのような論理のレヴェル分けが、文化の相対性については成り立つかもしれないとしても、政治的な権力関係が介入してきた場合には、問題はそれで終わらない。

バークは、東インド会社の権力の根拠には二つあり、一つは、イギリス議会の承認の下に国王が与えた特許であり、もう一つは、ムガル帝国皇帝から与えられた一連の認可であり、中でも東インド会社をベンガル、ビハール、オリッサの「ディーワーニー」に任じた「基本的大憲章」であるとする。[156] 確かにこの後者によって、東インド会社は貿易会社から一定領域の統治権者、つまり強権的な植民地支配者に変質した。だがバークは、これにより「東インド会社は、土着の法、権利、慣例、慣習を遵守する義務を負った」のであり、「このイギリスの会社は、ムガル帝国の不可欠の部分となったのであり、……グレート・ブリテンはムガル帝国と、事実上の合同を行なった」のであると言う。[157] このことは何を意味するのだろうか。

バークによれば、「オリエントの政府で恣意的な権力を持つものはありません」。そして「アジアの最大の地域はマホメット政府(Mahometan Government)の治下にあります。マホメット政府と言えば、法治の政府を指します。……その法は神授の法であり、それは法と宗教との二重の制裁に裏付けられ、君主も他のいかなる人と同様、その免除を受けることはありません」[158]。したがって、ヘイスティングズが責任を負う政府は、オスマン帝国のスルタンであり、スルタンも厳しい法の拘束の下にある。[159] つまり、バークによれば、ヘイスティングズや東インド会社は、イスラム法に従わなければならないのである。

だが、これはバークが「人々の権利、人類の自然権」と呼んだものと一致するのだろうか。「人類の自然権」という普遍性の主張と、インド固有の土着の法や慣習の特殊性の重視とは矛盾しないのか。より具体的には、イギリス議会と国王が準拠する憲法体制と、ムガル皇帝やオスマン帝国スルタンが遵奉すべき法とは、常に両立するのだろうか。[160]

この点について、バークは語っていない。[161] それが問題点の看過なのか、意識的な沈黙なのかは、にわかには断定できない。ただここで明らかなことは、バークの言説には、なぜバークがヘイスティングズは土着のイスラム法に従うべきだと言わなければならないか、換言すれば、そもそもなぜイギリスがインドにいるのか、すなわち東インド会社を担い手とする、イギリスによる植民地化そのものは、いかなる法、道徳、正義、「人類の自然権」に基づくのか、という問いが回避されているという事実である。

バークによれば、「われわれが獲得した帝国[162]」ではあるが、インドを統治するという考えは、好ましいものではない。「しかし、われわれは既にインドにいるのです。われわれは至高の神によって、インドでその任を与えられているのです。われわれは、こうした状況の中で最善を尽くさなければならないのです。[163]」つまり、インドでのイギリス植民地の存在は、不動の前提とされている。[164] なぜそうなのか。

バークはプラッシーの戦い以来の大規模な領土拡大に触れた後、次のような興味ある言葉を述べている。

「あらゆる統治権力の起源には、秘密のヴェールで覆わなければならないものがあります。この類いのすべての事柄と同じく、あらゆる統治権力の起源には、隠蔽し不問に付するのがよい何かがあるものです。……深慮と分別という点からは、人が携わる事業にこうしたヴェールの類いを被せることが必要であり、そうしなければ、わが国の運勢と特性と才幹と軍事指導力とが、これほど輝かしい成果を挙げるには至らなかったでありましょう。[165]」ここには、支配権力の起源についての意識的な沈黙がある。これが、権力は既存の権力であるというだけで正統性をもちうるのであり、事実が権利であるのだから、事実の権利根拠は問わないという、第三章一で述べたバークの考えに対応することは明らかである。

その上、イギリス植民地の存在は、インドに恩恵をもたらすのである。バークによれば、インドが、その権力者たちの野心の餌食になって騒乱状態に陥っている時に、「もし土着の民に秩序と平和と幸福を予示する星が西方から昇ったならば……もしそれがヨーロッパの中の開明的な地域の中でも最も開明的な国から現われる時、それは……イギリス憲法体制の自由と精神という多大な恩沢をもたらすことになるでしょう」(166)。

以上のように、バークの激しい東インド会社批判やヘイスティングズ弾劾の基礎には、普遍性と多元性という二つの価値基準があるのであって、その間の矛盾は「秘密のヴェール」で覆わない限り、容易に解消できるようには見えない。

しかし、もしバークにおいて、普遍主義的な「人類の自然権」の擁護は、実はイギリスの体制の基本価値の普遍化であり、もう一つの一見文化相対主義的なインド文化の尊重は、実は植民地支配をいかに賢明に行うかにかかわる手段価値の主張であると考えるならば、この二つは矛盾しない。すなわち、そのいずれもがイギリス帝国の保持——いわば「よい帝国」の保持——という目的に収斂するのであり、帝国の存在そのものは自明の前提とされることになる。

それは、彼がさまざまな政治的局面で一貫して主張した「維持するために改革する」という時系列での思想を、帝国という空間で展開したものと言ってよく、そこに思惟様式の相似性が見られるだろう。つまり、体制の「維持」が目的であって、柔軟な「改革」はその手段なのであるのと同様に、体制原理の普遍性を保持するために、文化的多様性への柔軟な適応を認めるのである。彼は、アメリカ植民地独立の容認や、東インド会社の行動に対するその強い批判が示すように、必ずしも膨張主義的な帝国主義者ではなかったが[167]、国内で体制維持を至上命題としていたのとパラレルに、帝国維持の正統性については一点の疑いも懐かなかったのである。このように彼の帝国観は、究極的には、イギリスの体制維持の正統性についての確信に帰着する。

五　帝国体制――アイルランド

一八世紀を通じてのイギリス帝国の制度化に対する最も直接的かつ複雑な挑戦は、アイルランド統治への抵抗であった。イギリス本国とアイルランドは、同じキリスト教圏であるという点でインドとは異なり、本国(スコットランドを含む)からの植民集団であるプロテスタント、とくに人口の約一〇パーセントのイギリス国教徒が支配層をなして土着のカトリックを差別するという点で、アメリカとは異なる植民地だった。すなわち、ここでは、アイルランド全体のイギリス本国への従属と、アイルランド内でのカトリック教徒の従属とが、二重の支配従属の体制をつくり出していた。そして、このことを経済構造の面で端的に示したのは、「土地の四分の三はイングランド人か、イングランド系でプロテスタントのアイルランド人の家々の所有に帰していた」し、さらにアイルランドには通商面で厳しい制約が課せられていたという事実だった[168]。

前述のように、カトリック教徒である母、国教に改宗して法曹の職を得た父、バークのために表向き国教に改宗した妻などをもつ、アイルランド出身の身でロンドンの政界に生きるバークにとって、アイルランド問題がきわめて重要な意味をもったのは当然であるが、だからこそ、彼にはこの問題に慎重に対応をする必要があり、時として屈折した反応を示したのであった。

第一の、イギリス本国によるアイルランド支配の体制については、バークは目立った発言や行動を見せていない。例えば、一七七三年、アイルランドの議会や総督が、財政負担増への対策として本国在住の不在地主への課税案を本国政府に提示し、ノース内閣もこれを推進しようとしたのに対し、バークは「一見公正に見えるこの課税」に用心深く強硬に反対した。そこには、彼が仕えるロッキンガム侯自身がアイルランドの大不在地主だったという、実利的考慮もあったであろう。しかし、それ以上に彼の念頭にあったのは、こうした課税は、「秩序正しく結びつき、均衡のとれた一体をなす帝国の全構造に離間と紊乱」をもたらす政策に他ならないという危惧であった。[169] バークのこうした反応の背景としては、七年戦争後の植民地による防衛費分担をめぐる課税問題が、本国とアメリカ植民地との間に亀裂を生じたという事実もあったに違いない。いずれにせよ、ここに明らかなことは、帝国の構造、イギリス帝国の体制の一体性にかかわる問題に関する限り、バークはアイルランドよりもロンドンつまりグレート・ブリテンの立場に立ったという事実である。

さらに一七二〇年の「宣言法」で、アイルランド議会は、アメリカ植民地とほぼ同様に、ロンドンの議会と国王との主権への従属が確定されていたが、アイルランド議会の「独立」——ただしイギリス国王への忠誠は不変——を掲げる運動が、一七八〇年にはアイルランド議会に決議案を上程するまでの力を得るにいたり、アメリカ植民地に似た情勢の悪化を呈した。バークはこの限定的「独立」の要求に反対の態度をとったが、議会での公の発言は見られない。その二年後には、ロンドンの議会が、この要求を認め、アイルランド議会の「独立」を承認するにいたったのだが、ここでもバークは格別の役割を演じていない。これは不可解な印象を与える。

というのは、周知のようにこの時期バークは、議会の少数派としてアメリカの独立を敢然として擁護していたのにもかかわらず、アイルランドについては「議会の独立」さえ認めず、しかも目立たない曖昧な言葉でしか態度を示さなかったからである。[170] それはなぜか。

その基本的な理由は、帝国の一体性を擁護するバークが、アイルランド議会の独立が、将来はアイルランドそのものの独立を志向する運動になることを危惧した点にあると考えられる。バークによれば「アイルランドに諸国家の一員という装い」を可能にする完全独立とは、「一部の人間の野心を満たすものではあっても、国全体に利益をもたらすものではない」、なぜなら「アイルランドの繁栄の源とその将来への希望とをすべて絶つことなしに、イングランドからの分離はありえない」からである。[171] すなわちグレート・ブリテンとアイルランドは密接不可分な関係に立つ、帝国のパートナーなのである。このように、帝国体制の擁護というバークの立場は歴然としている。

しかし、それでは、アメリカとの関係であれほど帝国の政策を雄弁に批判し、インドとの関係であれほど雄弁に帝国の体制を擁護したバークが、なぜアイルランドに対する支配の構造について、賛否いずれの立場をとるにせよ、目立った言動を示さなかったのだろうか。

そこに見られるのは、グレート・ブリテンとアイルランドの「不可分性」を前提にしながらも、植民地支配という帝国の政治体制についての正面からの議論を避けるという姿勢である。それはバークの二つの行動によって示された。

一つは、バークが帝国の「不可分性」を裏付けるために、植民地支配の問題をアイルランドの「自由貿易」という経済問題に置き換えて、争点の当面の非政治化を図ったことである。もちろん彼は早くからアイルランドの貧困に関心を持っていたから、経済関係の重視は、単に戦術的な考慮だけから出たわけではない。その上、とくにアメリカ植民地戦争は、アイルランドのアメリカへの輸出と移民を不可能にし、また当時他の植民地との通商に対する制約も課せられていたことから、アイルランドでの不満が高まり、不穏な事態への対応は緊急の課題となっていた[172]。それにバーク自身、本来、帝国内自由貿易論者だった[173]。そこでバークも推進者の一人となって、イギリスの下院は、一七七八年にアイルランドの通商規制を大幅に緩和する法案を作成したのである。しかし、それはイギリスの実業界の反対に当面し、議会はわずかな規制緩和で終わることになった。この反対の中心になった貿易港ブリストルは、当時バークの選挙区だったが、彼はその商業貿易業者協会に宛てて、繁栄するアイルランドとの自由貿易でブリストルほど利益を得る都市はないと述べて、こう訴えている。

「貧窮と破産という事態からは、どの国との交易も生まれません。富んだ国の余剰の品々は、貧しい国の必需品より以上に、通商の対象に適した物をもたらすということには、全く疑問の余地がないと私は信じています。富がいたるところに存在することこそ、通商の世界には有利なのです[174]。」「もしアイルランドが皆さんに利益をもたらすとすれば、それはアイルランドが規制されている分野からではなく、仮に圧倒的優位に立つ分野は別にしても、自由な貿易を認められている分野から生じるのです。アイルランドの自由度が大きいほど、皆さんの利益も大きくなるのです[175]。」

このようにバークは、帝国の政治構造に関する場合にくらべて、アイルランドとの経済関係については、はるかに公然と議論を先導し、通商規制緩和の推進を積極的に試みた。しかし彼の「自由貿易」論は、選挙民の利益意識よりも時代の先を行くものであり、選挙民の強い抵抗に遭遇した彼は、問題のそれ以上の政治化を避け、後退した下院の妥協案を呑んだのである[176]。

だが第二にバークは、経済・通商といった非政治的タームで論じることによって、帝国の支配体制問題を回避しただけではなく、実は、本国との関係での帝国の体制よりも、アイルランドの中でのカトリックへの抑圧や差別、またそれに密接に結びついているイギリスにおける反カトリックの制度に対して、はるかに強い関心を懐いていたのだった。そしてこれは、自らアイルランド系であるオブライエンが繰り返し強調しているように、バークの出自からしても、彼の心に刺さる、とげだったのである。それは、アイルランドのカトリックへの共感を懐きながらロンドンの政界で存在感を示していくバークの個人的アイデンティティと、彼の全面的な忠誠の対象となる名誉革命体制のアイデンティティとの二つが複雑に交錯する、彼の内面の世界にかかわる問題だったと言っても過言ではないだろう。それは、彼の心の深層に根ざした、まさにその故に傷つきやすい領域であった。

オブライエンはバークを、「ユダヤ系の家に生まれ、キリスト教徒として育てられ、時折『ユダヤの奴等』について敵意と侮蔑を込めて口にする、キリスト教徒の仲間の声に耳をふさぐすべのない人間」(177)になぞらえているが、彼の実存的な根源と屈折とを的確に表わした言葉と言うべきであろう。

バークは、彼が政界で最初に秘書として仕えたハミルトンに同行して一七六一年から六四年までアイルランドに滞在したが、その期間に執筆した『アイルランドにおける反カトリック諸法に関する小論』という草稿がある。それがこの問題に取り組んだ始まりだった。生前には公刊されなかったこの小論で、まだ三〇代の彼は、当時のカトリック刑罰法が、公職からの排除、財産取得上の制限、軍隊や法曹からの排除などを規定していることに反対し、アイルランドの多数の国民がその犠牲になっていることを指摘して、彼の信条を率直にこう述べている。

「もし国民共通の権利と、あるべき政府の目的とを侵犯するような法が、その性質の点で重要であり、その効果の点で広範である場合には、……法の人心への拘束力は失効する。……国民(people)の大多数と対立する法は、実質的には国民そのものに対立する法である。……それは正義に反する個々の事例があるということではなく、総体としての抑圧である。……大勢の国民(the mass of the nation)に対立する法は、理に適った制度ではないのだから、それは権威を持たない。なぜなら、いかなる形態の政府であっても、国民が真の立法者だからである。……法が正当であるためには、国民の合意が絶対に不可欠なのである。[178]」

ロックの政治思想に肯定的な意味で言及することのなかったバークの、このほとんどロック的な立論に、彼の真情を読み取ることができるが[179]、ここで注意すべきことは、彼が名誉革命の原理に訴えて、名誉革命体制のカトリック抑圧に抗議しているという点である。

その後、一七七八年、サヴィル(George Savile)議員がカトリック救済法を上程したが、これは実際にはバークが起草した法案であり、選挙権付与を含まないこの限定的救済法は成立を見た。バークはこの件でも、公式にはあまり表面に出ないように行動していた。しかし、彼の立場は議会外にも知られるようになり、その結果一七八〇年六月、ゴードン卿を中心とする反カトリック暴動では彼も攻撃の的になり、毅然としてこれに反対したバークは、身の危険にさらされたのだった[180]。

しかし、バークにとって事態は複雑だった。なぜなら、ロンドン議会によるカトリック救済は、アイルランドでの差別・抑圧の緩和に直結しなかったのである。その上、七八年にアメリカを支持するフランスと戦争状態になったイギリスは、アイルランドへのフランス軍の侵攻に備える必要に迫られたが兵力が足りず、七九年から「アイルランド義勇軍(Irish Volunteers)」が結成・増強されることになった。これは同年の末には五万人の部隊となったと言われる[181]。だが、イギリス防衛の一環としてのこの義勇軍の指導権は、圧倒的にアイルランドのプロテスタント勢力の手中にあり、彼らはロンドンの支持を背景に、アイルランドでの支配的地位を強化することになったのだった。その上、アイルランドの「自由貿易」要求の中心的推進力は、プロテスタントの中産階級だったのである。こうしてバークは、帝国防衛と帝国内自由貿易とを強く支持しつつ、そのどちらによってもアイルランドでのプロテスタントの地位を強化するという矛盾する立場に立たされ、カトリック解放を支持する者として、二重のディレンマに当面することになった。そして事実、アイルランド自由貿易とカトリック解放とを支持するバークは、そのいずれにも賛同しないブリストル選挙民の支持を失うことになったのである。[182]

その後、「アイルランド義勇軍」は一七八〇年代に内部対立などで影響力を失って行き、また対仏国防問題の緊迫性が減るという背景の下で、バークは、そうした政治的問題には立ち入らず、アイルランドの「自由貿易」に重点を置いて発言することが多かった。しかし、このような複雑な状況の下でのディレンマと、それに伴う積年の鬱屈した苦渋を一挙に吐露するかのように、彼は一七九二年、アイルランド議会議員ラングリッシュ卿に宛てた、公表を想定した書簡において、カトリックへの抑圧・差別についての考えと心情とを、これまでになく率直かつ総括的に述べたのである。

この書簡の背景をなす状況について見るならば、一七六〇年代に結成され、八〇年代には活動が沈滞していたアイルランドの「カトリック委員会(Catholic Committee)」は、フランス革命や人権宣言の影響を受けて九〇年、にわかに再活性化して選挙権の要求を掲げるようになっていた。加えてその翌年、プロテスタント非国教徒急進派が推進力となり、カトリックにも開かれた組織として「統一アイルランド人協会(Society of United Irishmen)」を結成し、「カトリック委員会」への支持を表明するに至っていた。[183] 運動のこうした拡大と急進化を深刻に受けとめたバークは、一七九二年、もはやロンドンの議会ではなく、直接の当事者であるアイルランド議会の議員に訴える道を選び、名誉革命の原理にまで立ち返って、その主張を次のように展開した。

すなわちバークは、ウィリアム三世の「戴冠の誓いによって、国王はカトリックの臣民に、彼らがイギリス人として(つまり特定宗派の人間としてではなく)持っているべき権利と自由とを認めない義務を負ったのだ」という思い込みが一般化しているのに反論して、戴冠の誓いの原文に立ち返る。それは「汝は汝の力の限りを尽くし、神の法、福音の真の信仰告白、また法により確立されしプロテスタント改革国教を護持するや？　汝はこの国の主教団および聖職者に対し、また彼らに委ねられし諸教会に対し、法により帰属が認められし権利と特権のすべて、あるいはそのいかなる一部をも、堅持するや？——然り、余は、このすべてを履行することを約す」という文言である。そこでバークは「ウィリアム三世のこの戴冠の誓いには、臣民のどの部分の政治的・社会的権利についてであれ、議会が行う決定に国王が同意することを妨げる文言は全く存在しない」と言う(184)。

こうしてバークは、名誉革命体制に伴うカトリック抑圧は議会の立法によって救済可能であると解釈することによって、名誉革命の原理を救済する。そして、戴冠の誓いは、特定の宗派、つまり国教会への支持を約束したのであって、およそプロテスタント一般の特権を支持した訳ではなく、したがってカトリック一般の権利を否定したものでもないのであって、それが名誉革命の原理原則なのであると主張し(185)、カトリックを他の宗派と差別する根拠が名誉革命の原理にはないと解釈する。加えて彼は、キリスト教には多くの共通点があるのであって、その点を忘れて宗派間のディセントだけを重視するならば、「最も完全なプロテスタントとは、キリスト教全体にプロテストする人物」ということになり、無神論に帰着する、と強調する(186)。それは、バークが無神論と見なすフランス革命に共鳴する声が、アイルランドに広まりつつあることを念頭に置いた、アイルランド議会に対する彼の警告であった。そして、アイルランドのカトリック教徒の苦境を厳しく指摘して、その警告をこう裏付ける。

「数百万の人々から市民としてのすべての権利、また彼らが持つ生まれながらの憲法上のすべての利益を剝奪することが、名誉革命の公的に表明された原理原則に合致するなどとは到底考えられません。……名誉革命は、イングランドとアイルランドとでは異なった作用を営みました。……イングランドでは、名誉革命は国民の大部分の人々が、自分たちを抑圧する少数集団の政策に抗して、自由の確立のために行なった闘いでした。アイルランドでは、名誉革命は少数の人々の権力の確立だったのであり、圧倒的多数の人々の市民的自由と財産を犠牲にし、国民全体の政治的自由を犠牲にしたのです。ありのままを言えば、それは革命ではなく、征服だったのです。」[187] ウィリアム三世の軍によるアイルランド・カトリックの仮借ない鎮圧を想起するならば、「征服」というバークの言葉は誇張とは言えないであろう。そして、この征服者たちは、被征服者に憎悪と侮蔑をもって臨み、「グレート・ブリテンの絶大な力の支持を背景に権力を行使したのです。征服者たちは、原住民の訴えが対岸イングランドで聞き届けられることがなく、ただ蔑視と憤りとを招くだけだという自信を持っていました。被征服者があげる叫びは、被征服者自身の苦悩を深めるばかりだったのです」[188]。

これまでカトリックの政治的解放について、終始寡黙だったバークが、カトリック抑圧について、これほど激しく告発し、また彼が終生擁護してきた名誉革命体制の暗部を容赦なく摘出した点で、これは異例の公開書簡だと言ってよい。それは政治生活の終わりに近づいた高齢のバークが、この問題でもはや仮面をかぶる必要を持たなくなったことの所産だったのかもしれない[189]。しかし、最大の理由は、フランス革命の影響下でアイルランドのカトリックが、非国教徒の選挙権獲得運動と提携しながら急進化するという現状を背景に、彼が、一方では非国教徒との連携をカトリック解放への圧力を強める戦術的好機の到来と判断しつつ、何よりも「フランス病」と呼ばれた革命の伝播を防ぐためには、カトリック解放が焦眉の課題であると訴えようとしたことにあると思われる[190]。

一七九二年当時のアイルランドの政治地図は、かなり複雑だった。アイルランドの議会を握っていたのは、国教会派の地主など上流階級で、それが特権を独占していた。これに対して、上でもふれたが、北部ベルファストを拠点とするプロテスタント非国教徒の中産階級が中心になって「統一アイルランド人協会」を結成し、選挙権獲得の運動を展開していた。他方、カトリック教徒は、「カトリック委員会」を組織し、地主や都市中産階級を中心に各階層を包括して、カトリック差別廃止や選挙権獲得をめざしていた。だが、これに対抗して、フランス革命に共鳴するカトリックの中間・下層階級が主体となった、急進的な「防衛団(Defenders)」が活動していた[191]。一七九二年九月、フランス革命軍がヴァルミで勝利を収めた時、ダブリンではイリューミネーション付きの祝賀が行われたが[192]、それは、さまざまな差別や権利剝奪に対する、こうした広範な反感の表われだったと思われる。

ここでの対抗軸をやや単純化して言えば、一つは宗派、もう一つは階層であるが、実際の対抗軸はもっと複雑である。例えば国教会特権層に対抗する点では、「カトリック委員会」だけでなく、それに対立する「防衛団」も、「統一アイルランド人協会」に同調した。他方、フランス革命の影響があり、また国教徒支配層の反ジャコバン主義への反発もあって、「統一アイルランド人協会」は共和政志向を、「防衛団」は革命志向を強め、両者は一七九三年以後、親ジャコバン的提携関係に立ち、もともと「統一アイルランド人協会」の急進性を警戒していた「カトリック委員会」穏健改革派と対立することになった。このように、同じ宗派内に階層的な亀裂があり、また利害を共有する階層が宗派を横断して連携する場面もあったのである。

さらに事態を複雑にしたのは、時間的な変化である。第一は、フランス革命の急進化に伴う変化であり、当初は政治的解放のモデルとしてフランス革命を歓迎した「カトリック委員会」が、やがてフランスでの教会財産国有化や聖職者公務員化を見るにいたって、反ジャコバンに変わった。また「アイルランドのジャコバン」視されることへの警戒は、それぞれの運動の内部に亀裂を生んだ。その上第二に、一七九三年の英仏戦争開始の結果、臨戦態勢の下で政治的変革を要求することは、「カトリック委員会」と「統一アイルランド人協会」との双方にとって著しく困難になり、運動は沈滞していくが、その半面で、一部が過激な地下活動に転換することになった。

こうした状況の下で、一七九三年にピットはアイルランド議会でのカトリック救済法の成立を推進し、カトリックの選挙権(議員への被選挙権を除く)を認めたが、その最大の狙いは、フランス軍がアイルランドに侵攻した場合に備えて、それに呼応する可能性のある現地勢力の根を断っておくことにあった。バークは、この立法の成立に積極的に協力した。

だがこの法の成立を祝う書簡の中で、バークは次の課題として二つあげている。

一つには、アイルランドのプロテスタント「実力者集団の利権あさりの精神、これを何とかして弱め、一定の枠内に抑え込まなければなりません」。第二に、「そうすれば、あらゆる分野のアイルランド同胞の下層部分を構成し、今や共和主義の稲妻によって一〇倍の力で台頭している反逆の精神を打破することが、もっと容易になる」という道筋で、ジャコバン主義の浸透を抑え込まなければならない。(193)

そして一七九四年、ロッキンガム亡き後バークの後ろ盾となったフィッツウィリアム伯が、ピットにアイルランド総督に任命されたが、彼はバークの意見を容れて、アイルランドのプロテスタント権力集団――バークはこれを“Junto”と呼んだ――の解体断行を開始し、またカトリック教徒の被選挙権を認める動きを見せた。しかし、この被選挙権承認の方針はジョージ三世とピットの反対にあい、総督は翌年解任された。フィッツウィリアムの施政方針は、アイルランドの民衆に大きな期待を懐かせただけに、彼の解任は深い失望を招き、後任者の到着とともにダブリンでは暴動が起こり、緊張が高まった。他方、彼の赴任でパニックに陥っていた「プロテスタント覇権組織(Protestant Ascendancy)」と自称する権力集団は、先制攻撃的な挑発と弾圧に乗り出し、こうして抵抗と弾圧の悪循環が深まって行くのである。

そうした状況の中で、バークは「プロテスタント覇権組織」に批判の矢を向け、ダブリンのカトリック大司教が「防衛団」その他のカトリック教徒に武器を捨てるよう呼びかけたのに反対して、こう記している。

「カトリック教徒は、どう見ても愚行としか言えない武装解除を行いました。もし騒乱を起こしたすべての部類の人々が武装解除を行うのなら、それは素晴らしい方策だと言えましょう。しかし、武装蜂起した、ある部類の人々が平和な臣民になることに同意したのに対して、別の武装集団、しかも他の集団を最初に挑発した武装集団をそのままにするとすれば、それはわれわれの不幸な時代と国家とを表わす政策と言うべきです。アイルランドの統治ではなく略奪に従事する、厚顔無恥で低劣な抑圧者に抵抗するには、カトリック委員会の再決起以外に道はありません。そして現状では、カトリック委員会の再決起は、ジャコバン主義を完全に解き放つ以外にありえないと思います。[194]」

バークが、その状況的相対主義の域をこえて、ジャコバン主義の利用を口にするほど思いつめた言葉を書き記した一七九五年は、またヘイスティングズ弾劾が無罪という形で終息した時期でもあり、ここにバークは深刻な挫折感を味わうことになった。それは単なる心理的なトラウマであるだけでなく、イギリスと名誉革命の伝統とに対するバークの態度にアンビヴァレンスを生み、これまで一貫して揺るぎ

なかった体制擁護の思想に一抹の疑念を投じることになったのである。(195)

六　終焉の不安

すでに、その二年前、バークはカトリック委員会に協力して動いていた息子リチャードへの私信で、「君の父がしたように、君は富裕で驕慢で権力を持つ多くの人々と対決しなければならないのです」と彼を激励し、アイルランドの状況について、ここには「刑罰という自由、権利剝奪という自由」などしかなく、「半端な自由とは特権と大権の反面であって、自由ではない」と言い切っている。さらにこの書簡でバークは、アイルランド権力集団が支配するアイルランド議会を批判するだけでなく、その批判の矢をイギリス議会にも向ける。

「一六八八年に、アイルランド人はイギリス議会に反逆し、イギリス議会はアイルランドの土地の大部分を売却処分に付しました。私は、あえてアイルランド人の反逆を弁護するつもりなどありませんし、イギリス議会による土地没収を非難もしません。……もし名誉革命という形でのイングランド人とスコットランド人の抵抗の原理が正当化可能だとすれば(もちろん可能だと考えますが)、アイルランドの屈服の経緯についても酌量の余地があるはずです。なぜなら、アイルランド人がウィリアム王に抵抗したにせよ、彼らはイングランド人とスコットランド人とがジェームズ王に抵抗したのと全く同じ原理に基づいて抵抗したのだからです。」

やや迂遠な表現ではあるが、ここでバークは名誉革命の原理を名誉革命の批判原理とすることによって、現実の名誉革命そのものの正統性を、もちろん否定はしないが、明らかに相対化している。そして、アイルランドの貧しい農民が、イングランドやスコットランドから来た地主たちによって「頭に叩き込まれた土地所有権の所在について〔自分たちで〕考えるようになれば、この土地は、かつて自分たちの先祖の所有物だったことを推定し立証して権利を主張する以外になくなる」ことを指摘して、書簡を終わっている。(196)

公表を想定した発言とは違った、息子宛ての私信だけに、名誉革命体制に対するバークの思考と心情の揺れが端的に現われていると言って過言ではなかろう。

さらに一七九五年、フィッツウィリアム解任の衝撃を受けた直後、バークは妻の依頼で彼女の友人宛てに認めたきわめて私的な手紙の中で、こう書いている。「私の心は病み、私の胸はむかつき、私の頭はめまいを起こしています。世界がぐるぐる回り、揺れ動いているように感じるのです。民主主義のさまざまな犯罪と、貴族支配の血迷った愚かさ、そのどちらもが私に恐怖と混乱を引き起こすのです。ただ一つの救いは、このすべての迷路を見通される神だけです。さようなら！　神のお恵みがありますように。(197)」

しかしバークの最優先の関心事は、やはり反ジャコバン主義であった。ただ、ことアイルランドに関する限り、彼はカトリックの反乱に同情的だった。「一七九〇年代のバークは、ブリテンに関しては、イギリス憲法体制をジャコバン主義者およびジャコバン同調者という敵に対して護るという意味で、保守主義者だった。しかし彼は、アイルランドに関しては、彼の親族を含めて大多数の現地民がイギリス憲法体制の恩典を奪われている以上、保守主義者ではなかった(198)」とオブライエンは言う。だが、果たしてこの二つは両立可能なのか。

バークは、アイルランドの事態に関して、フィッツウィリアム伯に宛てた書簡で、彼の苦境をこう記している。「自分がどこに立っているのか、私にはよく分かりません。他方、ジャコバンのシステム、また他のすべての邪悪なシステムは、ただ持続するだけでなく、一層増大し強力になるでありましょう。私たちは、悲嘆にくれる以外に、なすすべがないに等しいのです。私たちは、専制主義とジャコバン主義との永遠のディレンマに直面しています。そして、ジャコバン主義にも専制主義の味が浸みており、専制主義にはジャコバン主義の臭いがついているのです。」[199]

その生涯の最後に、こうした過酷なディレンマに引き裂かれた内面的緊張を孕みながら、彼は結局、何よりも反ジャコバン主義を優先させていった。一七九六年末、カトリック委員会の旧知の友人が、バークを「真のアイルランド人」と呼んだことにふれて、こう書いている。

「私は、長い習慣、長期にわたる義務、国教への帰依を通じて、イギリスを祖国と考えており、私が最優先の義務を負っているのはイギリスに対してであると考えています。そして、たまたま運命によって両島間の海のイングランド側に生まれたとしても、真のイギリス人たる人物が、同時に真のアイルランド人たりえないなどとは考えられないのであり、アイルランド側でも同様な気持ちを持つべきです。」[200] このように、両島間のアイルランド側に生まれたとしてもイギリスへの義務と忠誠を優先するということ、それはイギリスの名誉革命体制の擁護と、ジャコバン主義との闘いを、最優先課題とするということに他ならない。

だが、ジャコバン主義と闘うバークの言葉には、微妙な変化が現われていた。すなわち、当初のジャコバン主義批判は、それが「悪」であり「誤謬」であることに専ら力点が置かれていたが、革命軍のヴァルミの勝利以後の事態のなかで、次第に革命フランスの「力」や「強さ」をも強調するようになった。一七九三年一〇月には、ジャコバン主義者のもつ無数の欠陥を埋め合わせて、彼らを恐るべき敵に仕立て上げたものは何か、と自問して、「それは一つ、ただ一つだけ——ただし、その一つは千倍に匹敵するのだが——彼らにはエネルギーがあるのだ」[201]と書いている。

また「弑逆者」フランスとの和議に強硬に反対して一七九六、七年にかけて書いた文章では、こう記している。「これは恐るべき真実ですが、隠しようのない真実なのです。それは、ジャコバンは、有能さ、敏活さ、思想の明確さという点で、われわれに勝っているということです。彼らは、事の本質を初めから知っていました。……彼らは、これがその精神と目的の点で内戦だということを、見抜いていたのです。」他方、「国王たちの状況、時として宰相たちの状況も、惨憺たるものです。机上の産物であり、引きの産物である彼らは、表明した政策の原則などに興味がないのです。……率直に言えば、俗悪な政治家という連中は、最低の人間です。彼らの手中にある政治ほど、陋劣で思慮のいらない商売はありません。……彼らは、ジャコバンに匹敵する原理原則どころか、およそ原理原則などないままで、ジャコバンの設定したゲームを演じてきたのです[202]」。

その直後一七九七年一月、フランス艦隊がアイルランド上陸を試みて、嵐のために失敗した。これは彼の危機感を一層深めたが、言うまでもなくこの時のフランスは、九四年にテルミドールをへた総裁府の時代であり、イギリスにとっての敵はもはやジャコバン主義ではなく、フランスの膨張主義的ナショナリズムに変わりつつあった。それにもかかわらず、バークは状況をその後も終始「ジャコバン主義」との闘いと定義していた[203]。その時にフランスの侵攻の危険に対抗して彼が擁護していたのは、現実にはイギリスの体制というよりイギリス国家だったのだが、彼にとってそれは不可分の国家＝体制であり、したがって帝国体制であり、その半面で、アイルランド植民地は、結局のところその下位集団だったのである。

そのことを示すのは、彼は、確かに抑圧や弾圧がアイルランドのカトリック教徒をジャコバン主義に追い込むことになる危険を繰り返し警告していたが、他方では、万一反乱が起きた場合に、それを武力で鎮圧することを肯定していたという事実である。[204]バークは、フランス軍のアイルランド侵攻に対して戦うことを当然と考えたが、その戦いが同時にアイルランドのカトリック教徒への大弾圧や大虐殺を伴うことは明らかであった。そして事実、彼の死の翌年一七九八年、アイルランドでは大規模な反乱と内戦が勃発し、小規模のフランス軍も上陸したのである。名誉革命体制下のこの最悪の内戦への対応として、一八〇一年に「グレート・ブリテンおよびアイルランド連合王国」が制定され、アイルランドでの英帝国の一層の制度化への動きが始まったのだった。

バークによるイギリスの国家体制・帝国体制の擁護が、最も尖鋭に矛盾を露呈したのは、アメリカでもインドでもなく、本国に最も近いアイルランドだった。その矛盾を人格の内奥の苦悩として生涯負い続け、晩年には内面の分裂を直視せざるをえなかったバークだったが、最終的にはイギリスの体制を基軸とする帝国の擁護へと回帰した、あるいは回帰する以外になかったのである。

こうしてバークは、〈名誉革命体制の良心〉として、その生涯の終わりを迎えた。しかし、この体制につきまとう暗部は、彼自身に平安を与えるものではなかった。

バークの生活は、借財をかかえ、経済的には決して安定していなかったのであり、長い政治生活から引退した際、宰相ピットの計らいで、一七九五年に年金を受給できることになった。ところがこれに対して、フォックス派に属する富裕なベッドフォード公爵(Duke of Bedford)等により、それはかつて「王室機構財政改革」を主張し、国王の裁量による高給の閑職や年金の配分を削減するために制度改革を推進したバークの立場と首尾一貫していないという、悪意のある批判と揶揄が上院でなされた。これに対してバークは、「私は神の前ではへりくだって振舞いますが、正義に反する無思慮な人々の誹謗に反撃してはならないという理はないと考えます[205]」として、『一貴族への書簡』という形で憤然とこう反論した[206]。

ベッドフォード卿のように「自分自身が成し遂げた、目に見える業績など全くなしに巨富を保有する人々」が「私の上位者でありうる唯一の条件[207]」――それは先祖からの遺産である。だがベッドフォード卿の先祖は、ヘンリ八世という専制君主が貴族や教会・修道院の財産を強奪・没収したものを下賜された寵臣だったというだけのことである。他方「私の業績とは、私が生きた今の時代に、国教会全体と私の祖国とを擁護したことにあります[208]」。

そして彼は言う。「私の人生で一歩でも前に進むごとに(と申すのは一歩ごとに障害や反対に当面したからですが)、私は私のパスポートを見せ、そして私の唯一の称号は、祖国に役立っているという名誉だけであることを、幾度となく繰り返して証明しなければなりませんでした。すなわち、私がわが国の法や、内外でのわが国の利益の仕組み全体について、全く無知ではないことを証明することが必要だったのです。それ以外に、私には何の身分もなく、世に受け入れられることさえなかったのです[209]。」

「しかし公務上の貢献に目を向けて見ましょう。確かに、身分、幸運、抜群の血統、若さ、体力、容姿などの点でベッドフォード卿と私とを比べることなど、愚の骨頂ですが、それと同様に、卿の公的な貢献度と、国家に役立とうとする私の努力とを比較するのも愚かなことです[210]。」

この書簡にはこうした針を含んだ表現が続くが、ここには、カトリックを背景に持ったアイルランド出身というスティグマを負いながら、自力でロンドンの政界で頭角を現わし、下院の優越を信じ、「本然の貴族」と自任して体制擁護に政治生命を捧げ、その意味で「ブルジョワ的[211]」エトスを身につけていたバークが、世襲貴族の身分的優位に対して懐いてきた積年の怨念が、一挙に噴出した感がある。[212]

だが、それだけではない。バークはここで、世襲貴族の権力の起源を暴露することによって、およそ支配権力の出自は「秘密のヴェール」で隠し、支配はそれが長く存在したという事実だけで正統性を獲得すると一貫して主張してきた彼の立場を、自ら覆す行動をとったのである。これは、バークの行動としては、ほとんど信じがたいものである。これをマクファーソンのように「成り上がり者」の心理と解釈する[213]だけでは足りないであろう。なぜなら、こうした現状への不満と批判は、彼だけの個人的な怨念ではなかったのであり、だからこそ、議会改革や選挙権拡大の運動が起こる構造的な素地があったのである。確かにバークは、そうした運動には反対だったが、だからと言って、彼が終始、体制を全面的に支持してきたとは言えない。アイルランドのカトリックの視点からの、名誉革命体制に対する彼のアンビヴァレンスには、根深いものがあった。そして今や現存する貴族政への反発を抑え難いまま権力の起源を暴露し、支配体制のタブーを公然と自ら破ったという彼の行動には、世襲貴族だけに向けられた不信の域を越え、おそらく彼の望むところを越えて、支配体制へのアンビヴァレンスと不安が潜んでいたのではなかっただろうか。

もちろん、名誉革命体制の複合憲法に対する彼の忠誠は、群を抜いて献身的なものであった。それを端的に示すのは、彼が理念とする体制を護るために、彼は幾度となく、政界でほとんど完全に孤立するリスクを冒して、その信条を貫いたという事実である。アメリカ独立容認の孤高の声を上げて「プロ・アメリカン」とそしられながら同僚議員や選挙民に切々と訴え、ゴードン暴動の際には生命の危険を冒してカトリック救済の立場を貫き、ブリストル選挙区の支持を失う危険を知りながらアイルランド自由貿易を主張し、東インド会社の不正糾弾が災いしてロッキンガム派の選挙大敗を招き、フランス革命を早くから否認してホウィッグの同志の中で孤立し、世論の関心喪失にも勝算の乏しさにも屈せずヘイスティングズ弾劾を八年にわたって持続するなど、彼の政治生活には〈体制の良心〉としての孤高の闘いが続いたのである。

それにもかかわらず、というより、まさにその故に、政界引退にあたってバークは、爵位を授与されなかっただけでなく、妥当な年金の受領さえ、中傷の的にされたのだった。一七九四年に、彼がほとんど溺愛していた一人息子リチャードに先立たれて、私生活面で絶望に近い心境に陥っていたバークは、公的な政治生活の終幕でも、深い傷心を体験しなければならなかったのである。[214]

バークは彼の体制擁護の政治的な闘いの一生を、最後に「反ジャコバン」の一点に収斂することによって正当化し続けたのだが、アイルランドのみならずイングランドの体制の彼に対する報いは、酷薄であった。彼の心理と思想に、名誉革命体制に対するアンビヴァレンスが生まれ、彼の内面の深層に不安が芽生えたとしても当然である。

バークはその死の前年一七九六年、革命勢力への恐怖と死後についての脅迫観念を、こう洩らしていた。「全ヨーロッパと全人類を圧倒する危険をもつ暴政に抗して、私の皮膚を張った太鼓がヨーロッパを鼓舞して永遠に戦うことなどないようにするためには、私は完全に抹殺されねばならないのでしょうか。……彼らには死肉を餌食にするハイエナがいます。……彼らは、私のような者を、全く人目につかない隠居所まで追跡し、革命裁判に引きずり出すのです。性別も年齢も墓所という聖域も、彼らの眼中にはありません。特権層に対する彼らの憎しみは堅く、墓という悲しい放免の場さえ死者に許さないのです。[215]」

翌一七九七年、彼は死の三日前、自分の遺体の埋葬場所を人に知られないよう、秘匿することを遺言した。その理由は、「フランスの革命勢力」が侵攻した際、自分の墓を暴くことを恐れたからであった。これは彼が「さまよえる魂になったことを示すわけではなく」ジャコバン主義への死にいたるまでの敵対と不信を表わすのだとしても[216]、この反応は異様である。ここには、革命勢力の「力」に対する病的なまでの恐怖が現われている。

もし彼が、自分個人ではなく、イギリスの体制に絶対の信頼を寄せていたのであれば、そして永遠の体制擁護の戦士として名を残す確信を持っていたのであれば、なぜこれほどの過剰反応を見せ、なぜこれほど不安に駆られたのだろうか。この反応は、憲法体制を擁護して、敢然と孤高の声を上げ続けてきた彼の姿勢を思えば、ほとんど別人の観がある。それは、彼がとくに晩年、名誉革命の体制そのものの翳を見ていたことの現われではなかっただろうか[217]。

バークについて、その先見性を高く評価する意見は少なくない。とくに、第一章二でも指摘したように、逸早く革命的「絶対民主主義」の自己否定的なダイナミックスを感知し、ナポレオン型の軍事独裁の出現を予知したことが、彼の先見性の例として言及されることが多い。確かに彼の同時代人に、こうした予測を語る人物はほとんど見当たらなかったのであり、その点は評価すべきである。しかし、これが果たして彼の独創的先見性を示すのかどうかは疑わしい。予測が早いことと、予測が独創的であることとは別である。と言うのは、彼が親しんできた古典の中で、例えばアリストテレスは、「昔の僭主たちのほとんど大多数の者が民衆指導者から出てきた者」であり、「民衆指導は兵隊の指揮者たちから出た[218]」と指摘していた。また、ローマ史に通じ、エドワード・ギボンとの交流があったバークにとって、「カエサル型独裁」は周知のことだったに違いないし、現にバークは、一七八九年秋という早い時点での書簡で、ローマのポピュリスト型指導者を想起している[219]。

換言すれば、彼の先見性は〈既視の事実の予知〉であって〈未知の現実の予見〉ではなかった。したがって、いかなる「水平化」の動きにも鋭敏な拒絶反応を示す彼の「先見性」は、彼が擁護する既存の憲法体制の複合性と裏腹をなしていた。また彼が「先見性」を発揮したアメリカ、アイルランド、東インド会社などの諸問題についても、彼が行なった先見的な警告は、すべて名誉革命の枠内で、名誉革命の原理原則に復帰することを目指すという意味で〈回帰の先見性〉だった。

その半面、彼の死後一九世紀に入り、イギリスではバークが終始強く反対した選挙権拡大「議会改革」運動が盛り上がり、インドでは彼が自明視した「帝国」に対して「大反乱」(220)にいたる反植民地支配の武装抵抗が強まり、アイルランドでは彼の予想を超えた内戦と連合王国形成の後も、土地所有とカトリック差別を争点に、長く「アイルランド問題」が続き、名誉革命体制は〈未来展望の先見性〉の欠如を露呈することになった。晩年のバークを苛んだ不安は、こうした体制の限界と見えざる地殻変動との予兆だったのかもしれない。

バークは、イギリスの体制が、君主政、貴族政、民主政、国教会からなる複合憲法であり、そこに絶えざる緊張関係があることを熟知しており、それらの均衡を図るために深慮と状況的オポチュニズムが不可欠であることを終始力説したが、そうした思考は、この体制の複合性こそが他の体制に対する優越性を示し、この複合要因が最終的に調和可能であり、その意味で不変であるという、強い確信に支えられていたのだった。

だが、彼の描く「ヨーロッパ体制共同体」が、実態と乖離した、彼の「イギリス体制」像の投映であったように、その「イギリス体制」像も、名誉革命体制の実態というよりは、それについて彼が政治生活を賭けて構築した理念の投映であった。そして、不安に苛まれていたバークの晩年は、現実の変動への対応力を失い始めた一八世紀の支配体制が、ヨーロッパ大陸のみならずイギリス自体でも混迷を深めていく、ひとつの世紀の終焉の時代だったのである。

（1）*Corr.*, VI, p. 10, to the Earl of Charlemont (9 Aug. 1789). なお、これがバスティーユとその後の事態を念頭に置いていることは明らかだが、当時パリでの事件がロンドンで新聞報道されるまでには、少なくとも四日かかっている（*ibid.*, p. 10, n. 1, p. 30, n. 2）ので、八月四日夜の領主の封建的特権廃止等の情報は未着だったと思われる。

（2）*Corr.*, VI, p. 36, to Earl of Fitzwilliam (12 Nov. 1789).

（3）「一七九〇年代以前のヨーロッパの用語では、〝革命〟とは運勢の逆転あるいは突然の変動を指していた。つまり、構造とか発展段階の特徴にではなく、その変化が観察者に与える驚きの強度に着目して判断されたのである。」*Reflections* (Clark, 154, n.) なおフランス革命の勃発が、権力政治上の「革命」であっただけでなく、フランス革命自体が、旧体制ヨーロッパの権力政治の変動と混迷の所産であった点を強調するものとして Blanning, T. C. W., "The French Revolution and Europe", in Lucas, Colin (ed.): *Rewriting the French Revolution* (Oxford, 1991), pp. 183 ff.

（4）*Corr.*, VI, p. 46, to Charles-Jean-François Depont (Nov. 1789).

（5）このペインの指摘は正確であり、英国での誤った理解とは異なり、当時のフランスでいう「アリストクラート」は、貴族支配・反革命の支持者という政治的な意味に使われ、したがってブルジョワや農民でも「アリストクラート」がありえたといわれる。*Corr.*, VI, p. 68, n. 3. なおペインは、早くも五月一日に「私は、いずれ憲法が公布される時にはパリにもどり、祝賀行進でアメリカの旗を振ることにしています」と、ジョージ・ワシントンに書き送っている。*Ibid.*, p. 72, n. 1. ただしペインは一七八九年七月にはロッテルダムにおり、一一月にパリに帰るまで、革命の現場を見た訳ではなかった――彼は目撃情報のような書き方をしているが。Clark : Introduction to *Reflections*, p. 71. なおクラークは、ペインやジェファソンは相当の期間パリにいたにもかかわらずフランス語の談話能力が低く、それが彼らのフランス革命についての浅薄な楽観論の一因だったとまで言う。またバークもフランス語の会話が苦手だったが、読み書きには不自由しなかったことは書簡から分かる。フォックスのフランス語会話については、一八〇二年のアミアン講和で会ったナポレオンが「彼のひどいフランス語にはホトホト手こずった」と評したと言われている。*Ibid*., pp. 46-7. こうした事例は、後述のようにバークを含め、当時多くのエリート層が自称した「ヨーロッパ」の同質性に、若干の留保が必要なことを示唆しているかもしれない。

(6) *Corr*., VI, p. 71, Thomas Paine to Edmund Burke (17 Jan. 1790). ただしペインは「現在フランスは、自国のこと以外には関心がないように見受けられます」と述べている。pp. 71-2.

(7) *Substance of Speech on the Army Estimates*, *WK*, III, pp. 217-8.

(8) 例えば前出のフランスの若い知人への手紙(八九年一一月)では、「しかし、もし(というのは今の私には十分な情報がなく、仮定的な言い方しか出来ないので)……」(p. 46)といった抑制のきいた表現があったが、そうした言葉は、この頃以降は消える。

(9) 当時のバークの反フランス革命の態度に、反フォックスの感情が顕著に表出していたことは否めないが、それは、バークが全力をあげて推進してきたヘイスティングズ弾劾に対して、フォックスが熱意を示さないことへの個人的ルサンティマンの現われだった、とするベンジャミン・ディスレーリなどの解釈は、問題を矮小化するものと言うべきだろう。確かに当時すでに生まれていたフォックスへのこうした怨恨は、バークの反フォックスの態度に影響したとしても、彼の反フランス革命の態度そのものを左右した訳ではなかったという O'Brien の解釈は妥当であろう。O'Brien, Conor Cruise : *The Great Melody : A Thematic Biography of Edmund Burke* (Chicago, 1992), pp. 399-400. なおオブライエンによれば「(下院における)名目的な関係を除いて、フォックスがバークを指導する立場に立ったことはなかった。フォックスはバークに対し、道義と知性の点で畏敬の念を懐いており、バークはそのことをよく知っていた」。*Ibid.*, p. 315.

(10) フォックスは、名誉革命以来のホウィッグ貴族・地主層の第一義的な役割は、王権(当面はジョージ三世)に対する抵抗と抑制にあるという確信ないし「固定観念」の持主で、それが一因となって、フランス革命の展開とともに、議会改革推進派、バーク的反革命派、フォックス支持派へのホウィッグの分裂を招いた。Butterfield, Herbert, "Charles James Fox and the Whig Opposition in 1792", *The Cambridge Historical Journal*, vol. IX, no. 3, 1949, pp. 293-330. なおフォックスは、フランス革命が急進化した一七九三年にあっても、そうした事態が、ヨーロッパの専制君主たちによる自由抑圧の連合戦線結成の口実を与えることを憂えるという、バークと対照的な反応を見せていた。Mitchell, L. G.: *Charles James Fox and the Disintegration of the Whig Party, 1782–1794* (Oxford, 1971), p. 226.

(11) 第一章でもふれたように、本書の表題は、『フランスにおける革命、およびその事件に関連するロンドンの幾つかの団体の活動、についての省察』である。

(12) バークは、革命前一七八七年までフランスの蔵相だったカロンヌが『省察』とほぼ同じ時期に刊行した著書を贈呈してきたのに対し、フランスについて多くの知識を得たことを感謝し、こう記したのである。*Corr.*, VI, p. 141, to Charles Alexandre de Calonne (25 Oct. 1790).

(13) *Reflections* (Clark), p. 413.

(14) *Corr.*, VI, p. 419, to Henry Dundas (30 Sep. 1791).

(15) 例えばMorley, John: *Burke*, Pocket edition (London, 1923), p. 147. また、バークが『省察』を書いたのは、フランス革命が「最も穏やかに見えた時期」であり「この早い時点でフランス革命の性格を見抜いたバークの洞察力」は傑出している。O'Brien: *op. cit.*, p. 402.

(16) 代表制の根拠を「権利」に求める人々の「論理は単純明白であります。この人々は絶対的な権利を根拠とし、個人の代表以外の何ものにも満足しない、なぜならすべての自然権は、個人の権利でなければならないと考えるからです。……すべての人間は自治を本旨とし、本人が赴きえない場合に代表を送るのであり、それ以外の形の政府はすべて簒奪者であって、人々の服従を要求できる立場からは程遠いのであり、これに抵抗するのは、われわれの権利であるだけでなく義務なのです。議会改革を要求する人の九割は、このように自然権に立脚した主張を展開しているのです」。これに対してバークは、この個人の代表としての議会という方式は、「アナーキーに直結する以外の何ものでもありません」と論難したのである。彼のフランス革命批判の思考の原型が、ここに見られる。*Speech on Reform of Representation of the Commons in Parliament* (7 May 1782), WK, VII, pp. 93, 102. 他方、非国教徒は、一八世紀前半にはジャコバイトやカトリックに対して名誉革命体制を防衛することを主眼としていたが、一七六〇—七〇年代から、国教会や議会に批判の目を向けるようになった。例えばプライスの弟子 James Burgh は、広く読まれた *Political Disquisitions*, 1774-75 で男子普通選挙権を提唱しており、また代表権の平等を主張したプライスの *Observations on the Nature of Civil Liberty*, 1776 は十数万部売れるという状況だった。Clark, J. C. D.: *English Society 1660-1832*, 2nd ed. (Cambridge, 2000), pp. 378-84, 396-9 ; Plumb, J. H.: *England in the Eighteenth Century* (Penguin Book, 1990), p. 135.

(17) 例えばプライスは、「国民が国王を選んだ」という、バークとは異なった名誉革命解釈をしてはいるが、前注のように既に一七七〇年代から主張してきた「平等の代表権」を、上記の演説でも繰り返している。Clark : Introduction to *Reflections*, pp. 82-5. なおプライスたちによるフランス国民議会との連帯の表明は、一七九〇年七月一四日のフランス革命一周年記念日での彼の乾杯の言葉、すなわち「われわれはフランスを不倶戴天の敵」だとしてきたが、「これまではわれわれがフランスのモデルであり、今やフランスがわれわれのモデルとなり……〔両国民は〕かつてのように専制君主の命令で流血の戦場においてではなく、自由という神聖な地でまみえる」ことにより、「平和と自由の恩沢を世界にもたらす」ようになるという発言にも現われているように、「永久平和」のメッセージでもあった。Clark : *ibid.*, Appendix II, p. 428. これは、旧体制下の勢力均衡・権力政治に代わり、ブルジョワジーないし商人層の国際経済交流による世界平和の時代が訪れたという「フィロゾーフ」の思想に対応すると言えよう。Cf. Gilbert, Felix, "The 'New Diplomacy' of the Eighteenth Century", *World Politics*, vol. 4, no. 1 (Oct. 1951), pp. 1-38. また非国教徒牧師プリーストリは、バークの『省察』への反論の公開書簡で、フランス革命は国際平和のみならず、ヨーロッパによるアメリカ、アフリカ、アジアの植民地支配の終焉をもたらすという期待をも述べている。Priestley, Joseph : *Letters to Burke* (Birmingham, 1791, reprinted in 1997), p. 144.

(18)　彼は議会改革を要求する非国教徒について、「少なくともその九割は、その熱狂の度合いに違いはあれ、すべてフランス革命の原理に賛同しています」と述べているが、このような事実はなく、これが彼の危機感を表わすレトリックであることは明らかである。*Corr.*, VI, pp. 419-20, 420, n. 1, to Henry Dundas (30 Sep. 1791).

(19)　「バークはホウィッグ直系の立憲主義者だった。しかし、大陸での彼の礼賛者は、イギリスでの洗練された論争のもつ意味については無知なのが普通で、バークを、最も雄弁な反ジャコバン主義者としてだけ見ていた。彼らは『省察』の翻訳しか読んでおらず、それ以外の演説や著作でもっと率直に披瀝されている、ホウィッグとしての彼の見解を知らなかった。したがって、彼らはバークの主張を、彼らの主張に合うように解釈したのだった。この作られたもう一人のバーク、それが大陸の反革命勢力に広範な影響を与えたのである。」Clark : Introduction to *Reflections*, p. 105.

(20)　*Speech on the Army Estimates*, WK, III, p. 221.

(21)　*Reflections* (Clark), pp. 237-8.

(22)　*Corr.*, VI, pp. 85-92, to Philip Francis (20 Feb. 1790).

(23)　クラムニックは、バークのマリ・アントワネットについてのこうした記述や、ヴェルサイユ宮殿で「ジャコバンの暴徒や人殺し」の襲撃を受けて彼女が寝室から半裸で難を逃れたというバークの——侍女の記録によれば実態とは異なる――想像図などから、バークはジャコバンを男性のセクシュアリティと結びつけていると解釈する。確かにクラムニックが指摘するように、バークの思想に見られるセクシュアリティは、初期(一七五七年)の「美学」論文『崇高と美の観念の起源(*A Philosophical Enquiry into the Origin of our Ideas of the Sublime and Beautiful*)』における崇高(男性的)と美(女性的)の対比に、すでに現われている。そして、ヘイスティングズ弾劾を主導してインドへの暴力行使を非難するバークの言説も含めて、クラムニックがバークの用いる言語をこうした切り口で注意深く点検する視点は興味深い。Kramnick, Isaac: *The Rage of Edmund Burke: Portrait of An Ambivalent Conservative* (New York, 1977), pp. 93-8, 151 ff. しかし、後年のバークの用語が、クラムニックが含意するようなバークの深層心理の現われなのか、それとも聞き手に訴えるためのバークの作為的なレトリックなのかは、検討の余地がある。現にバークは『省察』の翌年八月、王妃に宛てて書簡をしたため、ルイ一六世が九一年の立憲王政憲法を承認することは革命勢力の術中に陥ることだとし、「もし国王がこの見せかけの憲法を受け入れるならば、国王と王妃のお二人は、連れ立って墓穴を掘ることになります。……貴女が裏切り者と取引をしようとされる瞬間、貴女は持っておられる最大の力を失うのです。忍耐、堅忍不抜、沈黙、そして拒否、それこそが力なのです。少しでも積極的行動を起こせば、破滅は不可避です」と冷徹な助言を行なっている。*Corr.*, VI, pp. 350-2. この文面は伝達者が危険を避けたため一部分しか届かなかったが、ここには君主制擁護のために王と王妃に冷厳な警告を送るバークの本意が現われている。他面から言えば、マリ・アントワネットを美化した文章が、読者向けのレトリックであるとしても、それは旧体制擁護を目的とする彼の公式の言葉だと解すべきであろう。そして、そうした体制擁護の言葉であるからこそ、メアリ・ウルストンクラフトが、そこに現われた「ゴシック的な騎士ぶり」、下層民の蔑視、家父長的家族観、とくに女性についての独断などに対して激しく反論したのだった。それは女性を「小柄で、温順で、繊細で、美しい生き物」で、「理性を行使して、そうした美徳とは別種の美徳を身につけることなど絶対にない」ような「動物的完璧さ」をもった存在と見る女性観である、と彼女は言う。Wollstonecraft, Mary : *A Vindication of the Rights of Men* (Oxford World Classics, 1994), pp. 37, 46.

(24) *Reflections* (Clark), p. 239.

(25) こうした読者向けのロマン化ほどではないにせよ、バークは同じ頃、私信で次のような奇妙なレトリックを使っている。「私がこれまでに見てきた四〇年分のヨーロッパの恣意的な君主の政治に匹敵する不正と暴政を、フランスの民主政は数カ月で実行に移してしまったのです。」*Corr.*, VI, p. 96, to Captain Thomas Mercer (26 Feb. 1790).

(26) バークは早くも九〇年二月の前記の『軍事予算に関する演説』の中で、フランスでの旧軍隊の崩壊について、これは「デモクラシーを口実にしたアナーキーの精神の産物」であると言い、それは「支配服従の連鎖によって社会の秩序と一体性を保つ、人間の自然的および社会的な結びつきをすべて破壊する」とし、こう述べている。「それは、兵士が将校に対して、召使いが主人に対して、商人が顧客に対して、細工職人が雇主に対して、借地人が地主に対して、司祭が司教に対して、子どもが親に対して反逆するように仕向けることを目的とするものです。」*WK*, III, p. 223. こうしたいわば「文化革命」的な状況を『省察』以降も「アナーキー」と呼んでいるが、とくに九三年のルイ一六世処刑以後は「弑逆者 Regicide」という言葉が、同じく頻用されるようになる。

(27) *Remarks on the Policy of the Allies*, *WK*, IV, p. 450. ただし「もちろんバークは、革命指導者のほぼすべてが、自分は無神論者ではなく理神論者だと考えるか、少なくともそう称していたことは、よく承知していた。しかしバークは、この二つに区別をつけなかった。一つには、彼の目から見れば、両者は同工異曲だからである。……さらに、革命勢力を無神論と呼ぶことは、論争する上で、効果的だからである。革命支持者は無神論者だということになれば、プライス博士のような説教師の同調者を戸惑わせるのに役立つ」。O'Brien : *op.cit.*, p. 411.

(28) *Observations on a Late Publication Intituled The Present State of the Nation*, WK, I, p. 331. また Clark : Introduction to *Reflections*, p. 44. なおペインは、一七八八、八九両年にバークと交わした会話では、フランスの危機を予期するようなバークの発言はなかったと主張している。Mansfield, Harvey C. (ed.): *Selected Letters of Edmund Burke* (Chicago, 1984), p. 251, n. 4. しかしこれは、バークがフランスでの大変動を全く予期していなかったということではなく、それが現実に起きたような形態の革命になることを予期しておらず、したがって前述のように、「不可解で不条理」と受け取ったと解釈すべきであろう。

(29) *Reflections* (Clark), pp. 274-5, 307-8. ポーコックは、一八世紀における、伝統的土地所有層とは異質な、資本の流動性と政府の借入金（とくに戦債）をめぐる投機とで蓄財する金融業層の出現、およびそれに伴う「紙幣専制支配(paper-money despotism)」の重要性を指摘し、バークも『省察』でこの点の明確な認識を示し、とくに教会土地資産の没収によってアッシニャ紙幣を支える革命政府の政策を糾弾したことに注目している。なおイギリスでは、地主資産の没収ではなく、一八世紀初めのイングランド銀行設立と商業への投資とによって金融財政の基礎が作られた。そして "monied interest" という言葉は、本来はトーリーがホウィッグを非難して用いたものだった。Pocock, J. G. A., "The Political Economy of Burke's Analysis of the French Revolution", *The Historical Journal*, vol. 25, no. 2, 1982, pp. 333-8; Pocock : Introduction to *Reflections on the Revolution in France* (Indianapolis, 1987), xxviii-xxxi.

(30) *Thoughts on French Affairs*, WK, IV, pp. 325 ff. 旧体制崩壊の理由としての「財政の行き詰まりというのは……〔王政打倒成就の〕口実に過ぎなかったのです」。*Regicide Peace*, I, WK, V, p. 237.

(31) Pocock : Introduction to *Reflections*, xxxiv-xxxix. なおポーコックは "manners" という言葉について、「これはフランス語では *mœurs* に当たるのだろうし、この語はラテン語の *mores* から来たもので、そこから英語の "morals" が生まれている。しかし "manners" はフランス語の "*manières*" にも相当するだろうが、その場合には、道徳的という意味は全くない」と注記している。*Ibid.*, liv. "manners" という英語の含意が多重的であることを物語っている。

(32) クラークは、バークが一方で、死に至るまでフランス革命反対の態度を一貫しながら、他方で、革命の経緯の記述やその構造的分析を欠いているという「逆説」の説明は容易ではないとし、その背景として、バークは「名誉革命とは違い、フランス革命は必要(必然)でなく退行的」なものと信じていたために、「必要(必然)性がない革命は偶発性に支配されるわけだから、先行する主要な原因から説明するのが、彼には困難だった」と述べているが、一つの見方であろう。Clark : Introduction to *Reflections*, p. 71.

(33) *Corr.*, VI, p. 45, to Depont (Nov. 1789).

(34) *Regicide Peace*, I, *WK*, V, pp. 244–5.

(35) 以上の引用は *Regicide Peace*, I, *WK*, V, pp. 318–20.

(36) 同時に注意すべきことは、バークが「ヨーロッパ」から除外していたものである。彼は「ロシアは、ヨーロッパ風の形や名前を持ってはいますが、その政治体制と生活様式には、依然としてアジア的精神が存続していますと言い、ロシア人は、プロイセンの開明君主フリードリヒ大王の「英知と才能から学ぶ」ことが必要だと書いている。また、ロシアと戦っているオスマン・トルコについては、「野蛮なトルコがロシアによって文明化されるといった事態を見る……可能性は、今のところなさそうです。そのようなトルコを慶賀するのは無理というものです」。*Corr.*, II, p. 514, to Adrian Heinrich von Borcke (17 Jan. 1774).

(37) 政界入りする以前の若きバークが一七五〇年代に書いたと推定される『宗教』と題した短い草稿がある。ここで彼は、道徳は宗教を包括しないが、宗教は道徳を包括するとして、人の神に対する関係での義務(Duty)は、人の人に対する義務でもあるとし、この世で義務を果たすことが死後の永遠の生への準備であり、そこに道徳の柱としての自己否定(self-Denial)、人の相互信頼、相互扶助、相互教示があると記している。これは、反理神論の立場から道徳を基礎づける意図で書かれたメモ的な文章であり、必ずしも趣旨が十分に敷衍されていないが、信仰告白というよりも、彼自身が「人と人との関係性」と呼ぶ次元にかかわる道徳哲学を志向した文章である。それは、同じ頃書かれた『崇高と美の観念の起源』が美学に傾斜したのを補うために書かれたのかもしれない。'Religion' in Harris, Ian : *Edmund Burke : Pre-Revolutionary Writings* (Cambridge, 1993), pp. 78-87 ; xix. また晩年、こうした「義務」について、「それは人と人との関係、および人と神との関係から生まれるものであり、選択の対象ではない」として、人間に対するそれの所与性を力説している。このことは、個人の選択や合意を社会の基礎とする思想を否定して、それに先行する人間の社会的存在条件を強調し、人間を社会内的、したがって体制内的な存在として規定する意味をもっている。*Appeal from the New to the Old Whigs*, *WK*, IV, p. 166. なおバークの著作・演説・書簡には "crime" という言葉は頻出するが、"sin" という言葉は私の見た限りでは皆無に近く、私の目についた二箇所の場合も、他人についての表現ないし用語であってバーク自身を語る言葉ではない。*Letter to the Sheriffs of Bristol*, *WK*, II, p. 228 ; *Speech on the Nabob of Arcot's Debts*, *WK*, III, p. 98.

(38) バークのいう「体制教会(Church)」が、イギリス国教会だけを指すのか、カトリック教会をも含むのか、その点の不明確さについては O'Brien : *op. cit.*, p. 30. オブライエンは、イングランドの政界で身を立てる道を選んだバークが、その生い立ちから持っていた、こうした複雑な背景と屈折した心理を重視して詳述しており、重要な指摘と言ってよい。現に、バークをロッキンガム派に受け入れるに当たって、ロッキンガムはバークとカトリックとの関係を問いただし、その答えに納得して両者の交流が始まった。*Ibid.*, p. 190. またバークは、後でもふれるように、一七八〇年のゴードン・反カトリック暴動に屈せず、カトリック救済支持の立場を堅持したが、その頃以降、死にいたるまで、大半の政治漫画で、イエズス会士風の僧衣を着た人物として描かれた。Robinson, Nicholas K.: *Edmund Burke : A Life in Caricature* (New Haven, 1996), p. 40, passim.「アイルランドのジェズイット」というイメージは、もちろん彼にとって痛手だった。またジョン・ウィルクスは、バークの弁舌には「ウィスキーとジャガイモの悪臭が漂う」と茶化したという。O'Brien : *ibid.*, p. 50. 事実、バークの話し言葉にはダブリンのアクセントがあった。Ayling, Stanley : *Ed-*

mund Burke : His Life and Opinions (London, 1988), xix.

(39)「ヨーロッパのすべての宗教は、共通の基盤に立脚している。その全体、あるいは特別に恩寵の対象となる教派が、神からいかなる支えを得るかは、測りがたい摂理であって、言葉で語ることはできない。しかし、人間の言葉に直して言えば、すべてが慣行的規範となった宗教(*prescriptive* religions)なのである。……キリスト教の四大教派に属する人々にとって、今や宗教は習慣になっている。」*Letter on Catholic emancipation*, *WK*, VI, p. 368.

(40) Vincent, R. J., "Edmund Burke and the theory of international relations", *Review of International Studies* 10, 1984, p. 207. なおクラークは、一八世紀のイングランドは「アンシャン・レジーム」だったとして論争を呼んだ著書で、法と宗教が認識や言説の「カテゴリーのヘゲモニー」を保持していたと述べて、当時、宗教の「世俗化」が起こっていたという見方を否定している。しかし、「宗教・宗派への帰属は通常は自発的選択の対象ではなく自然に決まると思われていた」のであると記し、「それは世代から世代へと引き継がれる世襲宗教である。……もし父親が国教徒であれば、子もそうである」というウィルバーフォースの言葉を引いており(p. 26)、随所で肯定的にバークに言及している。これが「信教国家(Confessional State)」の常態だとすれば、それはバークの言う「慣習」と同じであり、宗教的緊張感の弛緩——その意味での「世俗化」——は否めない。クラークは、当事者が宗教の言葉で語ることと、当事者が必ずしも自覚しないその実態的機能との区別を軽視するきらいがある。Clark, J. C. D.: *English Society*, 2nd ed., pp. 35-6, passim.

(41) *Fragment : An Essay towards an History of the Laws of England*, *WSEB*, I, pp. 322-31.

(42) *Regicide Peace*, I, *WK*, V, p. 319.

(43) *Reflections* (Clark), pp. 345 ff.; *Corr.*, VI, pp. 74-5, n. 6.

(44) Pocock : Introduction to *Reflections*, xxx. またバークは一七九一年一月には、フランスの農民の小作料や税の負担が重いのかどうか、一一項目をあげてフランスの貴族に情報の提供を要請している(!)が、地主資産を当然視する彼の場合、その後は、こうした農民についての関心は消える。*Corr.*, VI, pp. 206–8, to the Vicomte de Cicé (24 Jan. 1791).

(45) *Remarks on the Policy of the Allies*, WK, IV, pp. 467–8.「クロムウェルはイギリスをアナーキーから救いました。彼の政権は、軍事的で専制的でしたが、整然とした秩序あるものでした。」*Letter to a Member of the National Assembly*, WK, IV, p. 37.

(46) ピューリタン革命は「一八世紀のイギリス人にとって、安定も進歩ももたらさない事件だった。……しかし名誉革命は違っていた」。名誉革命は「内戦、政府の解体、狂信的信仰をもつ庶民の手による支配権力の断絶という、一八世紀の支配層に最も深い恐怖心を呼び起こす三つの歴史の記憶」を伴わない事件だったからだ。Pocock : Introduction to *Reflections*, xi. こうした見方は一九世紀にも続く。例えばバジョットは、ピューリタン革命やクロムウェルの共和政は「ほとんどのイギリス人にとって極度の憎悪の対象だった」と書いている。Bagehot, Walter : *The English Constitution*, 2nd ed. (New York, 1890), p. 351.

(47) Pocock, J. G. A., "Burke and the Ancient Constitution : A Problem in the History of Ideas", in Pocock : *Politics, Language and Time* (New York, 1971), p. 207.

(48)「オーストリア皇帝とプロイセン王とが対立している限り、ドイツ諸国の自由は安泰である」が、もし両国が、相互抑制より相互拡大が有利という判断になれば、「その瞬間にドイツ諸国の自由は消滅する」。*Thoughts on French Affairs*, WK, IV, p. 331. バークは続いて、スイス、イタリアその他の小国へのフランスの浸透について述べている。

(49) *Regicide Peace*, II, WK, V, pp. 344, 345–6.

(50) *Remarks on the Policy of the Allies*, WK, IV, pp. 449–50. これは単なる政治的革命ではなく「イデオロギーと思想的教条(doctrine and theoretic dogma)の革命である」(*Thoughts on French Affairs*, WK, IV, p. 319)といった受け取り方は繰り返し随所に見られるが、それとともにバークは、こうした革命的イデオロギーをフランスおよびヨーロッパで伝播する上で「新聞の普及」が果たす役割が「一般に考えられている以上に重要である」(*ibid.*, pp. 327-8)と力説している。彼はその二年前にも、ジャコバンは「パリの新聞を握っており」、その情報がイギリスに伝播し、次いで全ヨーロッパに散らばっていくと憂慮していた。*Corr.*, VI, p. 242, to the Chevalier de la Bintinaye(Mar. 1791).「プリント・ナショナリズム」を重視したベネディクト・アンダーソン流に言えば、バークは「プリント革命」の重要性を洞察していたのである。これと、フランス革命思想へのフィロゾーフの影響の重視とが重なっていた。

(51)　*Regicide Peace*, I, WK, V, pp. 325-6.

(52)　*Preface to the Address of M. Brissot*, WK, V, p. 90.

(53)　*Remarks on the Policy of Allies*, WK, IV, p. 421.「フランスは国の外にありますが、しかし、フランス王国であることに変わりはありません。」*Regicide Peace*, I, WK, V, p. 326.

(54)　*Corr.*, VII, p. 387, to Florimond-Claude(ca. 6 Aug. 1793).

(55)　*Heads for Consideration on the Present State of Affairs*, WK, IV, p. 400.

(56)　*Thoughts on French Affairs*, WK, IV, p. 336.

(57)　*Reflections*(Clark), p. 154.

(58)　*Corr.*, VI, p. 242, to the Chevelier de la Bintinaye(Mar. 1791). 彼はまたこう記している。「フランスの現政権が長く存続すればするほど、その力は強大になり、国内の反対勢力を粉砕する権力は増し、これらの反対勢力への外国の支援に対する、その抵抗力を強めるでしょう。」*Thoughts on French Affairs*, WK, IV, p. 354. 外国の干渉は、時間との競争なのだ。

(59)　*Ibid.*, WK, IV, p. 354.

(60)　*Corr.*, VI, p. 211, to Comtesse de Montrond(25 Jan. 1791).

(61)　*Corr.*, VI, pp. 217-8, to John Trevor(Jan. 1791). なお、かつて旧体制下フランスの財政危機を重視し

たバークは、旧「財産権の復活」(*Remarks on French Affairs*, WK, IV, p. 413)を要求するとともに、旧体制の復興の一環として、完全に破綻した革命フランス財政の救済の必要に早くから着目していた。「アッシニャの完全な処分と、ヨーロッパの秩序再建とは、表裏一体です。」*Corr.*, VII, p. 398, to Florimond-Claude (ca. Aug. 1793).

(62) *Remarks on French Affairs*, WK, IV, p. 410.

(63) *Ibid.*, p. 411.

(64) *Ibid.*, p. 412. こうした王政の具体的規定を明確にしなくては、形だけ王政で実質はジャコバン共和政である「王政民主主義(Démocratie Royale)」になる危険がある。また王政は「フランスの身分団体および個人(corporate and individual)の財産権を基礎にするのでない限り、承認も支持もできない」(*Ibid.*, p. 413)のである。

(65) *Ibid.*, WK, IV, p. 435.

(66) 一七九一年六月の王家一族のヴァレンヌ逃亡事件までは、国外脱出や亡命は原則として自由だった。Carpenter, Kirsty : *Refugees of the French Revolution : Émigrés in London, 1789-1802* (London, 1999), p. 20.

(67) Ayling, Stanley : *op. cit.*, p. 229.

(68) バークは時としてエミグレ以上に強固な反ジャコバンだった。例えば、国民議会との妥協を試みたフランスの司教たちの中には、イギリス亡命後も対仏柔軟策を主張する有力者があり、バークとのずれを生じたことについては、Aston, Nigel, "Burke, Boisgelin and the Politics of the Émigré Bishops", in Carpenter, Kirsty and Philip Mansel (eds.) : *The French Émigrés in Europe and the Struggle against Revolution, 1789-1814* (London, 1999), pp. 197-213. なおピットは、エミグレとの提携が、革命勢力の中の穏健派を急進派の側に押しやる危険を考え、慎重だった。

(69)　エカテリーナ二世が『省察』を激賞したことを知ったバークは、女帝がドイツにいる公使をコブレンツに派遣したことを感謝し、「陛下は、この普遍性を備えた公敵〔革命フランス〕をヨーロッパ体制の一部として承認なさらなかった」と讃え、彼女が率先して他の君主たちに早急なエミグレ支援を呼びかけることを「英国臣民としてでなく、世界市民の一人(a Citizen of the World)として訴え」ている。*Corr.*, VI, pp. 441-5, to the Empress of Russia (1 Nov. 1791). この「世界市民」という用語は、世界革命と世界反革命とが表裏をなしていることを示している。なおエカテリーナ二世は、この問題について、プロイセンやオーストリアの目をフランスへと逸らせる以上の関心を持っていなかった。

(70)　*Remarks on the Policy of the Allies*, *WK*, IV, pp. 422-4. バークは言う。フランス国内で帰趨に迷っている人々は「もしイギリス軍、スペイン軍、オーストリア軍、ナポリ軍、サルディニア軍、プロイセン軍、ハンガリー軍、ボヘミア軍、スロヴェニア軍、クロアチア軍が主役として振舞うのを見れば、われわれが恩沢をもたらす計画をもって進攻したとは思えなくなるだろう。これらの大半が暴虐で野蛮な連中であり、フランスの誰に対しても、いかに無神経であるかは、すでに証明済みである」。*Ibid.*, p. 424.「フランスの問題に対処するにはフランス人が最適だと、私は確信しています。」*Corr.*, VII, p. 514, to William Windham (8 Jan. 1794). なおバークは、外国からの干渉軍は「厳しい軍紀を保ち、また可能なら、フランス語を理解しない将兵で構成されるべきです」という、上記と矛盾する奇妙な言葉を、エミグレの中心人物の一人となったカロンヌ宛てに送っていた。*Corr.*, VI, p. 258 (28 May 1791). コバンは、これを革命勢力のプロパガンダの影響力への警戒と解釈しており(*ibid.*, Introduction, xviii)興味ある見方だが、書簡の文面からは不確かである。いずれにせよ、エミグレのような転向不能な反革命的フランス人が主役だという点では一貫していると解すべきだろう。

(71)　*Remarks on the Policy of the Allies*, *WK*, IV, p. 425.

(72)　*Ibid.*, p. 440.

(73) *Ibid*., pp. 428-9.
(74) *Ibid*., pp. 450-60. バークは一方で、「協力者」としてのエミグレについて「おそらく世界で存在した高い身分の人々で最も思慮深く、紳士的で沈着、寛大で有徳で敬虔」(*ibid*., p. 427)であるとレトリカルに称揚しながら、他方では、「もしフランスの亡命王族たちが専制主義的な気質を見せるようなことがあれば、きわめて遺憾である。しかし、われわれには、ほかにフランスを統治すべき人間の手持ちがないのである」(*ibid*., p. 462)と述べている。バークはエミグレ支援に力を入れたが、同時に、彼らの政治的な資質と役割を見る目はかなり醒めていたのであり、他に手段の選択肢がないという条件の下での目的合理性の重視という面があることは留意すべきだろう。
(75) *Ibid*., pp. 462-6.
(76) *Ibid*., p. 434.
(77) Cobban : *op. cit*., p. 117.
(78) ヴァッテルは国際法を「規範原理的(droit des gens naturel ou nécessaire)」「自発合意的(droit des gens volontaire)」「実務慣行的(droit des gens arbitraire)」にレヴェル分けしている。Vattel, E. de : *Le Droit des Gens* (Paris, 1835, 3 t.), Préliminaires § 7-9, § 21, § 27. この第一は「内面的で良心にかかわる法」としての自然法、第二は自己保存を追求する国家の共存の基本ルール、第三は条約、慣習などを指し、第二と第三が実定法であるが、この第一と第二の関係に曖昧な点がある。例えば「人々の総体としての国家は……自然の法に従う」(§ 5)と言う半面で、「人々は自然において自由で独立なのであるから、国々も自由で独立である」(§ 15)「人々が自然において平等であるのだから……国々も当然に平等である。……国力の強弱による差はない。小さい共和国も最強の国家も、主権国家である点では同じである」(§ 18)と記している。しかし全体としてヴァッテルの力点が後者、つまり主権国家の自己保存と共存のルールにおかれていることは、正戦論よりは戦争法(*jus in bello*)や中立を重視していることにも示されている。なおヴァッテルの曖味さのもつ歴史的過渡性については Hurrell, Andrew, "Vattel : Pluralism and its Limits", in Clark, Ian and Iver B. Neumann (eds.): *Classical Theories of International Relations* (London, 1996), pp. 233-55.

(79) Vattel : *ibid.*, liv. II, ch. iv, § 54. さらに彼はこう述べている。ある国で王が革命で王位を喪失した場合、同盟国のその王との同盟は失効する。だがその国王や家族を支持する約束がある場合は違うだろう。「しかし、王の廃位が合法的か、暴力的かを誰が裁定するのか。独立国家は〔国家を超える〕裁判官を認めないのである。」Liv. II, ch. xii, § 196. またバークは、革命で二分した国の、正しいと思われる側を他の国が支援することをヴァッテルは認めていると言うが、ヴァッテルは、そうした場合、「平和回復のための仲介」を第三者の立場で行うことが先決だとしているのであって、バークの主張する干渉戦争とは違う。Liv. III, ch. xviii, § 296.

(80) Welsh, Jennifer M.: *Edmund Burke and International Relations : The Commonwealth of Europe and the Crusade against the French Revolution* (London, 1995), p. 221, n. 101.

(81) *Remarks on the Policy of the Allies*, WK, IV, pp. 454-5.

(82) *Ibid.*, pp. 455-7.

(83) Vincent, R. J., "Edmund Burke and the theory of international relations", *Review of International Studies* 10 (1984), pp. 205-18.

(84) Welsh, J. M.: *Edmund Burke and International Relations* (London, 1995); Welsh : "Edmund Burke and the Commonwealth of Europe : The Cultural Bases of International Order", in Clark, Ian and Iver B. Neumann (eds.): *Classical Theories of International Relations* (London, 1996), pp. 173-92.

(85) Wight, Martin : *International Theory : The Tree Traditions* (London, 1991).

(86) 同様な難点は、バークはリアリズムとアイディアリズムを綜合する「歴史的理性の伝統」を代表する一人だとする以下の論文にも当てはまる。Boucher, David, "The character of the history of the philosophy

of international relations and the case of Edmund Burke", *Review of International Studies* 17 (1991), pp. 127-48. 問題提起としては興味があるが、やはり類型的「理論」化という点で難点があるのは Halliday, Fred, "International Society as Homogeneity: Burke, Marx, Fukuyama", *Millennium*, vol. 21, no. 3, 1992, pp. 435-61.

（87）ヴィンセントも、フランス革命後には、バークのそれまでの思想が「極端な反応」を示したと、連続的にとらえている。Vincent, *op. cit.*, p. 208-9.

（88）当時大きな影響力をもったボーリングブルックは一七五一年に歿し、五四年にその著作集が公刊された。その二年後に『自然社会の擁護』の初版が出された時、前記第三章一でもふれたように、これが風刺目的の極論だと気づかず、ボーリングブルック自身の作だと思った読者が多かった。また後にウィリアム・ゴドウィンはその『政治正義論』で、バークのこの著作は、現実の政治制度の悪をジョン・ロック以上に全面的に取り上げており、それを「比類なき論理性と燦然たる文章力で描き出している。ただし著者は、こうした悪は無視すべき些事であることを示すのがその意図だったが」と記している。Godwin, William: *Enquiry Concerning Political Justice* (Penguin Classics, 1985), p. 88. またモーレイは、ゴドウィンがこのように称賛したのも無理はないと記している。Morley, John: *op. cit.*, p. 13. なお、バークのこの論文中の表現には、一七五五年に出版されたルソーの『人間不平等起源論』の影響もあることは、文章の類似性から確認されている。A *Vindication of Natural Society*, in Harris, Ian (ed.): *op. cit.* の注釈を参照。

（89）この論文の副題は *A View of the Miseries and Evils sharing to Mankind from every Species of Artificial Society*.

（90）Harris (ed.): *op. cit.*, p. 17.

（91）*Ibid.*, p. 18.

（92）*Ibid.*, pp. 19-26.

(93)　*Ibid.*, p. 27.

(94)　*Ibid.*, p. 28.

(95)　*Ibid.*, p. 32.

(96)　*Ibid.*, p. 33.

(97)　*Ibid.*, pp. 36-41. バークは次いで「複合政体」について論じ、それは異質の部分から成るので無秩序に陥り、統治の主体が曖昧である無責任な権限行使を生じ、権力の党派化が避けられないと述べる。*Ibid.*, pp. 43-6. しかし、「周知の理由により、私は複合政体については、ここまで意図的に言及を避けてきた」(*ibid.*, p. 42) と記しているように、名誉革命体制にも関係するこの箇所では、表現がかなり慎重である。

(98)　*Ibid.*, pp. 50-1.

(99)　バークは、一七四六—四八年のダブリンのトリニティ・カレッジ在学中「討論クラブ」をつくり、そこでは国王や政府批判をも自由に議論すべきであると主張し、それに関連して「われわれは、ここでは実際の自分ではなく、一定の役割の人物を演じるのだ」と述べた。事実、彼のその後の政治活動や演説でのレトリックには、かなり演技の要素が見られる。他面、彼が早くから「演技の論理」を使っていたことの裏には、宗教問題やアイルランド問題など、直接話法では語れないバークの複雑な内面があったという解釈もある。O'Brien: *op. cit.*, pp. 32-5. だとすれば、彼の「風刺」もまた、かなり屈折した意味をもつことになる。また、この『自然社会の擁護』は風刺ではなくバークの本心なのだ、という意見が出され、それに対して反論がなされたことがあった。Rothbard, Murray N., "A Note on Burke's *Vindication of Natural Society*", *Journal of the History of Ideas*, vol. XIX (January 1958), pp. 114-8 ; Weston, Jr., John C., "The Ironic Purpose of Burke's *Vindication* Vindicated", *ibid.*, vol. XIX (June 1958), pp. 435-41. しかし、こうした議論の立て方自体が的外れであって、問題は「風刺」か否かではなく、「風刺」としてのこの文章の意味をどう解釈するかである。

(100) Kramnick : *ibid.*, p. 89. バークは、トリニティ・カレッジ在学中の一九歳の時に、『改革者』という週刊誌を自力で発行し、一七四八年三月一〇日の第七号 (*The Reformer*, *WSEB*, I, pp. 96–100) に、アイルランドでの貧富の差、農民の生活の惨状を生々しく描いていた。Kramnick : *ibid.*, pp. 61–2 ; Harris : *ibid.*, p. 6. 他面で、バークは、こうした合理的判断に基づく社会批判が、伝統的な価値を破壊する危険を、この時から痛感しており、それは生涯変わらなかったという解釈 (Morley : *op. cit.*, p. 15) もあるが、これも、彼の「アンビヴァレンス」の反映ということになろう。

(101) McLoughlin, T. O. and James T. Boulton : Introduction, *WSEB*, vol. I, 1997, p. 22.

(102) Macpherson, C. B.: *Burke* (Oxford, 1980), p. 18.

(103) 『自然社会の擁護』には「ヨーロッパ」という言葉が一回出てくるが、それはイギリスにおける国王、議会などの権力闘争との関連であって、「ヨーロッパのいかなる国でも、処刑台が貴族の血でこれほど何度も赤く染められたことはない」という暗い表現である。Harris : *op. cit.*, p. 45.

(104) 一七六五年号まで執筆し、六六年に正式に編集者の地位から身を引いたが、後任者 Thomas English は旧友であり、その後どの程度非公式に編集に影響を与えていたかについては議論があって、定説はない。Cone, Carl B.: *Burke and the Nature of Politics*, vol. I, (Kentucky University, 1957), p. 112. 最新の伝記によれば、一七六四年まで直接に執筆した確証はあるが、六五年にロッキンガムの秘書になったのを契機に編集者を辞任した。Lock, E. P.: *Edmund Burke*, vol. I, 1730–1784 (Oxford, 1998), p. 166. ただ両書とも、バークがその晩年まで、同誌に強い関心を持っていたことを認めている。

(105) *Annual Register*, 1758, pp. 2-3. なお、この年鑑では、筆者を匿名の「われわれ(we)」で表わすのが普通だが、ここでは主語が「私(I)」になっている。それは、編集者かつ執筆者であるバークが、自分の文章として書いていることを、多分無意識的に反映したのであろう。この他に、一七六四年度に「私」が二度出てくるが、それ以外はすべて「われわれ」である。ただし「われわれ」がイギリス(国、政府、国民など)を指す場合もある。なお匿名で執筆したもう一つの理由として、一七〇二年にイギリス最初の日刊紙 *Daily Courant* が刊行されて以来、ジャーナリズムが成長し始めていたが、金銭目的でジャーナリズムに執筆することは、趣味として文筆をたしなむべきジェントルマンのすることではないという、階級的偏見が一般に強かったことがあったと言われている。Lock : *ibid.*, vol. I, pp. 166-8.

(106)　*Annual Register*, 1760, pp. 2-3.

(107)　これに対して、バークがフランス革命以前から、「勢力均衡」を「ヨーロッパ」の一体性を支える原理と考えていたと、コバン、ヴィンセント、ウェルシュなどが述べているが、こうした解釈の典拠は、いずれも一七七二年度の同年鑑である。Cf. Cobban : *op. cit.*, p. 112 ; Vincent, *op. cit.*, p. 211 ; Welsh : *op. cit.*, p. 70. しかし、これをバーク自身が執筆したという確証はない。とくにコバンは、その著の第二版のまえがきで、バーク自身の執筆が確認されているのは一七六五年までであると追記しながら、本文ではそれ以降の同年鑑を引用した第一版をそのまま再録しているのは不可解である。Cobban : *op. cit.*, xiv, pp. 107 ff. ; Welsh : *op. cit.*, pp. 34 ff. なお『アニュアル・レジスター』について、本論文第一章ではバークの情報源として一七八〇年代のものも引用したが、本章での引用はバークが執筆した時期に限った。

(108)　*Annual Register*, 1760, p. 10.

(109)　*Ibid.*, pp. 15, 18.

(110)　こうした評価の背景としては、イギリスがハノヴァーなどを介して、対仏、対オーストリア政策の観点からプロイセンを支援していたという、権力政治的考慮もあるだろう。さらにバークは「確かにわれわれ〔イギリス〕は、プロイセン国王をプロテスタント宗派の庇護者と考えてきたが、彼が宗教をいかに軽く考えているかは、彼の書いたものを見れば分かる。彼がとくにプロテスタントの大義をどれほど損なってきたことか、この点で現在の戦争は末永くその跡をとどめるだろう」とも記している。*Ibid.*, 1760, pp. 52-3. 要するに権力政治的計略が、宗教・宗派問題にも優位していると認めているのである。

(111) *Annual Register*, 1761, p. 2.

(112) そして「当時の政策決定者が経験から学んだと思われるのは、領土の拡張は必須であり、そのための最善の手段は戦争だということだった。」Blanning, T. C. W.: *The Origins of the French Revolutionary Wars* (Harlow, 1986), p. 37. またドイルによれば、各国支配者は、最大の脅威は外国からくると信じ、それに対応してとる施策が、対外的より対内的にはるかに深刻な問題を生じることを予測できず、手遅れとなった。Doyle, William: *The Old European Order 1660–1800*, 2nd ed. (Oxford, 1992), p. 295.

(113) *Thoughts on French Affairs*, WK, IV, p. 331. その上ポーランド分割は、当事国三国の均衡の維持を再生産しただけにとどまらず、それまでヨーロッパの周辺国家に過ぎなかったプロイセンとロシアが、大国として国際政治の中心に登場する素地を作り、フランスやイギリスを中心としてきたヨーロッパ大の均衡の変革をもたらして、紛争領域を拡大することになった。Clarke, John: *British Diplomacy and Foreign Policy, 1782–1865* (London, 1989), p. 22.

(114) ヴィンセントの場合は、前述のように、先行理論が「極端」な形で現われたとする連続性の視点が強く、ウェルシュは、バークが「以前の国際制度論的立場から一段と離れた」と非連続性を指摘しているが (Welsh: *op. cit.*, p. 133)、どちらも「先行理論」の認識に問題がある。

(115) *Regicide Peace*, III, WK, V, pp. 441, 443, 442. バークが、かつては勢力均衡の現実としての戦争の惨害を強調し、フランス革命勃発後は勢力均衡を理念化して平和秩序として描いたのと対照的に、ほぼ同時代人であるヒュームは、勢力均衡を、一国の「世界帝国(universal monarchy)」化を阻止するために古代ギリシア以来とられてきた「常識的で合理的な」手段として、プラグマティックに評価している。Haakonssen, Knud (ed.): *David Hume: Political Essays* (Cambridge, 1994), pp. 154–60. 旧体制の現実を、承知の上で理念化する、バークの政治的レトリシアンとしての性格が現われている一例と言えよう。

(116) *Ibid*., pp. 441–2.

(117) それは当時の「政府や議会の支配的なムードを代表していた」。Blanming: *op. cit.*, p. 47.

(118) Pocock: Introduction to *Reflections*, xxii.

(119) 一六世紀にイングランドと合同したウェールズにおいても、一七八〇年代にイングランドとの政治的・経済的格差に反対する非国教徒の急進的改革派が活動し、リチャード・プライスはその代表者の一人だったが、フランスとの戦争の過程で、全体としてはイギリス国家との同一化を強めることになったといわれる。Bayly, C. A.: *Imperial Meridian: The British Empire and the World 1780-1830* (London, 1989), p. 101. プライスへの批判を、バークが帝国問題ではなく国内体制問題として扱ったのも、その反映であろう。

(120) 開戦後の一七七五年秋にバークが執筆したと推定される草案には「自然に反する内戦(unnatural civil war)」という表現が現われる。*Draft Petition on Use of Indians*, *WSEB*, III, p. 180. その後、「内戦」という言葉は *Letter to the Sheriffs of Bristol*, *WK*, II, pp. 189, 203 (3 Apr. 1777) などで、多用されている。

(121) バークは前記注の草案で、「最も残虐で獰猛な野蛮人で食人種」である先住民を英軍が傭兵化することを憂慮していた。それを敷衍した七八年の議会演説では、かつて英仏が抗争の手段として先住民を使ったのは、むしろ先住民部族間の対立に巻き込まれた結果であり、今や「イギリス人だけがアメリカでの国民をなし」、先住民は「偉大なる文明帝国」の周辺に散在する「盗賊集団」に成り果てており、敵の頭蓋骨を戦利品とするような「悪魔的な戦争方式」をとる野蛮人を英軍が買収して戦わせるのは、「文明国民の名誉」にかかわる「残虐な自害行為」だと糾弾する。また英軍が南部で黒人奴隷の反乱を煽動する計画を立てたことについて、かつての「主人の家屋、財産、妻や娘の支配者」となった「ニグロ」に対抗して、「文明化したイギリス系白人住民」による新たな戦争、殺戮、破壊が必要になるだけだと強調した。*Speech on the Use of Indians*, *WSEB*, III, pp. 354-66. 専ら英帝国とアメリカ白人入植者との間の利害・正邪の視点に立ち、先住民と黒人奴隷を、異文化集団ではなく文明以前で人間以下の存在と見る点で徹底しており、後述のインドの場合と大きく異なる。なお、この演説は聴く者の涙を誘わんばかりであり、「バークのこれまでの演説で最高」とされたが、「描写が非人間的過ぎる」という印象も与えた。Ibid., p. 355, n. なおバークはイギリスがアメリカの「イギリス人」に対してドイツ人傭兵を使ったことも非難しているが、それはヨーロッパの外国人であって、異質の他者集団ではない。

(122) バークは一七八九年九月末という時点での書簡で、革命フランスはその「精神である民主政になじむか疑わしい」とし、「世襲君主を戴くという点を除くならば、北アメリカよりはるかに民主主義的です」と、革命の性格をつかみかねている様子を示していた。*Corr.*, VI, p. 25, to William Windham (27 Sep. 1789). いずれにせよ、アメリカでの君主制廃止が国際的に持ちうる意味を深く考えてはいない。他方ペインは、こう述べている。「もしアメリカの独立が、単にイギリスからの分離と見なされるだけに終わり、諸国の政府がよって立つ原理とその実態との革命を伴うのでなかったならば、それは些細な出来事でしかなかったことになるだろう。だがアメリカは、アメリカだけのためではなく、世界のために決起したのだ。」Paine, Thomas: *The Rights of Man*, Part the Second, 1792 (Oxford World's Classics, 1998), p. 210.

(123) そしてバークは、こうした近隣権妨害が生じた場合「私法的関係(civil society)では訴訟の根拠になるものが、国際関係(politic society)では戦争の根拠になる」と述べ、対仏干渉戦争正当化の根拠の一つとする。*Regicide Peace*, I, *WK*, V, pp. 321-3.

(124) Welsh : *op. cit.*, pp. 133-5 ; Halliday : *op. cit.*, pp. 449-50.

(125) イギリスではバークの『省察』が、アイルランドではペインの『人権論』が、圧倒的な影響力を持ったと言われる。O'Brien : *op. cit.*, p. 470.

(126) しかしその頃バークは、クライヴが、自分が礎石を築いたインドでの帝国形成を自賛しつつも、東インド会社社員に対する中央統制の強化による改革の必要を主張したのに動かされ、また同社の現地での行動に問題があることにも気づき始めたため、その演説には歯切れの悪さが見られた。その好例が一七七二年の「東インド会社についての特別委員会」設置案に関するバークの演説である。すなわち、彼の手記原稿には、政府・議会の介入は特許状に反して違法であり、賢明でもないと明記されているが、彼の実際の演説の骨子の公刊記録では、広大な領域を支配するためには、東インド会社の現地代表が強権と規律を行使するのは当然であり、「何らかの臣従を確保するためには、時として専制支配しかなく、実力手段ないし暴力で、まつろわぬ者を恫喝するしかなかった」として、東インド会社に対する政府の処罰的措置には反対し、融和を主張している。*Speech on East India Select Committee*, *WSEB*, II, pp. 370-4. このように彼自身は、立論を定めあぐねていたのだが、結局は「反対」というロッキンガム派の路線を忠実に守ることを優先した。その後ろめたさが、後にヘイスティングズ弾劾という激しい東インド会社攻撃を行う一つの背景をなしたというオブライエンの解釈にも、一理あると思われる。O'Brien : *op. cit.*, pp. 260-72.

(127) バークの激しいヘイスティングズ糾弾の一つの背景として、バークの知人の影響をあげる意見がある。すなわち、バークの遠縁と言われ、バーク一家の一員として遇されていたウィリアム・バークが、ヘイスティングズと対立するタンジョール藩王の側に立ったこともあってインドでの蓄財に失敗し、一七七八年に帰国後タンジョール藩王の代理人として行なった情報活動の影響を受けたこと、また東インド会社のお目付役として六年間滞在したベンガルでヘイスティングズと対立し、決闘にまで及んで一七八二年に帰国したフィリップ・フランシスとの交流で得た情報に影響されたことなど、人脈上の要因が指摘されることがある。しかし、独自性を持ったバークの思想を考察する上では、こうした点を重視する必要はないと考えられる。Marshall, P. J.: *The Impeachment of Warren Hastings* (London, 1965), pp. 2-5, 14-16 ; O'Brien : *op. cit.*, pp. 289-314 ; Marshall, P. J.: Introduction, *WSEB*, V, pp. 5-10, 19 を参照。

(128) *Speech on Fox's India Bill*, *WK*, II, pp. 439-40.

(129) 一七五七年のプラッシーの戦い、および一七六四年のバクサルの戦いで、イギリスのインド植民地化の基礎が確立されたが、その変化の制度的な現われは、ベンガル、ビハール、オリッサでの徴税権の委譲であった。つまり、ベンガル太守が徴税を行なってベンガルの東インド会社に多額の納付金を支払うのに代えて、後者が徴税を行い、太守にその一部を渡すことになった。他方、バークが演説で述べたところによれば、マドラスでは東インド会社が、アルコット(南東インドのカーナティック地方の首都)太守に法外な高利の金を貸し、太守および彼に従属していたタンジョールの藩王(Rajah)に対して、重税による苛斂誅求や、その他の手段による莫大な納金を強いたのである。ベンガル総督ヘイスティングズも、この措置を支持した。なお、これについては、対フランスの戦いでイギリスが味方として利用したアルコット太守が、イギリスを後ろ盾として逆利用しつつタンジョールを攻撃し、その豊かな富の収奪を行なったという側面もあると言われる。Marshall : Introduction, *WSEB*, V, pp. 11-2. この侵略に対して東インド会社のロンドン本部は原状回復のためピゴット卿を派遣したが、彼は逆にマドラスの東インド会社軍に逮捕され、二年後に獄死した。ピゴット卿がロッキンガム派支持であったことは、バークがインド問題への関心を深める契機になった。ここにも、本国の政治的権力構造にとっての東インド会社問題という配図が見られる。なお、当時こうした巨額の裏金づくりや私財蓄積などの腐敗は広く見られ、クライヴもプラッシーの戦いに勝って、他の会社幹部と同様、多額の金を受け取っている。こうした腐敗への対策として一七七三年の「ノースの規制法」、一七八四年の「ピットのインド法」が制定されたが、こうした政府の介入に対して、上述のようにバークは疑いをもっていた訳である。

(130) *Speech on The Nabob of Arcot's Debt*, *WK*, III, pp. 99, 96-7.

(131) バークは、ピット派が支配する議会で、この演説を終えた時、野次怒号を浴びて孤立状態に置かれた。しかし、誰一人として正面から反論に立つ者はいなかったし、閣僚は無視する態度をとり、「ピットは賢明にも反論をしようとしなかった。正面から反論することは不可能だったのだ」。採決の結果、バーク提出の資料文書は、一六四対六九で却下された。O'Brien : *op. cit.*, p. 350. このこと自体、バークの指摘を裏打ちするものだった。清廉という声望の自意識をもつピットは、この後、立場を変え、バークのヘイスティングズ弾劾を支持するようになる。O'Brien : *ibid.*, p. 342.

(132) ヘイスティングズ弾劾裁判でのバークの発言。Marshall : *The Impeachment of Warren Hastings*, p. 191に引用。また「インドで仕事をした経歴を持つ下院議員は、一七六一年の六名から、一七八四年には三六名に増えた」。Hampsher-Monk, Iain : *The Political Philosophy of Edmund Burke* (London, 1987), p. 24.

(133) *Speech on Opening of Impeachment*, *WSEB*, VI, p. 271.

(134) バークは一七七七年にこう書いている。「われわれの政策が狂い、わが帝国が乱脈をきわめているだけでなく、われわれの法と、われわれの法の精神までが完全に変質してしまったように思われます。」「いや、このあるまじき争乱の最悪の産物は、われわれの法の堕落にとどまらないのです。もし精神の作法(manners)が損なわれていなければ、法の悪を正しうるでしょう……。しかし悲しいことに、最近の行動の中には、かつてわが国の特質をなしていた雅量、人間的感性、精神の尊厳が、ほとんど見られないのです。」*Letter to the Sheriffs of Bristol*, *WK*, II, pp. 202–3.

(135) *The Hasting's Trial : Speech in Reply* (3 July 1794), *WSEB*, VII, p. 339.

(136) *Ibid.* (7 July 1794), p. 437.

(137) *Fox's India Bill*, *WK*, II, p. 439.

(138) *Ibid.*, pp. 437–8.

(139) バークの「人々の権利すなわち人類の自然権」という言葉のもつローマ法的な含意を推定させるのは、ヘイスティングズ弾劾の先例として、シチリアでの収奪と汚職で悪名の高い総督ガイウス・ウェレス(Gaius Verres)に対してキケロが行なった弾劾を、バークが意識していたという事実である。Marshall : Introduction, *WSEB*, VI, pp. 28–30, 34 ; Hampsher-Monk : *op. cit.*, p. 26. なおバークがヘイスティングズに対する調査の動議を下院に提出した一七八六年二月直後から、「キケロ気取りのバーク」という風刺画や論評が現われていることは、ローマ史との連想がバーク一人のものでなかったことを物語っている。Robinson : *op. cit.*, pp. 82–3, 92–3.

（140）「彼が好んで引用する典拠としてのキケロを通じて、また国際法に対する伝統的なイギリスのアプローチを通じて、バークはローマ法と、帝国内の衡平というローマの思想とを身につけていた。そしてヨーロッパの諸国家の行動を規制する法の基礎として彼が措定するヨーロッパ体制共同体とは、バークにとって理論ではなく、歴史的な事実だった。」つまり、バークはしばしば「自然の法」という言葉を使うが、それは普遍的なキリスト教的自然法ではなく、ローマ帝国での「諸国民の法（*jus gentium*）」に近く、その内容は歴史的に存在する慣行や慣習法だった。「イギリスにはイギリス憲法が存在し、ヨーロッパには『ヨーロッパ国際法』が存在する」のである。換言すれば、彼が言う「自然の法」はヨーロッパの実定的な協約や慣行を指していた。したがってこれを超えるインドとの関係になると、彼はしきりに自然法的な普遍性の言葉に訴えるのだが、実際には歴史的慣行を重視する彼の立場からして、本来の「自然法の意味は希薄に」ならざるをえなかったのである。Davidson, James, "Natural Law and International Law in Edmund Burke", *The Review of Politics*, vol. 21, no. 3, July 1959, pp. 493, 487.

（141）*Fox's India Bill*, *WK*, II, p. 441.

（142）*Opening of Impeachment*, *WSEB*, VI, p. 271 (15 Feb. 1788).

（143）*Ibid.*, *WSEB*, VI, p. 346 (16 Feb. 1788).

（144）*Fox's India Bill*, *WK*, II, pp. 467-8.

（145）*Opening of Impeachment*, *WSEB*, VI, p. 346.

（146）*Ibid.*, p. 346.

（147）*Ibid.*, p. 350. そしてバークは、「この偉大な法」は人間の作る制度から生まれるのではなく、「すべてのよき賜物は、神からのものである」と、神へと直結させる。類似の表現は、彼のフランス革命批判にも現われるが、ここでは、非キリスト教の「神」を信仰する異質の文化との関係に、彼のいう「神」がそのまま適用されているのであって、そこに彼の普遍主義の問題性が容易に見てとれる。バークはインドの宗教とくにヒンドゥー教について高い評価の言葉を述べているが、それを、マーシャルのように、多神教を宗教として評価したと解することには疑問がある。Marshall: Introduction, *WSEB*, VI, p. 20. バークは一七七三年の「寛容法案」の議論の際、「多神教は多数の神々を許容する。……しかし多神教が、多神教的体制宗教へのディセント、すなわち唯一の神への信仰に寛容だということを聞いたためしがあるでしょうか。否、否です」と言い、寛容はキリスト教の最もよい点だと強調している。*Speech on Toleration Bill*, *WSEB*, II, p. 385. バークの用語としての「神」は常に単数である。彼にとってヒンドゥー教が重要なのは、「いずこであれヒンドゥー教が確立しているところでは、国は繁栄してきた」(*WSEB*, VI, p. 305)し、「いずこであれ、ヒンドゥーの法が支配したところでは、国は人口が増え、繁栄し、幸福であった」(*WSEB*, VI, p. 465)と考えるからである。つまり国の秩序・安定と繁栄・福利を保障すると考えられる点でキリスト教の機能的等価物であり、その意味で彼にとっては「キリスト教世界」の延長だからである。なおバークは、イスラムはインドに外から侵入した文明であるとして、ヒンドゥーほどの土着性を認めず、親近感も示さないが、それはやがて土着化したとして、後述のようにイスラム法の尊重をも主張する。

(148) *Opening of Impeachment*, *WSEB*, VI, p. 361.

(149) *Ibid*., p. 351.

(150) 「イギリスが海外に知事・総督などを派遣する場合、彼は最大限にイギリスの法の精神に則って人民の福利を追求しなければならないのです。」*Ibid*., p. 345.

(151) インドには「ヨーロッパの法や慣行を当てはめることはできないのであるから、バークのヘイスティングズ糾弾の中で最も説得力があるのは、その行動がイギリス人の総督として相応しくない、という点なのである」。Davidson, *op. cit*., p. 487.

(152) *Opening of Impeachment*, *WSEB*, VI, p. 367. またバークはヘイスティングズ自身の教育について、「彼はウェストミンスター校を少年の時期に中退しました。国教会に英知の持主を、国政に名だたる指導者を数多く送り出したあの名門校の教育を彼が全うしなかったことは遺憾と言わざるを得ません。また彼がわが国の大学に学ばなかったことも、大いに悔やまれるところです」と述べている。*Ibid.*, p. 367. これもまた、ヘイスティングズがイギリス人の価値観を身につけ、それをインドに普遍化すべきだったという「文明宣布の使命(mission civilisatrice)」の発想を示している。ここに至って、果たしてバークとヘイスティングズの、どちらがインド文明の理解者であったか、疑わしくなるだろう。

(153) *Fox's India Bill*, *WK*, II, pp. 444-5.

(154) *Opening of Impeachment*, *WSEB*, VI, p. 302.

(155) 事実、ヘイスティングズは「バークに劣らずインド文化(ヒンドゥー文化とイスラム)に深い理解をもっており、それは、古代叙事詩『ギーター』に高い水準の有名な序文を寄せたことや、キリスト教宣教活動の拡大に反対したこと……に示されている」。Marshall : *The Impeachment of Warren Hastings*, pp. 181-2. ただ、現地の文化への造詣や理解が深いことと、東インド会社の「国家理性(exigencies)」に従って行動することとは、必ずしも矛盾しないだろう。Cf. O'Brien : *op. cit.*, pp. 284-5. なおマーシャルは、バークやフォックスのみならずジョージ三世もヘイスティングズを非難したのと対照的に、ジョン・ウィルクスやトマス・アースキンなどの「急進派」は彼の権威主義的言動を支持したが、それは一九世紀後半の「社会帝国主義」に似ていると言う。Marshall : *Ibid.*, xviii.

(156) ここでバークが「基本的大憲章(that great fundamental Charter)」(*Opening of Impeachment*, *WSEB*, VI, p. 280)と呼ぶのは、一七六五年のアラーハーバード条約であり、これによって東インド会社に皇帝から授与された「ディーワーニー」は、徴税権、民事・財政分野の裁判権など広範な地方統治権をもつ地位であった。

(157) *Opening of Impeachment*, *WSEB*, VI, p. 281.

(158) *Ibid.*, p. 353.

(159)　これは、バークがオスマン帝国に対して持っていた観念とは大きく異なる。バークはピットがロシアへの対抗勢力としてトルコ支援を計画したのに反対して、こう述べた。「トルコ帝国がヨーロッパの勢力均衡の一角をなすと見なされたことがあるといった意見など、未だかつて耳にしたことがありません。彼らは、ヨーロッパの国とは無縁です。自分たちは全面的にアジアだ、というのが彼らの考えなのです。……彼らはすべてのキリスト教君主を邪教徒として侮蔑と非難の目を向け、キリスト教君主とその国民を制圧し絶滅することだけを狙っているのです。」*Speech in House of Commons*, Mar. 29, 1791, cited in Gulick, Edward V.: *Europe's Classical Balance of Power* (Ithaca, 1955), p. 15. この見方は、東インド会社はスルタンに従うべきだという主張と、思想としては矛盾するが、バークのこの主張は、当面ムガル帝国はイギリスや「ヨーロッパ」から遠く、脅威ではない、ということの表明であり、ここでも便宜主義的な〈距離の論理〉が使われている。

(160)　一七七三年の「ノースの規制法」は、本国による規制を強める一環として現地にイギリス法を適用することにしたが、これはベンガルの法との抵触を生じ、裁判も結局は東インド会社や職員に有利にはたらいた。例えばバークの起草になると言われる下院特別委員会第九報告書 *Ninth Report of the Select Committee of the House of Commons on the Affairs of India*, June 25, 1783, *WK*, VII, pp. 14-7 参照。その上、バークはインドの「古来の基本法制」の尊重を謳うが、土地所有制度一つをとっても、土着の法自体が錯雑していて整合性を欠いていた。また、イスラム法の下での手足切断による刑罰は、土着文明尊重を主張するバークもさすがに認めなかった。Lock, E. P.: *op. cit.*, vol. 1, pp. 486-90. バークはインドについて「ここには人間がその信仰を表明してきた宗教のほとんどすべて、すなわちヒンドゥー教徒、イスラム教徒、東方および西方のキリスト教徒」が存在している(*Fox's India Bill*, *WK*, II, p. 445)と評価するが、中でもヒンドゥーの慣行・文化に対する共感ないし思い入れは著しい。カーストについても現状を容認する。*Opening of Impeachment*, *WSEB*, VI, pp. 301-5. しかし、こうした土着文明の礼賛は「事実の記述というより想像の産物である――つまり、これは安定と調和とハイアラーキーを特質とし、高い学識の僧職と世襲の貴族によって保持された、古来の文明なのだと彼は見る。だがバークが理想化したインドは、もともと彼自身が最も重視していた価値を投映したものだったのだ」。そして彼の同情の対象は、インドの民衆ではなく、没落したザミンダールだったのであり、それはフランス革命の際、没落貴族に対して示した彼の同情に通じる。Lock : *ibid.*, pp. 531-2. なお同じくバークの筆になるとされる *Eleventh Report*, November 18, 1783 はベンガル、ビハール、オリッサでの施政の調査と審査の報告で、とくに東インド会社職員が受け取る贈与の金品の問題を取り上げ、ヘイスティングズの「不正な影響力」が強調されている。*WK*, VIII, pp. 219 ff. こうした詳細な情報収集が、東インド会社問題についてのバークの知識を深めたことは確かだが、その情報についてインドの政治や文化との関連で彼が下した評価や解釈には、上述のような問題があった。

(161)「バークは、適切に規制された東インド貿易はイギリスとインドの相互の利益となると考えていた。もし両者の間に利害の対立が起きたなら、インドが優先されなければならない」と信じていたとマーシャルは言う。Marshall : *The Impeachment of Warren Hastings*, p. 186. しかし、これは「およそ何らかの利益を現地人から手に入れようとする前に、彼らの繁栄がまず確保されていなければならない」という、ここで引用されているバークの言葉も示すように、現地の経済的繁栄を無視したイギリスの利益追求を否認したものであり、いわば持続性のある経済的利益の確保が焦点であって、法や道徳の相剋については、バークの取り組みは曖昧である。この持続的経済利益の確保というアプローチは、まず企業家が豊かにならなければ、労働者の利益を保障できないという、バークの経済思想と相似性をもつ(本論文第二章三を参照)。なおバークが約一〇年にわたり心血を注いで推進したヘイスティングズ弾劾が、初期を除いて世論の支持を失い、イギリスのインド政策にも見るべき影響を与えなかったことの理由は多々あるが、バークの言説に普遍主義と相対主義とのレトリカルな混在があったこと、そしてそのいずれもが、当時次第に強まりつつあった明示的・自覚的な国家=帝国意識と適合しないことが、その一因だったと言うことができるだろう。例えば、一七八〇年代から、東インド、西インド、カナダなどの現地における植民地体制の新たな担い手の間に、バークとは異なって、「憲法体制」ではなく「国王」を帝国の象徴とする動きが見られ、九〇年代以降、革命フランスの王政廃止と軍事的脅威との影響で、ブリテン諸島でも同様な「ナショナリズム」と帝国意識が強まった。Bayly : *op. cit.*, pp. 108-15.

(162)　*Opening of Impeachment*, *WSEB*, VI, 279.

(163)　*Fox's India Bill*, *WK*, II, p. 465.

(164)　バークがインド植民地終焉の可能性にふれた箇所が一つある。「もしわれわれが、インドでよき統治を行う方法であって、かつイギリスに悪しき統治をもたらすことが絶対にないような方途を考え出すことができない場合には、永久の分離の基礎が作られることになります。……しかし、およそこうした両立不能の利害対立が生じるなど、私には到底考えられないことです。」*Ibid.*, p. 436.

(165)　*Opening of Impeachment*, *WSEB*, VI, pp. 316-7.

(166)　*Ibid.*, pp. 314-5. 他方でバークは、インドへの「タタール人の侵攻は損害をもたらしましたが、イギリスの場合は、その保護がインドを破壊してしまったのです。前者の場合は敵対関係が、後者の場合は友好関係が、なのです」(*Fox's India Bill*, *WK*, II, p. 462)とも述べている。コンテクストによって変わる彼のレトリックの一例であるが、いずれにせよ、東インド会社の行動は非難するが、イギリスのインド植民地支配そのものの否定は全く念頭にない。このこととパラレルに、バークは早くからイギリスとインドとの自由通商の互恵性を強調しており(*Speech on East Indian Dividend Bill*, *WSEB*, II, pp. 64-7)、それは半面で、後に東インド会社による収奪、軍事的支配の拡大など経済外的強制を強く指弾することにつながるが、この二つの間の関連、つまり植民地支配における「貿易」と暴力との構造的結合には目を閉じている。帝国内「自由貿易」論者バークは(インドについてはイギリスによるインド貿易の独占を当然と考え、東インド会社の貿易独占の解体に慎重だったが *Speech on State of East India Company*, *WSEB*, V, p. 133)、商業・通商を人間の結びつきの様式として理想化して語ることが多かった。インドの場合にも、土着の治者は閉鎖的で、「人々の生活を結びつけるきずな、また治者個々人に活力を与えて結びつけるきずな……つまりconviviality」としての海外との交易(commerce)に手をつけないという事実に留意して東インド会社は現地の治者に接すべしという、イヴァン・イリイチを困惑させるような言葉で、海を渡る通商がもつ人間的社会化機能の倫理的な意義を評価している。*Opening of Impeachment, WSEB*, VI, 302. こうした見解の基礎には、商業(commerce)は、「生活様式=文化の作法(manners)」を前提としており、そこにはホウィッグ的な「商業的ヒューマニズム(commercial humanism)」があるというポーコックの指摘は、確かにイギリスについては妥当するだろう。Pocock, J. G. A., "The Political Economy of Burke's Analysis of the French Revolution", *The Historical Review*, 1982, vol. 25, no. 2, pp. 332, 347. しかし、それは周辺や植民地との関係では成り立たないし、そのことを意識しない点にこそ、バークの問題があったと言うべきであろう。インドでの現実を見れば、一七六五年以降、東インド会社は「貿易を守る防壁としてのインドでの英軍の費用」を「インドの現地支配者に肩代わりさせるために、脅迫や制圧という手段で協力者に仕立てた」が、彼らには莫大な「補助金」を支払う能力がなく、結局東インド会社に直接・間接に併合されたのだった。Bayly: *op. cit.*, p. 59. なおベイリーによれば、一八世紀のイギリス帝国の拡大と制度化は、オスマン帝国、ムガル帝国およびペルシア王朝の下での、地方権力の自生的な台頭と、それの対中央権力および相互の抗争の時期と重なり、ムスリム諸帝国における外圧と内圧との複雑な相互力学を生み出した。

(167) 逆に言えば「バークは、反帝国主義ではないにしろ慈恵的帝国主義の思想という点で、時代の先を行っていた」。Harle, Vilho, "Burke the International Theorist", in Harle (ed.): *European Values in International Relations* (London, 1990), p. 67. それにしても東インド会社を重要な帝国問題として取り上げたバークは、西インド諸島については、他の帝国との争奪の駒として稀にふれる(例えば *Regicide Peace*, IV, *WK*, VI, pp. 81, 83)以外に言及していない。これは、当時、砂糖やラム酒の供給地として、また東インド帰りの富豪「ネイボッブ」たちに比肩する巨富を得たプランテーション不在地主の派手な存在という形で、西インド諸島がイギリスに与えていた政治的・経済的・社会的影響を考えると不可思議である。William, Eric: *From Columbus to Castro: The History of the Caribbean 1492–1969* (New York, 1970) 川北稔訳『コロンブスからカストロまで』二巻、岩波書店、一九七八年を参照。モーレイはこの点について、バークは西インド利益集団が強力であることを見て、無駄な努力を断念していたと述べている。Morley: *op. cit.*, p. 129. しかし、おそらくそれだけではなく、インドのような「古来の文明」の不在と、プランテーションを支える奴隷制の存在が、バークに「魅力」を感じさせなかったのであろう。その半面、奴隷貿易と奴隷制については、一七八〇年四月に漸進的な規制と廃止の案を起草したが、実現性なしと判断して公表を控えていた。しかしウィルバフォース(William Wilberforce)等の道義的な批判や、ピットの経済性の視点からの批判が強まるのを見て、九二年、アフリカと西インド諸島の「ニグロの文明化と解放」のためにと付言して、八〇年の案を閣僚に提言として送っている。*Letter to the Right Hon. Henry Dundas with the Sketch of Negro Code*, *WK*, VI, pp. 257-89. 他面で一七九一年、フランス革命の余波としてハイチでの黒人反乱を予想した彼は、パターナリズムを捨てて、革命の波及には強硬な反対の姿勢を示した。O'Brien: *op. cit.*, p. 419. これも彼が西インド諸島を、従属変数的な「周辺」としてしか捉えていなかった一例である。

(168)「一八世紀の中葉には、毎年七五万ポンドがイングランド在住の不在地主の懐に入るようになっていた。羊毛の輸出はイングランド向け以外は許されず、その加工は厳禁されていた。アイルランドは経済的にはアメリカに大きく依存していたにもかかわらず、アイルランドの船舶には、イギリスの植民地との交易は許されなかった。」農民人口が急増するにもかかわらず「ヨーロッパ向け輸出を認められた羊毛生産用の羊と牛肉生産用の牛の飼育は、牧場の急増と、それに伴う農民放逐をもたらした。農民は、しばしば家庭菜園ほどの小さなジャガイモ畑に頼って細々と生きるしかなかった。飢饉は絶えることがなかった」。Plumb, J. H.: *England in the Eighteenth Century*, 1990, p. 179.

(169) McDowell, R. B.: Introduction to *Part II, Ireland*, *WSEB*, IX, pp. 397–9 ; O'Brien : *op. cit.*, pp. 70–1.

(170) O'Brien : *op. cit.*, pp. 200–1.

(171) McDowell : *op. cit.*, p. 396. それに加えて、バークが議会で引用した詩が語るように、「かくて星が星を追い、光が光を追い、すべてが暗黒に閉ざされ、永遠の夜が訪れる」こと、つまりアメリカの独立にアイルランドの独立が続くというドミノ理論も彼の念頭にあったかもしれない。O'Brien : *op. cit.*, p. 200. しかし、アメリカの独立を容認した彼が、アイルランドの独立に強く反対したことは、二つの間に条件の差異があると彼が認識していたことを含意しているのであるから、単なる連続的ドミノ効果への危惧からは、アイルランド独立に反対する彼の態度を説明できないだろう。

(172) アメリカ植民地の本国への抵抗をめぐっては、それに共鳴したアイルランドの国教徒支配層の間に、「われわれは皆アメリカ人だ――総督府とカトリックを除いて」という声さえあがり、またアメリカと移民の面でつながりのある非国教徒の意気も高揚した。これに、対アメリカ戦争の影響による一七七〇年代の不況が加わり、「自由貿易」の要求が強まった。Doyle, William : *The Old European Order, 1660–1800*, 2nd ed. (Oxford, 1992), p. 303.

(173) バークがアメリカ植民地に対する課税に反対し自由貿易を主張したのには、税金は国王やその影響下の政権の手に入るだけだが、規制された自由貿易は本国の国内経済全般をうるおすという政治的判断があり、「バークは自由貿易支持を主張する上で、アダム・スミスの経済論を必要とはしなかった」。Hampsher-Monk : *op. cit.*, p. 20. ただし、それは帝国内自由貿易としての規制の存在を前提としている。バークが下院に初当選した一七六五年に、航海条例やそれに関連する条約について書いた、入念な分析のメモが、シェフィールド市文書館に所蔵されているが、これを見ても、彼が早くから通商問題に関心を持っていたことが分かる。Wentworth Woodhouse MSS Burke Papers, BK P 25/2. それに先立つ一七六〇―六一年にウィリアム・ハミルトンに随行してダブリンで勤務していたバークは、あるいはすでにアイルランドの通商問題に関心をいだいていたのかもしれない。彼は、スペイン、オランダ、フランスなどに対抗する、航海条例以来のイギリス帝国の戦略的な通商規制は認めていたのであり、第一章でもふれた通り、一七七五年に「私は、一連の通商規制法を偶像視はしませんが、それが今日でも多くの点でわが国に大きく役立っており、過去には最大限の有用性をもっていたと確信します」と述べている。*Speech on Conciliation with America*, WK, II, p. 144.

(174) *Two Letters on the Trade of Ireland, First Letter*, WK, II, p. 256.

(175) *Ibid., Second Letter*, p. 263.

(176) McDowell : *op. cit.*, pp. 400–2.

(177) O'Brien : *op. cit.*, p. 44. オブライエンのこの著書については、バークのアイルランドとのかかわりに重きを置き過ぎているという意見もありうるが、バークの「隠れた世界」を掘り下げるという切り口の深さの点では、他の伝記には見られない長所がある。なおバークの伝記では、彼のプライヴァシー、とくに若き日の生活について不明の点が多いというのが通説である。事実、彼の『書簡集』の初期二巻の編集者によれば、「バークは手許の往復書簡の保存に配慮しなかったばかりでなく、その多くの部分、とくに彼がほとんど病的に秘密主義的だった私生活と家族関係についての書簡は破棄している」。O'Brien : *ibid.*, p. 63 ; *Corr.*, II, vii, viii. オブライエンの分析は、その暗部についての解釈として興味深い。

(178) *Fragments of a Tract on the Popery Laws*, WK, VI, pp. 319–21.

(179) ただし、バークはこの小論で、カトリック教徒に対するこうした制約には「正当で必要な規定もあるが」という意外な一句を挿入しているが、それは恐らく上司ハミルトンに見せるために加えた言葉であろうとオブライエンは推測する。O'Brien : *op. cit.*, p. 41. ここにバークの屈折した立場が現われていると言えよう。なおバークは『自然社会の擁護』の中で、珍しくロックに言及しているが、それは「風刺」の対象としてである。*Vindication of Natural Society*, Harris (ed.) : *op. cit.*, p. 32. また同じく若き日の、政治論とは別な美学論文では、「闇についてのロックの見解」という、感覚論に関する節で、「この偉大な人物の権威は、いかなる人間の権威より偉大であることは疑いない」と一応敬意を表しているが、続いてロックの説への異議を唱えているので、この賛辞は皮肉のようにもとれる。*A Philosophical Inquiry into the Origins of Our Ideas of the Sublime and Beautiful*, WK, I, p. 225. 一八世紀全般について言うならば、「ロックは一七七〇年代と八〇年代に、アメリカの植民地側に短期間意味をもち、また別な文脈でフランスの理論家にとり重要だったが、イギリスでの政治的な論議では、ほぼ無視に近い状態だった」とクラークは書いている。Clark, J. C. D.: *English Society*, 2nd ed., p. 139. しかしこれは、議会改革を要求する非国教徒には当てはまらないだろう。そして非国教徒の多くはアメリカに渡り、本国の非国教徒は人口の七パーセントでしかなかったが、一七六〇年から一八三〇年に至る時期に、「科学、政治、文化、産業の諸分野にまたがる進歩と革新の中核」となり、主要な起業家のほぼ四一パーセントを輩出したのである。Kramnick: *op. cit.*, p. 13.

(180) ロンドンでのこの事件(Gordon Riots)を、バークは旧友への書簡で「暴動の嵐と破壊の一週間」と呼び、彼が暴徒の一団の中に入って自ら名乗るなどの危険を冒した理由について、こう書いている。「万一、私の自由が奪われ、ロンドンの街を平穏裡に歩くことができなくなるのであれば、私は公務を果たせないことになり、私が自分だけの命をいとおしむ理由はなくなると考えたのです。」*Corr.*, IV, p. 246, to Richard Shackleton (13 June 1780).

(181) O'Brien: *op. cit.*, p. 192.

(182) バークは一七八〇年九月ブリストルで、迫る選挙での再選が不確かになったことを認める演説を行い、その理由として、彼の選挙区への顔出しの不足、アイルランド自由貿易とカトリック救済への彼の支持、などに対する選挙民の不満をあげた。彼は、こうした批判についての自分の見解を述べたが、演説の大半は、カトリック、とくにアイルランドのカトリックの権利剝奪がいかに不当であるかを、切々と訴えることにあてられた。*Speech at the Guildhall in Bristol, previous to the Election*, WK, II, pp. 367-423. なお一八世紀後半には、カトリックの権利剝奪も、実際には刑罰法の規定ほど厳格ではなくなっており、ブリストルでのバーク批判も、彼がカトリック解放を急ぎすぎるからゴードン暴動のような反動を招くのだ、という論理だった。しかし、これに対しオブライエンはこう述べる。「ちょうど公然たる反セミティズムが二〇世紀末の英米では流行らないように、公然たる反カトリックは一八世紀末には流行らなくなっていた。しかし、暗号化した反カトリックが当時受け入れられていたのは、ちょうど暗号化した反セミティズムが今日でも通用しているのと同じである。」そして、現代の反セミティズムは「反・反セミティズム」という上品な偽装で立ち現われ、反セミティズムを挑発するという理由で、ある行動を非難するが、バークに対するブリストルでの批判も同様だったのだ。O'Brien: *op. cit.*, pp. 80-1.

(183)　当時イングランドではバークの『省察』が広く共感を得ていたが、アイルランドではペインの『人権論』が多くの支持を集めていた。「統一アイルランド人協会」が、宗派の差を超えて被抑圧集団の解放を目標に掲げたのは、その一つの現われである。O'Brien: *op. cit.*, p. 470.

(184)　*Letter to Sir Hercules Langrishe*, WK, IV, p. 260. ここでバークが「主教団(bishops)」「彼ら」をイタリックにしているのは、イングランドやアイルランドの国教会を特定して指す趣旨と解される。

(185)　O'Brien: *op. cit.*, p. 478.

(186)　*Letter to Sir Hercules Langrishe*, WK, IV, p. 263.

(187)　*Ibid.*, pp. 271-2.

(188)　*Ibid.*, pp. 274-5.「事実、一七世紀末のイングランドでは、苦情を訴える者が、アイルランド人でローマ・カトリック教徒だという二重の悪名(そのどちらが最も忌まわしいかを言うのは難しいのですが)の持主だと分かれば、誰もが拒絶反応を示したのです。」*Ibid.*, p. 275. この書簡は公表を想定したものだったが、同じ頃、バークが息子リチャードに宛てた私信では、さらに激しい言葉が使われている。「奴隷や乞食のように扱われ、侮辱され蔑視された現在のようなカトリックの国、そして若干のプロテスタントがあちこちに点在している……国よりも、自由で繁栄した幸福なカトリックの国であり、一人のプロテスタントもいないようなアイルランドの方がよいと考えない人は、人間としても、キリスト教徒としても、イギリス人としても、おかしいと私は思います。自己の宗派に属さないあらゆる人間を隷属状態に置くことを教義の一つとするような宗教——それは下劣な異端であり、プロテスタントの中でも最悪の、マホメット教(Mahometanism)と呼ばれる宗派に他ならないと思います。」*Corr.*, VII, pp. 118-20, to Richard Burke (23 Mar. 1972).
ここではアイルランド支配に対する抗議が、政治的批判にとどまらず宗教的批判にまで及んでいる。

(189) O'Brien: *op. cit.*, p. 481.

(190) バークは一七九〇年に再活性化した「カトリック委員会」のイングランドでの代理人に息子リチャードを推すほど、積極的に協力した。そしてこの頃バークは、それまで急進性を懸念していた「統一アイルランド人協会」との協調を推奨するという異例の行動をとったが、これはカトリック解放への圧力を強めるための、彼なりの戦術的判断だったとオブライエンは言う。そして「もしカトリック教徒に完全な選挙権が認められれば、彼らはその自然の指導者——つまりカトリック聖職者、地主層、商人層——の影響下に置かれる」ことになり、革命防止が可能になるとバークは考えたのだ。O'Brien: *op. cit.*, pp. 468-73.

(191) この「防衛団」は、貧農層を中心とする運動だったという意見もあるが、むしろ下層小作人、農業労働者だけでなく、運河労働者、居酒屋、教師、鍛冶屋、行商人など、商業化した階層を包括する組織だったと言われている。一七九五年以降には、統一アイルランド人協会とともに、イギリスからの分離独立の方針をとった。Smyth, Jim (ed.): *Revolution, counter-revolution and union* (Cambridge: 2000), pp. 9-10.

(192) Morley: *op. cit.*, p. 198.

(193) *Corr.*, VII, p. 361, to Henry Grattan (8 Mar. 1793). 言うまでもなくグラタンは、一七八二年のアイルランド議会「独立」(いわゆる「グラタン議会」)の中心人物で、アイルランドの国教徒である。

(194) *Corr.*, VIII, pp. 351-2, to The Rev. Thomas Hussey (27 Nov. 1795).

(195) O'Brien: *op. cit.*, p. 518.

(196) *Letter to Richard Burke, Esq.*, *WK*, VI, pp. 387, 389–90, 410–2.

(197) *Corr.*, VIII, p. 216, to Mrs John Crewe (ca. 23 Mar. 1795).

(198) O'Brien: *op. cit.*, p. 499.

(199) *Corr.*, IX, p. 139, to Fitzwilliam (30 Nov. 1796).

(200) *Corr.*, IX, pp. 112-3, to John Keogh (17 Nov. 1796). 続いてバークは、アイルランドはイギリスから離れては一刻もその繁栄を保てないと、分離への反対を述べているが、分離反対とは、事実上イギリスの優越を意味する。

(201) *Remarks on the Policy of the Allies*, *WK*, IV, p. 443.

(202) *Regicide Peace*, II, *WK*, V, pp. 345-7.

(203) 一七九五年一〇月の総裁府成立後、英仏和平の議論が起こった時、バークは、そうした議論の中で「簒奪者の政権が名前を変え、単にフランスと呼ばれている」こと自体に強い拒絶反応を示した。*Regicide Peace*, IV, *WK*, VI, p. 16.

(204) カトリック教徒は「外国のジャコバン軍団の支援がなければ、プロテスタント強権支配者集団を挑発し、結果的に弾圧を強める以外のことはできないでしょう。他方、もし外国のジャコバン軍団が来援するならば、それは人間社会そのものの完全な破壊、すべての財産のみならず、すべての宗教と法と秩序と人道の破壊を意味するのです」。*Corr.*, IX, p. 189, to Fitzwilliam (20 Dec. 1796). 彼はプロテスタントの支配者集団を、例外はあるが「総じて腐敗した利権屋」と見なしていたが、カトリックも「少なくとも今のところは腐敗していませんが……軽佻浮薄で移り気です。要するに彼らは人民(the people)なのです」と、その前年に記していたことは注意を要する。*Corr.*, VIII, p. 207, to Henry Grattan (20 Mar. 1795). なおバークは、彼自身の身に危険を及ぼした、一七八〇年の狂信的反カトリックのゴードン暴動について、その責任者の処刑を最小限にすることなどを政府関係者に要請し、「法の冷静な執行が虐殺のように受け取られる」ことを憂慮する文書を提出した。*Some Thoughts on the Approaching Execution*, WK, VI, p. 247. またイギリスの内戦では、勝者が「庶民を罰しない」という方針をとったために、破壊の度合いが少なかったという言葉を引いて、彼は、戦争のこの原則を裁判の執行にも適用すべきだと記している。*Some Additional Reflections on the Executions*, WK, VI, p. 252. だが一旦「ジャコバン」がからんでくると、アイルランド・カトリックの庶民に関しても、こうした深慮の言葉は消える。

(205) *Letter to A Noble Lord*, WK, V, p. 208. なお一七八二年第二次ロッキンガム内閣の下でバークが就任した支払総監の職は、予算のカネを融資にまわして利ざやを稼ぐことを慣行として認められており、巨富を得た前任者もいた。しかしバークは、確かに身内にポストを割りふることはしたが、彼自身は経済的苦境にあったにもかかわらず、逆に予算を緊縮するという、「一八世紀では驚嘆に値する、自己の信条に忠実な」行動をとった。Cf. Kirk, Russell : *Edmund Burke*, rev. ed. (Peru, Illinois, 1988), p. 95.

(206) 事実バークは一七八〇年の「王室機構財政改革」提案の中で、国王の裁量による正当な年金などがありうるとし、「したがって国王が、腐敗を生まない報酬として何らかの優遇措置をとる余地を残すことにします」と述べていた。*Speech on the Plan for Economical Reform*, WK, II, p. 332. 彼にたいする年二五〇〇ポンドの年金は、一七八二年の王室機構財政改革の規制を受けない財源から支出されたのである。Ayling : *op. cit.*, p. 257.

(207) *Letter to A Noble Lord*, WK, V, pp. 196-7.

(208) *Ibid.*, pp. 201-2, 204.

(209) *Ibid.*, p. 193.

(210) *Ibid.*, p. 199.

(211) クラムニックのバーク伝 *The Rage of Edmund Burke* は、「アンビヴァレントな保守主義者の肖像」

という副題が示すように、名誉革命体制の身分社会構造とブルジョワ思考のバーク――「ブルジョワ」という用語が適切かどうかには当然議論の余地があるが――とのアンビヴァレントな緊張を一貫したテーマとしている。他方マクファーソンは、バークの時代までに、イギリスでは資本主義秩序がすでに伝統秩序になっていたのであるから、彼にとって、イギリスの階層社会と資本主義的市場社会との間には矛盾がなかったと強調する。Macpherson : *op. cit.*, p. 63. 第二章三で述べたように、確かにバークは、対仏戦時下に始まった貧窮労働者への賃金補助政策を批判した、一七九五年のピット宛ての提言 *Thoughts and Details on Scarcity* で、予定調和的な市場主義の思想を明快に示しており、彼は「商業の法則は自然の法であり、したがって神の法である」(*WK*, V, p. 157)とまで言っている。しかし同時に、これはフランスで行われた穀物統制政策に向けられた、彼の反革命の主張の一環でもあったのであって、バークの発言の状況主義的な要素を看過することはできない。しかしより基本的には、伝統的階層社会と市場社会との複合の過渡期というマクロな構造が当時あったにせよ、バークの体制観や政治意識が、より複雑であり緊張を内包していたということは、別個に考えなければならない。この点は、アダム・スミスなどスコットランド学派との関係において主にバークの経済観を論じた Conniff, James, "Burke on Political Economy : The Nature and Extent of State Authority", *The Review of Politics*, vol. 49, no. 4 (Fall 1987) にも当てはまる。

(212) バークはすでに一七七〇年に上院の貴族にふれ、「私は少なくとも世に言う意味での貴族政の味方ではない」と述べていた。*Thoughts on the Cause of the Present Discontents*, *WK*, I, p. 458.

(213) Macpherson : *op. cit.*, p. 6.

(214) バークの年金が中傷の対象になっている時、バークの異議にもかかわらず、ヘイスティングズは弾劾から解放された上に、年金を授与されることになった。またバークへの爵位授与については、彼がかつて王権の制限を厳しく主張したことから、ジョージ三世が認める可能性はなかったという説(Kramnick : *op. cit.*, p. 172)や、息子の死後、バークが辞退したらしいという説(O'Brien : *op. cit.*, p. 535)などがあるが、自分の選挙区を息子リチャードに継がせたバークが、爵位を息子に継がせる遺産として期待していたとしても不思議ではない。「遺産の代々の継承」という持続の事実は、バークにとって特別の意味を持っていたのであり、一人息子の死が、バークの爵位への関心を失わせたことは、十分考えられる。なおジョージ三世の大権行使に対するバークの反対についての、ネイミア学派による批判をも含む歴史学的意味については Butterfield, Herbert : *George III and the Historians* (New York, 1959).

(215) *Letter to a Noble Lord*, *WK*, V, pp. 174-5.

(216) Cone : *op. cit.*, vol. 2, pp. 506-7. バークは、居住地ビーコンズフィールドの息子と同じ教会墓地に埋葬された。しかし、最初は木棺に納められたが、「フランス軍が遺体を発見するのを恐れて、その後、遺骨は鉛の棺に移された」。Ayling : *op. cit.*, p. 281, n.

(217) バークは、アイルランドのカトリックの権利剝奪に強い憤懣を示した前述の一七九二年の書簡で「イギリス憲法体制の諸原理が賢明であるか否かは、私はここでは問わないことにします。私は、それらが賢明であるという前提に立たなければならないのです」(*Letter to Sir Hercules Langrishe*, *WK*, IV, p. 253)と、これまでに見られない微妙な表現を使っている。これは、この問題が体制に対する彼の忠誠に一抹の翳を投じていることを物語っており、かつてゴードン暴動の際、憲法体制とカトリックとの双方を毅然として擁護した態度との対照は著しい。

(218) アリストテレス『政治学』山本光雄訳、岩波文庫、一九六一年、二四〇ページ。

(219) *Corr.*, VI, p. 47, to Charles-Jean-François Depont (Nov. 1789). またバークが愛読したモンテスキューは『ローマ人盛衰原因論』のなかで、外地での遠征で勝利と名声を獲得した軍司令官について、「人民がその好意を国外の恐るべき権威に向けるようになると、元老院のあらゆる英知は無力になり、共和国は危殆に瀕した」と書いている。田中治男・栗田伸子訳、岩波文庫、一九八九年、一〇〇ページ。またナポレオンに相当するイギリスの事例としてバークの念頭にあったのは、国王弑逆に続いたクロムウェルの専制政治だったというのが、ウォルター・スコット(Walter Scott)の解釈だった。Friedman, Barton: *Fabricating History: English Writers on the French Revolution* (Princeton, 1988), pp. 67-9. いずれもバークに引照可能な先例があったことを含意している。なおバークは、文筆家がフランスという強大な帝国の革命を起こせると誰が考えたか、無神論が最も強力な狂信主義の原動力となりうると誰が想像したか、戦時下であるのに著名な軍人が一人もいない国民公会が国家と軍とを統制下に置くことができると誰が想像したか、と自問し、「私自身は、こうしたことは予測しなかったと告白する、ただし、それ以外の点は、非常に早くから念頭にあったが」と記している。*Remarks on the Policy of the Allies*, WK, IV, p. 469. ここで軍人独裁とは逆の事態に着目しているということは、軍人独裁の予測は、バーク自身にとって格別新規な着想ではなかったことを含意しているとも考えられる。

(220)　この連合王国化は「何よりも対仏戦争下の帝国防衛策であった」が、同時に、連合王国化という争点をめぐる政治過程そのものが「アイルランド社会における民衆の空前の政治化を促進したのである」。Smyth: *op. cit.*, pp. 16, 158.

II　ウィーン体制の精神構造
――メッテルニヒ――

この世紀のすべての病は二つの原因から来ている。九三年と一八一四年を通って来たものは、二つの痛手を心に持っている。在りしすべてはもはやない。在るであろうすべてはまだない。

——ミュッセ

一　時代

一八一四年から一五年にかけてのウィーンにおける戦後処理方式(Vienna Settlement)の基本原則は、周知のように、内政における正統主義と、国際政治における大国中心の勢力均衡との二つに要約できよう。もちろんこの原則は実際の適用に当たって多くの歪曲を受け、またこの二つの原則自体、相互に矛盾しうる契機を内在させていたのであるが、それはともかくとして、ここで注意すべきことは、正統主義と勢力均衡とのいずれの原則も、いかなる意味においても、新しいヴィジョンに導かれて新たに打ち出された戦後構想の原理といった性質のものではなかった、という点である。そのことは、例えば第一次大戦終結時における民族自決権の承認、第二次大戦の戦後構想における基本的人権の擁護に比し、ウィーンの戦後処理が伝統的支配権の再確認に立脚していたことを見れば明瞭である。換言すれば、自決権も人権もそれぞれに運動の象徴としての性格を帯びたものであったのに対し、正統主義はもとより、勢力均衡もまた、本来的に既存の支配権力のイデオロギーであることを免れない。従ってウィーンの戦後処理の基本的特質は、その戦後構想がユートピアンであるかリアリスティックであるかということ以前の、ヴィジョンそのものの極度の貧困にあると言うことができる。この意味において、われわれはウィーン体制を支える精神構造を明らかにするためには、正統主義や勢力均衡といった個々の原則の内容よりも、まずそれらに共通の特質に着目しなければならないであろう。それではこうしたヴィジョンの貧しさは何に由来し、またいかなる構造を持つのであろうか。

この問いに答えるための一つの手がかりとしてメッテルニヒの思想をとり上げ、その角度から、ウィーン体制の精神構造に照明を加えるのが本稿の目的である。もとよりウィーン体制はメッテルニヒだけの所業ではない[1]。しかし、それはおよそメッテルニヒなしに考えることはできない。なぜならウィーン体制の下にあって、ひとは「メッテルニヒと異なった見解を持つことも可能であったし、彼を嫌悪することも可能であったが、彼から逃れることは不可能であった。……彼に対する攻撃があれほどまでに激烈であったという事実こそ、彼の役割がいかに中心的であったかを証明するものに他ならない[2]」のである。

ところで言うまでもなく、ウィーン体制を支えるヴィジョンの貧困は、何よりも、二十数年にわたりヨーロッパに深刻な衝撃を与えた革命と戦争とに対する深い倦怠と恐怖とに由来するものであった。従ってウィーン体制の目指すものは、いわば革命と戦争との欠如状態であったと言ってよい。例えば、われわれは、メッテルニヒ、カスルリー、アレクサンドル一世、タレーランという、ウィーンの戦後処理の四本柱ともいうべき人々の、一八一四―一五年当時の外交文書や書簡等の中に、あたかも申し合わせたかのように、一つの特徴的な言葉が繰り返し用いられているのに気付く。その言葉とは repos, repose, Ruhe つまり休止ないし安息の状態である。こうして一八一五年一一月の四国同盟条約の中にも「諸国民の安息《ルポ》と繁栄」が謳われているのであるが、このreposは、実にウィーン体制とメッテルニヒの思想との根底にある発想の基本的タームと言ってよい。(3) 七月革命を経てウィーン体制が著しく脆弱化した後においてさえ、メッテルニヒはこう記している。「民衆は、今日のみならず明日もまた同じく静穏のうちに生きられることを望んでいる。……安息は全人類社会にとり最高の福祉である。(4)」(VI, 31)(圏点原文イタリック、以下同じ) 実際、革命と戦争とへの恐怖と倦怠に沈み込んだヨーロッパにとってと同様に、メッテルニヒにとっても「新しいヴィジョンによる安定と平和」といったものは、それ自体一つのタブーであり、また形容矛盾に他ならなかったと言えよう。

だがここで当然一つの疑問が生じてこよう。すなわち、メッテルニヒは果たしてこのような安息状態がどれだけの安定性をもって持続するという見通しを持っていたのであろうか。この問いは、メッテルニヒの場合特に興味ある問題と言うことができる。というのは、革命が提起した問題、革命が解き放った力というものの重大性を早くから看取し、そして自分が革命の意義を決して過小評価しなかったことを誇ったのは、他ならぬメッテルニヒであったからである。一七九二年、まだ二〇歳にも満たないメッテルニヒがフランクフルトで出会ったフランスのエミグレ達について、彼はその自伝の中でこう記している。「この人々の考えによれば、若干の軍隊を送りさえすれば、フランスのあらゆる教会の塔に白旗が翻えるようになるというのであった。」「当時のこれら亡命フランス人たちはあの革命を理解していなかった。そして極く稀な例外を除けば、彼らがその後一度でも革命を理解しえたかどうか、余には疑わしい。それに、こうした弱点はこれらのフランス人に限られたものではない。人々は自分の眼前に起こっている事件の真の原因と意義とを見抜く能力をほとんど持っていないのである。」(I, 16-7) これに比して早くも「余はフランス革命が、じらい余の闘うべき仇敵となるであろうことを感じた。そこで余は敵の研究に専心することとなった」(I, 13-4)。こうして彼は治者が「真理を直視し」「イリュージョンから脱却する」(III, 414) 必要を力説するのである。

ではメッテルニヒにおいて、革命の冷徹な認識と、repos の不断の擁護とは、一体いかなる関連を持つのであろうか。その点を明らかにするには、彼がイリュージョンなしに把握したというその革命とは、いかなる意味を持つのであるかという点をまず解明しなければならない。そして彼にとっての革命の意味が明らかになってはじめて、その裏返しとしての repos の意味も自ずから明瞭となるであろう。

(1) ヨーロッパ大の反革命支配体制の自覚化が初めて公式に表明されたのは、ソレルの言うように一七九一年七月のカウニッツの回状まで遡ると考えることもできよう(Sorel, A.: *L'Europe et la Révolution Française*, 1926, Pt. II, p. 232)。また「ヨーロッパ協調」の機構化の公的な表明も、すでに一八〇五年の英露条約に見られ、この時のピットの構想を受け継いで一八一五年の四国同盟結成のイニシャティヴをとったのは、むしろカスルリーであった。従ってウィーン体制の成立史の上では必ずしもメッテルニヒは決定的な役割を演じたわけではなく、現代の通念は、この点での彼の役割を過大視さえしているかもしれない。しかし本稿の主題は、ウィーン体制の成立史ではなく、ウィーン体制を支える精神構造の特質の解明にあるのであり、この意味では、イニシャティヴがカスルリーの手中にあったということよりも、メッテルニヒの思想がカスルリーのそれに極めてよく符合したという点に着目すれば足りる。メッテルニヒはカスルリーと初めて対面した当時についてこう記している。「余は、フランスの再建をヨーロッパ全体の利益に合致させようとする彼の考えには、余の見解と齟齬する点は一点もないということを、即座に確信するに至った。」(I, 185. 次頁の注4参照)また本稿は総じてウィーン体制そのものの歴史を辿ることを目的とするものではない。従って、一八一八年のエクス・ラ・シャペル会議から一八二〇年のトロッパウ会議に至る時期に及んで、アレクサンドル一世の転向と並行して、メッテルニヒが漸くウィーン体制の完全な主導権を握るに至るといった、ウィーン体制内におけるメッテルニヒの位置の変動も、本稿の論外にある。
（2） Kissinger, H. A.: *A World Restored : Metternich, Castlereagh and the Problems of Peace, 1812–22*, 1957, p. 324.
（3） 例えばミュッセはこう描いている。「ある者は言った、『皇帝の没落の原因は、人民がもはや皇帝を欲しなかったことにあるのだ』。他の者は言った、『人民は王を欲したのだ。否、自由を。否、理性を。否、宗教を。否、イギリス式憲法を。否、専制政治を』。最後の者が付け加えた、『いや、そんなものではない、安息《ルポ》だ』と。」（『世紀児の告白』第一部、第二章、岩波文庫、上巻一二―三ページ参照）
（4） *Aus Metternich's nachgelassenen Papieren*, 8 Bde., 1880–84. 以下ローマ数字で巻、アラビア数字でページを示す。メッテルニヒの遺稿集にはこのほかフランス語版、英語版もあるが、元来メッテルニヒは独仏両語を使用したところから、この版は、それぞれを原語のまま収めている点で標準的なものである。

二　支配のディレンマ

メッテルニヒにおいて、フランス革命およびその余震としての一九世紀前半の諸革命運動の本質は、人間の思想や行動の様式に現われた「僭越(prêsomption)」に求められる。つまりそれは単に権力関係における革命ではなく、何よりも人間の内面的変革である。この変革は第一に、社会の原点を個人の上に設定する基軸転換を意味する。「社会の構成要素をすべて個人に還元し、各人を各自の教条の決定者に仕立てる」ようなこの体制は、メッテルニヒにとって、もはや「社会」の名に値するかどうかも疑わしい(III, 405)。この変革は第二に、知性における「僭越」の形をとって現われる。「人は生まれながらにして学識を備えているかの如くに考えられている。僭越な魂にとって経験というものは何らの価値も持たない。彼にとっては信仰も無価値に等しい。」(III, 404) そこでこうした魂の持主は、「過去というものの価値を否定し、自分が未来の創造主であると僭称する」(III, 413) に至る。

このような「僭越」現象を裏返して見れば、総じて文化の大衆化ないし標準化現象としてメッテルニヒの眼に映じざるを得ない。すなわち、「宗教、道徳、立法、経済、政治、行政などのすべてが、万人の共有物となり、何びとにも容易に近づきうるものとなったかのような観を呈している」(III, 404)。換言すれば「僭越」とは、実に多くの事物の完成(perfectionnement)をめざして人間精神が急速に前進しようとする時に生ずる当然の結果」(*ibid.*)であり、「人類の完成」などという「理に反した」ことを企図するものに他ならない[1](III, 405)。

ところでメッテルニヒによれば、フランス、ドイツ、イタリア、スペインの四国で革命運動の推進力となったのは「真のコスモポリタンであるブルジョワ階級(hommes d'argent)」であり、これに官吏、文士、弁護士、教師などが加わる(III, 412)。それを反面から言えば、これらの階層以下の「民衆は平和と安息としか求めていない」(*ibid.*)。これがメッテルニヒが「真の民衆」(III, 411)と呼ぶ層であり、彼らは「神と治者とに対して忠実」(III, 413)であり、「民衆ほど善良なものはいない」が、同時に「民衆ほど無知なものもいないから、従って彼らは指導者を必要としている」(III, 338)。そして民衆は変動を怖れており、「自分たちにとって最大の幸福は、明日をあてにできる状態にあることだということを知っている」(III, 411)という判断に基づいて、メッテルニヒは自らを「保守的社会主義者(socialiste conservateur)」(VII, 397)と呼ぶのであるが、言うまでもなくここには、ブルジョワジーとの対抗において保守的な立場から「社会主義」を先取りしようとする発想の萌芽が見られるのである。

ところで総じてヨーロッパ大陸におけるブルジョワ革命に対するこのような批判、つまり個人理性の主張、無神論、伝統破壊等を「僭越」行為として受け取り、またそのようなものとして批判すること自体は、別に新しいことでもなく、メッテルニヒに特徴的なことでもない。だがメッテルニヒにおいて注意すべき点は、彼の批判のタームにある。すなわち彼にとって、このような「僭越」は何よりも「誤謬(erreur)」である。試みに、例えば一八二〇年に彼がアレクサンドル一世宛てにしたためた『政治的信条の宣明(Profession de foi politique)』を開いて見るならば、次のように記してある。「為政者は、理性を喪失した世界と対決して、賢明さ、理性、正義、矯正力などに充ちた世界を樹立する義務を負っている。……あの浅墓な精神の群衆、それは生半可の知識に満足し、社会の基本的利害について厚顔無知な独断を下す。また何ら確かな定見もないあの騒々しい連中は、自分自身の誤謬や誤った予言者の犠牲者である……。」(III, 399-400)(傍点坂本、以下同じ)もとよりメッテルニヒの革命批判の中に、道徳的タームが見られないわけではない。しかし彼の批判の特質は、それが何よりも合理性の範疇によって組み立てられていることであり、このことは、バークにおいてフランス革命は何よりも「悪」であったことを想起するならば、いっそう明らかとなるであろう。この意味において、メッテルニヒは知的な認識の観点に立っていたと言ってもよい。

ところでこのように認識の立場に立つメッテルニヒは、「革命を研究する」態度をとると同時に、また対象としての革命の過程をその知的な側面に着目して把える傾向を示すのであるが、まさにこの二重の意味における合理主義的アプローチの結果、メッテルニヒは一つの奇妙なディレンマに当面せざるをえなかった。

すなわちメッテルニヒによれば、フランス革命はルネサンスによって準備された。つまり「三つの発見が、逸早く文明の運命の上に決定的な影響を及ぼした――印刷術の発明、火薬の発明、新大陸の発見がそれである」(III, 403)。こうした変化の画竜点睛として、精神の世界における宗教改革があったのであるが、とにかく「過去三世紀を通じ、人間の精神は極端な速さで進歩した」。そしてこの人間精神の進歩――もっと適切に言えば人知の進歩――があまりに急速であったため、「熱情と誤謬とを抑制しうる唯一の力、すなわち賢明さ」の成長は到底それに及ばず、ここに「最も知識の発達した国」で革命が準備されることになってしまったのである(III, 404)。

メッテルニヒのこうした歴史解釈自体の当否は差し当たって問題ではない。ここで注意しなければならないのは、メッテルニヒにおいてフランス革命は、ルネサンス以来の歴史的必然の結果として把えられているという点である。このことの意味は、バークにおいては、フランス革命は歴史的必然から切断されて、悪意や陰謀のタームによって意味づけをされたことと照合することによって明らかとなるであろう。すなわち、認識の観点に立つメッテルニヒは、革命陰謀説の陥穽を回避することができた。そして革命誤謬説をとる彼の力点は、何よりも革命の真理性を否定することにあったのであるが、その反面、まさにそうした《認識の視点》の故に、メッテルニヒは革命の「誤謬」が実は三世紀にわたる歴史的必然の重みを持った「誤謬」、つまり歴史的に必然的な「誤謬」であることを認めざるをえなくなった。ここに、メッテルニヒが革命勢力は強力であると判断するに至る、いわば認識構造上の内的必然性があると言ってよい。こうして革命の問題は力のタームに還元される。

メッテルニヒもバークも、しばしば革命を「病い」にたとえているが、バークの場合その比喩には何よりも魂の病いに対する義人の憤激がこめられていたのに対し、メッテルニヒの場合には文字通り肉体の病いを診断し、病原菌の力を観察する「見る者」の冷徹さが秘められている。またメッテルニヒにとり革命家は「不幸にして偉大な才腕を賦与された人々」(III, 406)であり、さらにバークにより陰謀の拠点として烈しく糾弾された革命的秘密結社も、メッテルニヒにおいては「実際の力の所在」(III, 409)として描かれている。このように見てくるならば、自分は決して革命の力を過小評価しなかったというメッテルニヒの自讃も決して的外れでないことは明らかである。しかしまさにそのことの反面として、メッテルニヒの革命へのアプローチは、いわばニュートラルな力のタームによって基本的に制約されていたことがうかがわれるであろう。

このようなメッテルニヒの思惟構造の特徴は、第二に、彼が革命や「僭越」との対比において擁護した秩序とは、彼においていかなる意味を持つかを見ることによって、さらにいっそう明確となる。すなわちメッテルニヒによれば、「余にとって『自由』という言葉は、出発点の価値を持つものではなく、実際の到達点の意義を持つ。出発点を示す言葉は『秩序』に他ならない。『自由』の観念は、ただ『秩序』の観念にのみ立脚しうるのである」(VII, 636-7)。つまり太初に秩序があり、自由は「秩序の必然的所産」(VII, 634)に他ならない。またやや言葉を換えて言えば、「社会にとって第一に必要なことは、強力な権威――実力を伴わない権威は、およそ権威の名に値しないのだが――によって維持されることであり、決して自治を行うことではない」(III, 418)。

だがメッテルニヒのいう「秩序」ないし「強力な権威」とは、いかなる政治体制を指すのであろうか。ここに至ってメッテルニヒの主張は著しく曖昧となる。例えば彼はこう記している。「余はいかなる種類の専制政治も、弱さの兆候であると考える。」(VII, 634) それでは彼は、当時の革命運動の旗印である立憲政についてどのような態度をとるのであろうか。「世人は余が憲法を好まないといって非難する。しかし次のことを区別する必要がある。余は、国民にいかなる点でも適合しないような憲法を、暴力によって押しつけるのは好まない。しかし余は正統な方法で賦与された憲法を好むものである。[2]」一見したところ、ここには二つの条件が示されている。第一は、憲法は各国の特殊事情に適合しなければならないということであり、第二は、革命によらず欽定的手続によることである。

確かにメッテルニヒは、「あらゆる国に同一方式の憲法を適用する」ことの誤りを指摘し(VII, 635)、国民性の差異に即応して憲法もまた多様であるべきことを繰り返し主張した。このことは何を意味したのであろうか。第一にそれは、当時現実に機能していたイギリスの立憲政の大陸への輸入を拒否することを意味した。すなわちメッテルニヒは、「憲法と呼びうるものを持っているのはイギリスはあまりにイギリス一国のみである」(III, 322)と述べて、イギリスの立憲政を承認することの裏返しとして、「イギリスはあまりに特殊な状況におかれている」(III, 407)として、それの大陸諸国への適用を拒否するのである。のみならず第二に、憲法の多様性の主張は、リベラルな立憲主義が掲げる可能な憲法、つまりリベラルな普遍主義に基づく憲法を拒否することを意味する。「憲法に関する普遍的な処方箋が存在しないのは、ちょうど健康を維持するための万能薬が存在しないのと同じである。」(VII, 637)

このように見てくると、メッテルニヒにおける憲法の多様性についての一見建設的な見解は、実は「正統な方法による憲法」の名における反革命の立場に吸収されてしまうことは明らかである。やや言葉を換えて言えば、メッテルニヒにとっての問題は、実は「憲法」それ自体にあるのではなく、象徴化された「憲法」、すなわち運動としての立憲主義にある。彼によれば「憲法」という言葉には「非常に幅の広い解釈の余地があるということは十分に理解されていない」。そこで彼は次のように鋭く指摘する。「純粋君主政下では、その言葉は『国民代表制』の意味を持たされる。また最近代表制下におかれるに至った国々では、その言葉は成文憲法や基本法の充実と保障とを意味する。また古来国民代表制を持っている唯一の国〔イギリス〕では、それはリフォームを目的としている。要するにいずこにおいても、それは変革と騒動を意味するのである。」(III, 412) そして、このように立憲主義として象徴化された「憲法」は、もはや真の憲法(Verfassung od. Constitution)ではなく、メッテルニヒの分類による「シャルト(Charte)」すなわち人為的憲法に当たると言ってよい。彼によれば真の憲法とは「自己自身の内部からのみ形成されうる」ものであって、「シャルトは憲法ではない」(VII, 637)。国家秩序の根底をなすのが憲法であって、「憲法のない国家とは、あたかも自分自身の骨格を持たない仮定の人間と同じく、一つの抽象だというのが余の立場である」(VII, 635)。こうして憲法は一つの自生的ないし自然的存在に他ならない。

　このように見てくるならば、メッテルニヒにおける「憲法」とは、立憲主義運動における「憲法」と全く別個のものであることは明瞭である。と同時に、ここで直ちに気付くことは、メッテルニヒにおける「憲法」と「シャルト」との区別は、両者の実質的内容の差異に基づいて設けられているのではなく、むしろ、自生性と作為性という、形成の様式における差異に立脚しているということである。換言すれば、メッテルニヒが「シャルト」を拒否するのは、それが作為を媒介とするからであり、そしてここにいう「作為」とは当然に被支配層による作為を意味し、被支配層の作為は当然に「変革と騒動」を意味するからである。またメッテルニヒが強調する「憲法」の自生的性格とは、支配層の自発性の枠内にとどまることを意味し、それはまた支配秩序の堅持を意味することは明白である。いずれにしろ、ここで最も重要なのは、メッテルニヒにおける「憲法」の無内容性である。つまりメッテルニヒにとっての中心問題は、「憲法」の内容、体制の実質ではなく、何よりも秩序そのものであったと言ってよい。

　このことを端的に示すのは、メッテルニヒのナポレオン帝政に対する態度である。周知のように反ナポレオン戦争の末期に、メッテルニヒはナポレオンに連合国との講和を受諾するように再三勧説し、また講和を拒否したナポレオンの没落が決定的となった時にも、戦後のフランスには皇后マリ・ルイーズによる摂政が最適であると主張した。このように可能な限りフランスに帝政を残そうとしたことの背後には、もとより勢力均衡の観点からしてオーストリアはフランスの過度の弱化を望まないという考慮もあった。しかしこのような勢力均衡の観点からの考慮を可能ならしめた前提として、ナポレオンは「革命を支配する者」であるというメッテルニヒの基本的判断があったのであり、これはナポレオンは「革命の子」であるという当時のヨーロッパの通念と著しい対照をなすものであった。換言すれば、メッテルニヒにとり、強力な秩序は正統主義に優先するのであり、正統主義は何らそれ自体で価値を持つものではなかった。またメッテルニヒにとって、総じて君主政は、共和政に比し「大国の場合、より大きな安定性を持つ」(VII, 635)点で優れているものでしかなかった。

　このようにしてメッテルニヒは、革命に対し、一定の「憲法」や体制をもってではなく、秩序そのものをもって対決することとなった。ちょうどメッテルニヒにおいて、革命は力のタームに還元され、その強力さを直視すべきことが力説されたのに対応し、メッテルニヒの反革命の基礎は、強力な秩序そのものにあった。メッテルニヒが最も愛好した標語「法における力(Kraft im Recht)」[3]とは、実にこの匿名の秩序それ自体の支配を意味するものに他ならなかった。そしてこの秩序の匿名性ないし抽象性の帰結として、メッテルニヒはここでも一つのディレンマに当面せざるをえなかった。すなわち、彼は革命との対決において、伝統的秩序や旧支配層を擁護しなければならない立場に立ちながら、まさに強力な革命に対決する強力な秩序の擁護のために、伝統的秩序や旧支配層への鋭い批判を懐かざるをえない必然性を内在させていたのである。それではメッテルニヒは、既存の支配秩序ないし権力の側からする改革についてどのように考えていたのであろうか。これが第三の問題点である。

メッテルニヒによれば、およそ変化には漸進的変化と飛躍的変化とがある。前者の場合には「諸条件は論理的および自然法則的順序を踏んで発展し、後者の場合には、諸条件を結ぶ連鎖が切断される。自然界の万物は発展すなわち相互連鎖の道を辿るが、このような形の進展を通じてのみ、悪しき要素の排除と善き要素の生成とが可能となる。飛躍的な変動は、常に新たな創造を意味する。だが人間には何ものを創造する能力もない」(VII, 637-8)。人間の創造能力つまり作為能力を否定するのは、反革命的イデオロギーに多少とも共通する点であって、別段メッテルニヒに特有なものでもないが、とにかくこのようにして、飛躍的変革の可能性が否定され、従ってまたその正統性が否定される。人間の不可能事を企てることこそ「僭越」の最たるものであると言わなければならないであろう。

しかしこのことの反面として、メッテルニヒは漸進的改革を容認しているかのように思われる。事実彼はこう記している。「統治権力は、安定を至上原則とするとはいえ、善きものの発展を決して排除するものではない。なぜなら、安定と固定(immobilité)とは別物であるからである。」(III, 415) しかしメッテルニヒの場合、これには二つの条件が付いていると言ってよい。第一は、言うまでもなくこの改革は上からの改革に限られるということである。第二に彼はこう述べている。すなわち、この世界には、「個人と国家とに共通な一つの行動準則があり、それは過去数百年の経験によってのみならず、現在の日々の経験によっても確立されたものである。その準則とはこうである。『感情の動揺が烈しい状況の下では現状変革を考慮すべきではない。そのような動揺期には現状維持だけにとどめるのが賢明な態度である』」(III, 415)。

この準則は一見極めて穏当なものに見える。しかしながら、メッテルニヒの生まれた時代は文字通りの「動揺期」であり、このことは、「余の一生は疾風怒濤の只中にめぐり合わせている」(IV, 26)という言葉に明らかなように、メッテルニヒ自身明瞭に自覚し、絶えず繰り返して述べたところであった。だとするならば、メッテルニヒは、少なくとも自分自身に関する限り、「現状改革」の可能性を、いわば永遠に拒否せざるをえない必然性を内在させていたと言わざるをえない。そのことは、彼が上からの改革を認めながらも、その改革を全面的に統治権力のみの発意に限定し、抵抗勢力に対する一分の「譲歩」にも強烈な反対を示したことによっても明らかであろう。なぜなら、実質的譲歩を伴わない改革などありえないからである。ところが彼によれば、「賢明な改革は……断じて譲歩によって達成されうるものではない」(III, 415)。また一イギリス人が、為政者の叡知は、単に何を譲歩すべきかということだけではなく、いつ譲歩するかを知っている点にあると述べたのに対し、メッテルニヒは異議をさしはさみ、「真に優れた為政者とは、統治権力が譲歩を行う必要など生じさせない才能の持主である」(VIII, 562)と記しているのであるが、ここで彼が、およそ被治者の側に何らの不満も生じないような《完璧なる政治》を説いているのではなく、譲歩の必要を完全に無視しうる強力な権力を讃えていることは明白である。

だがメッテルニヒの矛盾は、彼が「漸進的改革」を承認しながら、それはついに実現しえない性質のものであったという点のみに尽きるのではない。すなわち、その「改革」はついに実現しえないものであったにしろ、彼は「漸進的改革」を原理的に断念したのではない。むしろ彼は「改革」を可能ならしめる条件の実現を追求し続けたのであった。そしてその条件とは「安定」であり「安息」であり「秩序」であった。換言すれば、メッテルニヒは「改革」の前提として「秩序」を求めたのであるが、その「秩序」の追求自体が彼に「譲歩」を不可能とし、その結果、革命的動揺は悪化し、「改革」もまた永遠に不可能となった。このように「秩序」をめざす彼の行為自体が「秩序」を蝕んでいく点に、メッテルニヒのもう一つのディレンマを看取することができるのである。

（1）このような「僭越」化現象の媒体として、メッテルニヒは、優れて現代的な破壊手段としての新聞の重要性を鋭く見抜いていた。「果たして新聞の自由と社会とは両立しうるのか否かと自問するのは、あながちわれわれのみではあるまい。この毒物は、一七世紀後半までは未知のものであり、一八世紀末までは、僅かな例外を除けば、専らイギリスのみに限られていた。」(III, 417)

（2）Grunwald, Constantin de : *La Vie de Metternich*, 1938, p. 204.

（3）「余の愛誦する金言『法における力』は、余の信念をよく表わすものであり、また余の思考様式と行動様式との基礎を示すものである。」(VII, 634) 革命の具体的な担い手が極めて明確であるのに比し、秩序の担い手について具体性が著しく欠けている点は、メッテルニヒの思想の特質の一つと言ってよい。

三　ヨーロッパの危機

このようにしてメッテルニヒは、革命との峻烈な戦いの中にあって幾つかの基本的ディレンマに当面せざるをえなかったのであるが、それでは彼は革命との戦いにおいて、一体いかなる思想的支柱を持っていたのであろうか。また彼は何を根拠として自己の勝利を信じていたのであろうか。この問いに答えるためには、彼が革命をどのように見たかということに加えて、彼にとって既存の支配体制はいかなる意味を持つものであったかを検討しなければならない。

メッテルニヒは、伝統的支配体制が強力な革命の挑戦にさらされていることを認識し、またその認識を誇っていたことは先述した。だが彼の鋭い洞察は、この点に尽きるのではなく、むしろ次の点にあったと言えよう。彼はこう記している。「われわれは国際政治面での平和を維持しようと望んでいるが、それは、われわれがサン・ピエール神父のユートピアに賛同したからではなく、われわれが次のことを知悉しているからである。すなわち、一旦この平和が攪乱された暁には、自由主義者の群が権力に飛びかかり、権力の分け前に与かろうとするに違いないのである。」(1) ここには、《体制維持のための平和維持》という発想が見られる。さらにメッテルニヒはこうも述べている。「五国同盟の根本原理は、すべての合法的既存体制を維持することにある。ヨーロッパ全般の平和は、ただこの原理が実現されてのみ可能となる。」(VI, 601) ここには、《平和維持の前提としての体制維持》という発想が見られる。換言すれば、メッテルニヒは、戦争が革命に転化し、また革命は戦争に転化するという、ヨーロッパの政治体制における内政と外交との緊密な不可分性を鋭く自覚していたと言ってよい。ここには、もしヨーロッパの支配者同士が今一度戦争を起こすならば、ヨーロッパに残る唯一の勝利者は革命勢力のみである、というメッテルニヒの的確な状況判断をうかがい知ることができる。

このように見てくるならば、メッテルニヒの外交——すなわち、一八二〇年代のいわゆる「会議外交」のメカニズムを通じてヨーロッパ大の反革命体制を確立した彼の外交——に、一貫して次の二つの対照的な態度が見られることも少しも偶然ではない。すなわちそれは第一に、革命運動に対する苛烈な闘争と弾圧とにおける揺るぎない峻厳さであり、第二には、ヨーロッパの諸大国、殊にイギリスとロシアとに対する外交におけるほとんど臆病なまでの細心さである。彼は革命の時代における国際政治についてこう記している。

「いかなる時代にも、世界は二つの要素の影響下におかれている。それは冷静な観察者によって、社。

会的要素および政治的要素と呼ばれているものである。社会的要素には、その根底において、何らの妥協を容れる余地もない。政治的要素には操作が介入する余地があるが、社会的要素にはこれが欠如している。社会的要素が安息状態にある時には、政治的要素の活動の余地が開かれ、ここで登場者が力と才腕とを競っても、それは社会に対し多少の危険を及ぼす程度で済む。だが社会的要素が病的な動揺の渦中にある時に政治の領域に波瀾を起こす者があるとすれば、それはただ愚昧軽率な者のみである。今日社会的要素は安息状態にあるであろうか。ただ盲者のみが然りと答えることができる。」(VIII, 340)

言うまでもなく、ここには第一に、外交と政治体制、パワー・ポリティクスとイデオロギーとの区別と連関との双方が、すでに鋭く指摘されている。と同時に第二に、伝統的な外交や術数がいかに政治体制の同質性を前提としていたか、その反面メッテルニヒの時代の外交はいかに脆弱な基礎に立脚しており、従って国際関係での微妙な変動が、ヨーロッパの伝統的政治体制にとりいかに一触即発の状態におかれているかということもまた、鋭く自覚されていると言うことができる。このようなメッテルニヒの危機意識が彼におけるヨーロッパ社会の理想型の構造によって逆規定されていることは明らかであり、そしてその理想型とは、内政における強力な秩序と、外交における精妙な勢力均衡との両面を包摂する広義の「均衡(équilibre)」を本質とするものに他ならなかった。なぜなら、「均衡に基づかない安息は幻想に過ぎない」(I, 130)からである。

このように内政と国際関係とを一貫する「均衡」を基本的思考範型とする以上、メッテルニヒにとって、ヨーロッパのいかなる一隅における革命運動も、直ちに《ヨーロッパ社会》への脅威と受け取られざるをえない。例えば彼は一八一九年、かのカールスバート会議に際しこう書いている。「ドイツの革命家達は、余の手が届くことはあるまいと思っていた。なぜなら余は五〇〇里も離れていたからである。だが彼等は誤っていた。余は彼等の真只中に乗り込み、今や彼らを打ちのめそうとしている。」(III, 217) 従ってメッテルニヒにとって、外国での革命運動に対する反革命干渉の正当性には一点の疑念もなく、この点に関する限り、彼はイギリスにおける彼の最もよき理解者であったカスルリーにも、ついに一歩も譲ることはできなかった。[2] メッテルニヒにとり、反革命干渉と弾圧は「世界を救う」(III, 219) か否かに関する問題であった。また彼によれば、「すでに久しい以前から、余にとってヨーロッパは祖国に等しいものとなっている」[3]。従ってまた政治――特に国際政治――に関する認識について、彼が次のように述べるのも当然である。少し長くなるが引用してみよう。

「政治学とは国家の最高の基本的利益に関する学問である。今日ではもはや孤立した国家は存在しない……から、われわれは諸国家が社会を構成しているという、現代世界の本質的条件を決して看過してはならない。……われわれは、すべての国々に共通の真の政治的利益を知ることによって、はじめて政治学の根本原理に到達することができる。そしてこの共通の利益を基礎としてのみ、すべての国々の存立が保障されるのである。これに対して、各国に特殊の利益は……相対的かつ第二次的な価値しか持たない。歴史の教えるところによれば、……もしひとが諸国一般の利益を無視ないし誤認し、専ら自国の特殊利益の追求のみに努力することがあっても、それは一つの例外、一つの病いと見なさるべきであり、この病いが亢進するか、急速に治癒するかによって、その国の運命が究極的に決定される。すなわち前者の場合にはその国は早晩没落し、後者の場合には再生復興する。現代の世界を古代の世界から区別する特質は、諸国が相互に接近し合って一種の団体的社会(Gesellschaftsverband)を形成している点にある。そしてこの団体の基礎は、キリスト教に包まれて発展したこの偉大な人間社会と一致する。……現代の社会には、諸国家間の連帯性と均衡という原理が適用されている。……相互依存の原則の上に、また既得権の承認と協約の尊重という保障の下に国際関係を再建することは、現代の政治学の本質的課題であり、外交というものはこの政治学の日常面への適用に過ぎない。余の見解によれば、政治学と外交との差異は、学問と技術との差異に他ならないのである。[4]」(I, 33-5)

こうして革命的なリベラル・ナショナリズムとの対決において、伝統的ヨーロッパの一体性が強烈に自覚される。そしてこの立場を選ぶ以上、メッテルニヒは、否応なしに伝統的支配権を擁護せざるをえない。これが正統主義であった。同時に彼は、《ヨーロッパ》としての集団的安全保障方式を樹立しなければならない。これがカスルリーが発案し、メッテルニヒが最大限に利用した「四国同盟」方式であった。そして、この正統主義と集団安全保障との集約として、必然的に生まれてきたのが「君主の同盟」という発想であった。メッテルニヒによれば、「君主間の同盟は、今日社会の全面的崩壊を防ぐためにとるべき政策にとって、最も重要な基盤となるものである」(III, 416)。

このように自分を「ヨーロッパ」「社会」「世界」の戦士に擬したメッテルニヒを、かつてルイ一四世が国家について述べた言葉になぞらえて言えば、彼は「余はヨーロッパである」という意識の持主であったと言っても過言ではあるまい。そして彼における「ヨーロッパ」とは、まさにそのトータルな危機において自覚されたものであった。それでは、メッテルニヒのこの「ヨーロッパの危機」意識は一体何に根ざしていたのであろうか。

(1) Grunwald: *op. cit.*, p. 202.

(2) もとより、四国同盟の提唱であるカスルリーは、あらゆる干渉に反対したのではない。しかしメッテルニヒにとっては干渉が原則であったのに対し、カスルリーには不干渉が原則であり、また前者の干渉は何よりも反革命を目的とするのに対し、後者の干渉は何よりも勢力均衡を目的とする。カスルリーはこう述べている。「ヨーロッパの均衡の体系が現実の危険によって脅かされる時には、われわれは行動を開始するであろう。しかしわが国は、革命の予防といった、抽象的かつ思弁的な原理に基づいて動くことはないし、またそのようなことは不可能である。」(Webster, C.: *The Foreign Policy of Castlereagh*, vol. II, 2nd ed., 1934, p. 240)

(3) Srbik, Heinrich von: *Metternich, der Staatsmann und der Mensch*, Bd. I, 1925, S. 320.

(4) このような観点からメッテルニヒがポーランド分割に強く反対したことは注目してよい(cf. Cecil, Algernon: *Metternich*, 1933, p. 26)。

四　抽象の統治

ここで誰しも直ちに思いつくのは、メッテルニヒが約四〇年にわたって仕えたオーストリア帝国そのものの国家構造である。周知のように、オーストリアは極めて複雑な多民族国家であったが、この場合多民族国家とは、もとより単に多数民族の併存ないし混在を意味するだけではなかった。そこでは第一に、アンシャン・レジームと異民族支配とが二重に重なって相互に補強し合っていた。従って、ヨーロッパの一角で発生したリベラリズムとナショナリズムとは、それぞれに——すなわち、リベラル・ナショナリズムだけでなく、リベラルでないナショナリズムでも、またナショナリスティックでないリベラリズムでも——オーストリア帝国内に深刻微妙な連鎖反応を起こす危険を内蔵していた。その上第二に、帝国治下の民族のほとんどすべてが、オーストリア外にも分布し、決してオーストリアに全面的に包摂されていなかった。例えばオーストリアは、帝国内のヴェネチアの秩序維持のためだけであっても、絶えず帝国外のイタリア諸国に干渉せざるをえない構造的な必要を持っていたのであるが、[1]これはイタリア問題に限られたことではなかった。こうしてまずオーストリアに、次いでドイツ連邦に、最後にヨーロッパに「秩序」と「均衡」とを一貫して維持することがメッテルニヒの目標となった。[2]オーストリアは、そのままヨーロッパ全体の小宇宙に他ならなかった。従ってメッテルニヒは、ヨーロッパ大の視野において、内政面での体制の維持と、外交面での平和の維持とを、絶えず不可分に結びつけてとり上げなければならない立場に立たされていた。「もし人がオーストリアの内部に安定を維持しようと望むのであれば、ヨーロッパ全体に安定を維持しなければならない[3]」のであり、ここに、彼がしばしば「ヨーロッパの宰相」と呼ばれるゆえんがあると言ってよい。

　しかし、ここで今少し立ち入って考えてみるならば、このようにメッテルニヒがオーストリアの立場と「ヨーロッパ」の立場とを一体視し、彼自身いわば「余はヨーロッパである」といった意識の持主であったということは、換言すれば、彼の立場は必ずしもオーストリアの立場のみに拘束されるのではなく、むしろ、何よりもまず「ヨーロッパ」全体の立場に立つものであったということを意味するものでもあったわけである。すなわちメッテルニヒは、ヨーロッパ、殊に大陸における伝統的支配層が共通に直面している危機を鋭く意識した人物であり、たまたまオーストリア帝国がこの危機を最も集中的に現わしたものであったために、彼はオーストリアの宰相に相応しい人物であったのであり、その逆ではなかった。つまりオーストリア宰相であったことから、彼の「ヨーロッパ」意識が生まれたのではなかった。「もし彼がオーストリアと特別な結びつきを持っていたとしても、それは彼がオーストリアと民族的一体感を持っていたからではなく、思想的一体感を持っていたことに由来する。[4]」事実メッテルニヒは、ラインラント生まれの貴族で、フランス革命の波及と同時に父と共にウィーンに移ったのであるが、しかし当時のように貴族間の横の流動可能性《モビリティ》が高かった時代に[5]、メッテルニヒが四〇年にわたりオーストリア宮廷にとどまらなければならない外的な必然性は存在しなかったと言ってよい。すなわちそれは、むしろ内的な必然性によるものであった。

メッテルニヒの思惟構造とオーストリアの国家構造との内面的な一致を集約的に示すのは「権威」の観念であると言ってよい。すでに繰り返し述べたようにメッテルニヒは徹頭徹尾「秩序」の立場に立つのであり、そして「秩序」の核心は、言うまでもなく「権威」にあるとすれば、彼が「社会にとり何よりも必要なのは、強力な権威」であると述べたのも当然である。そして彼における「秩序」が《匿名の秩序》であり《秩序それ自体の支配》であったのと同様、彼における権威も《匿名の権威》であり《権威それ自体の支配》であったと言ってよい。ところで他方オーストリアの国家構造について、メッテルニヒと同時代のある人は次のように描いている。「オーストリア帝国は、国家の有機的な発展や民族の自由とは両立しえない。……オーストリア帝国が、その治下の諸民族の上に行使する権威は、決して国家を有機的に形成するような権威ではなく、ただ単純無機の権威(simple Autorität)であり、相当に強制的な性格を持った力に過ぎない。[6]」

すなわちメッテルニヒにおける「秩序」が《秩序一般》であるように、彼における「権威」も《権威一般》であり、そのいずれもが「力」のタームに還元され、またそれらが「強力」であることが何よりも必要であるとされた。のみならずメッテルニヒにおいては、革命もまた「力」のタームに還元されて評価された。こうして「秩序」も「権威」も「革命」も、すべていわば《力一般》のタームによって意味づけられたと言ってよい。ここに見られる、思想の基本タームとしての無機的・機械論的一般性、それは明らかに、メッテルニヒが終生仇敵視した啓蒙思想の思考様式に連なるものである。彼によれば、「政治の科学とは、化学の原理と同様に正確な原理に還元しうる性質のものである」(7)。しかし、もとよりメッテルニヒの「原理」の内容は啓蒙思想と相容れるものではない。従って、メッテルニヒの思想の基本的特質の一つは、それが啓蒙主義的思考様式による啓蒙主義的思想内容の否定であった点にあると言うことができよう(8)。そしてオーストリア内の「秩序」と「均衡」から、ドイツにおけるそれらを媒介としてヨーロッパの「秩序」と「均衡」へと連結するメッテルニヒの《ヨーロッパ意識》もまた、およそ非ロマン的な、無機的普遍性を特質とする思考様式に支えられたものであった。

さらに、この無機的・機械論的思考様式における没価値性の結果、メッテルニヒにおいて、政治は何よりもその技術性において把えられ、またその技術は本来的に抽象的普遍性を志向するものとならざるをえなかった。このように見てくるならば、ウッドワードの次の評言は極めて適切であると言わなければならない。すなわち「メッテルニヒは、ナポレオンと同じように、自分に適すると思われる国を自分の国として選んだ。メッテルニヒは、ナポレオンが技術としての権力一般を追求したのと同じように、技術としての外交一般(diplomacy in the abstract)を実行したのである」(9)。もしニュートラルな政治的認識をその一般性において表現しようとしたのがマキャヴェリであるとすれば、ニュートラルな政治的技術をその一般性において実行しようとしたのがメッテルニヒであったとも言えよう。メッテルニヒは自分自身について次のように記している。「余の見解によれば、余の真の天職は、学問の研究、なかんずく厳密科学と自然科学の研究にあった。これらの科学ほど、完全に余の好みに合致するものはなかった。……外交における余の業績は確かに余の名誉心を満足させるに足るものではあるが、余は余の全生涯において、〔科学の研究が与える〕あの満足感を味わう機会を得ることはできなかった。」(I, 24-5) なるほどメッテルニヒ外交の現実は、ついに彼を満足させえなかったかもしれない。しかし彼の言葉は、彼における外交の範型が、常に抽象的普遍性と厳密性とを志向するものであったことを雄弁に物語っている。

ところで、政治におけるこうした《知的完全性》への愛着ないし執着を持ったメッテルニヒが、周到な計略によって終始擁護し続けたのは、先述のように《秩序それ自体》であった。つまりメッテルニヒにとって、正統主義や伝統的支配権力はそれ自体で価値を持つのではなく、すべて「秩序」の維持という観点から見た技術的合理性の尺度によって評価を決定されるものであり、従って伝統的支配層といえども、メッテルニヒの厳しい批判の眼を免れうるものではなかった。殊にメッテルニヒが、その独自の《ヨーロッパ意識》に基づいて、一方では「社会」の一般的危機を鋭く感受し、他方では「ヨーロッパの宰相」という自覚の下にヨーロッパの支配層の連帯性を力説する立場に立つだけに一層のこと、彼の尺度に合致しない支配層は時として革命勢力に対する以上に厳しい彼の批判の矢面に立たされざるをえない。そしてこの場合にも、彼の批判の基本タームが、支配層の《無能》と《無力》であることは特徴的である。

伝統的支配層の無能は、まず革命に関する予測能力の欠如という面から批判される。彼によれば、革命の原因には、人知をもってしては予測しえない部分を除けば、第一に「統治権力の弱体と惰性」を挙げなければならない。「一八世紀を通じて統治権力が辿った道を一瞥するならば、どこの国の権力者も、社会を蝕みつつあった病患や危機を看取していなかったということには疑問の余地がない。」(III, 406) のみならず、支配層自身、無自覚のまま実は積極的に革命を助長しさえした。「神の名と、神の御意により樹立された権力とを冒瀆するがよい。その時すでに革命の前夜が訪れている。社会契約を口にするがよい。その時革命はすでに勃発している。一般民衆の間では未だ革命の前夜しか訪れていない時に、諸国王の宮廷……では、大革命がすでに成就されてしまっていた。」(III, 407) ここには、メッテルニヒにより、革命とはまず意識の革命であることが鋭く洞察されている。次いで革命が勃発すると共に、支配層の無力が露呈される。「諸国の統治権力は度を失い、第三階級の叫びに怯え、震え上がり、途方に暮れた……。」(III, 413) 「統治権力の側における勇猛強固な決意なくしては、もはや社会を救うことはできない。」(III, 414) 一言にして言えば、メッテルニヒが「法における力」という一句を、あれほど繰り返し口にしたということこそ、現実の支配層の側に、「法における力」が貧困であることをいかに強く彼が痛感していたかを証明するものに他ならない。

それでは、支配層に対するメッテルニヒの厳しい批判は何を基準にして可能であったのであろうか。換言すれば、メッテルニヒ外交の範型である《秩序それ自体》とは、一体いかなる実質を持つのであろうか。それは、もとより一八一五年以降の支配秩序そのままではない。またそれは一七八九年以前の、アンシャン・レジームそのままでもない。それは、フランス革命の嵐をくぐった後に振り返った眼に映ずる一八世紀のヨーロッパ秩序であり、いわば大革命の硝煙を通して顧みた、イメージとしてのアンシャン・レジームであったと言うことができる。すなわち、それは個々の具体的な君主や王朝とは別な「君主制」と、具体的な個人を捨象した「貴族」との支配する体制であり、この意味で、ここにもまた一つの抽象があることは明らかである。[10] つまりメッテルニヒは、現実に存在する君主や貴族の多くの者に対しては、その無能と無力との故に、激しい侮蔑をさえ懐いているのであるが、しかし、「ヨーロッパ」という名の、一つの原理としての君主と貴族とを擁護する点では、一貫して変わるところがなかったのである。しかし、いかに「原理」を擁護するとは言っても、現実には、結局のところ実在する具体的な君主や貴族を総体として擁護することにならざるをえないことも明白である。その結果、伝統的支配層に対するメッテルニヒの態度は、彼が現実と原理との区別を意識しているだけにいっそう、現実の支配層への根深いシニシズムを帯びざるをえない[11]構造的必然性を内包していたのであり、この点でも、現実と原理との区別を喪失したバークが、同様な状況においてドグマティズムに走ったのと対照をなしているると言ってよい。

ここから明らかなように、メッテルニヒの精神構造の基本的特質の一つは、彼が反革命ウィーン体制の象徴として行動しながら、実は伝統的支配層を信じていなかったという点だけにあるのではない。またそれは、彼は自分が信じない支配層を擁護せざるをえなかったという事実上のディレンマだけにあるのでもない。それは、自分は自分が信じないものをも擁護せざるをえないということの明確な自覚ないし自意識が、彼にとって不可避であった点にあると言わなければならない。そしてここには、メッテルニヒが、単に支配層に対するシニシズムのみならず、自分自身に対するシニシズムによって蝕まれる可能性が内在している。もしこのシニシズムの刃がメッテルニヒ自身に向けられたならば、それはやがて彼の「原理」そのものにも向けられる危険を持つことは明らかであり、その時には、《匿名の秩序》としての「原理」そのものは、一つのニヒリズムへと連ならざるをえないであろう。ではメッテルニヒの場合、この《不安》への転落の可能性を封じたものは何であったのであろうか。

第一に、それはまさにメッテルニヒの「原理」の持つ抽象的普遍性に由来する、その《客観性》であった。彼は、メッテルニヒ外交の基本構造を指して人々が「メッテルニヒ・システム」と呼ぶのに反対して、こう述べている。「メッテルニヒ・システムと呼ばれるものは、決してシステムではなく、社会生活の基本原理を意味する。そしてシステムとは、まさにこの社会生活を破壊するものに他ならない。余をもってシステム創出者と見なす者は、みずから誤っているか、あるいは他の人々を欺こうとしているかのいずれかである。余を秩序の唯一の支柱であるかのように述べ立てることは、余に過分の栄誉を与えるものであり、いかなる個人もそのような栄誉に値しうるものではない。」(VIII, 200) すなわち彼によれば、「システム」とは個人の恣意的思弁による虚構に過ぎない (vgl. III, 410) のに対し、彼の外交の基礎は「原理 (Prinzip)」である。それは精神の世界にあって、あたかも自然界での自然法則に匹敵する厳密明白にして普遍的な法則なのであり、またそれは明らかに特定の個人や国家と峻別され、それらを超越する。[12]「世人が余のシステムと呼ぶものは、実は最も単純明白な人間悟性の所産に他ならない。」(VIII, 235) このようにメッテルニヒの「原理」はメッテルニヒ個人から切り離され、従ってまさにその抽象性の故に、シニシズムの生み出す《自滅の自意識》から遮断されるのである。[13]

のみならず第二に、この「原理」や「法則」を認識する能力を自分が備えているという不動の確信によって、メッテルニヒ自身は、シニシズムの対象から除外される。そして現実の支配層に対する彼の侮蔑、嫌悪、絶望といった契機は、ここではただ、メッテルニヒの自信、優越感、自己誇示などに裏付けを提供するばかりであり、支配層へのシニシズムは、却って彼の自己満足を亢進させることになった。一八一九年、彼はテプリッツを訪れた。その六年前の一八一三年の六月、彼はナポレオンの決定的没落を予測してオーストリアのそれまでの中立政策を放棄し、同年九月のテプリッツ条約で、ロシア・プロイセン連合軍の側に立って参戦を約したのであった。それから六年、彼は条約を調印した同じ部屋の同じ机の前に坐って、次のように記した。「あの時以来、すべてが変化した――余を除いて。……あの時と同じ部屋に坐し、あの時以来余の心を占めてきた事柄を回顧し、あの時に存在していたものや、もはや存在しなくなったものを眼の前に思い浮かべてみる——すると、余はひそかな誇りと強烈な満足感との湧き起こるのを禁ずることができない。……この世界が常に、姑息な計算と途方もない幻想とのために、極めて重大な誤謬と巨大な失敗とを犯す運命にあることは、余の心を悲しませる。余は、いささかも狭小な考えに煩わされることはない。余は常に、この世の事業に携わる人々の大半の心を煩わす事柄を、はるかに超越している。……余は日毎に二〇回も、こう叫びたくなる気持を抑えることができない。『神よ、私は何と正しく、あの者どもは何と誤っていることでしょう。また私は、かくも明瞭で、かくも単純かつ自然な道理を、何と易々として見出すことができることでしょう!』余はこの言葉を、余が最後の息を引き取るまで繰り返すことであろう。」(III, 217-8) そして事実メッテルニヒは、一八四八年の革命に追われてイギリスに亡命した後にさえ、「余の精神は、いまだかつて誤謬というものを知らない」[14]とギゾーに語ったと言われている。

(1) Cf. Fyffe, C. A.: *A History of Modern Europe, 1792-1878*, popular ed., 1895, p. 494.
(2) メッテルニヒがオーストリア内部についても集中ではなく「均衡」を意図していたことは、彼が帝国内諸民族の「ゲルマン化」に反対したことによっても示されている(vgl. VII, 209)。
(3) Grunwald: *op. cit.*, p. 211.
(4) Kissinger: *op. cit.*, p. 321.
(5) 当時未だ一八世紀の国際的貴族社会が存続していたことは周知の通りである。例えばロシアの総理大臣となったカポ・ディストリア(Capo d'Istria)はギリシア生まれ、駐仏ロシア大使として有名だったポッツォ・ディ・ボルゴ(Pozzo di Borgo)はコルシカ出身、他方フランスの首相リシュリューは、かつてロシアでオデッサ総督をつとめた人物であった。このような人事の流動性が存在したということは、換言すれば、人間やものを評価する際の、国際的に共通な価値尺度が存続していたことを前提としている。従って、「メッテルニヒがイタリア・オペラをウィーンに移入した時、またアレクサンドル一世がドイツ哲学をロシアに導入した時、……彼らは何か『外国』のものを輸入しているという意識は全くなかった。どこから来たかということより、どれだけ優れているかということの方が遥かに重要であった時代がまだ続いていた」(Kissinger : *op. cit.*, p. 320)。

(6) これは Srbik : *op. cit.*, Bd. II, S. 318 に引用されているプロイセンの外交官グスタフ・フォン・ウーゼドム(Gustav von Usedom)の言葉であり、彼はメッテルニヒの思想の特質をオーストリア帝国の構造から説明しようとしているのであるが、その点を別とすれば、とにかくこの二つの要因の見事な対応をよく示している。

(7) Grunwald : *op. cit.*, p. 200.

(8) Vgl. Rieben, Hans : *Prinzipiengrundlage und Diplomatie im Metternich's Europapolitik, 1815–1848*, 1942, S. 21.

(9) Woodward, E. L.: *Three Studies in European Conservatism*, 1929, p. 18.

(10) このような体制のイデオロギー化は、王政復古期にはいわば客観的必要性を帯びていた。従って「王よりも王党的」なユルトラも、他の点ではメッテルニヒとほとんど対蹠的でありながら、この点では共通していたのも偶然ではない。

(11) メッテルニヒはその愛人の一人に宛てた書簡の中で、諸国の君主についてこう記している。「もし貴女が、これらのやんごとなき方々についての私の本心を知られたならば、貴女は私を筋金入りのジャコバンだとお考えになられることでしょう。……(これら諸君主は)祭壇に据えられ、誤謬、無知、卑屈、追従などの発する毒気によって取りまかれているのです。」(*Lettres du Prince de Metternich à la Comtesse de Lieven, 1818–1819*, quoted in Schenk, H. G.: *The Aftermath of the Napoleonic Wars*, 1947, p. 71)

(12) Vgl. Srbik : *op. cit.*, Bd. I, SS. 321-22.

(13) ウッドワードは、メッテルニヒが敵に対し個人的な敵意を懐かなかった点に触れ、「フンボルトは、メッテルニヒに感情が欠けていること、つまり憎悪する能力を持たない絶対的な無感応が見られることに気付いた」(Woodward : *op. cit.*, p. 27)と興味ある指摘を行なっているが、彼がメッテルニヒのこの特徴を、彼の絶大な自信の強さに帰しているのは当たらないであろう。むしろメッテルニヒのこのパースナリティ上の特質は、彼の「原理」が本来的にインパースナルであるという彼の思想の特質、また理性に抗する「熱情《パッシオン》」は革命に通ずるという彼の立場の特質に対応するものであると考えられる。

また彼が依拠するこの「原理」の普遍的・客観的性格は、おそらくカトリシズムと無関係ではなかろう。しかしメッテルニヒの思想がカトリシズムと本質的な連関を持っていると言うことはできない。この点では啓蒙思想との連関をはるかに重視しなければならない。それに、「敬虔なカトリック教徒とはおよそ似ても似つかない」(Schenk : *op. cit.*, p. 71)と評されたメッテルニヒにとって重要であったのは、カトリシズムであるよりはむしろカトリック教会であり、殊にプロテスタントのプロイセンとの対抗関係において、またオーストリア帝国内の統合の観点から、殊にハンガリーのリベラル・ナショナリズムへの対抗勢力として、彼は国家と教会との提携を極めて重視した。メッテルニヒのこうした態度をシルビークはこう要約している。「彼の根本的動機は、宗教の分野においてさえ、積極的であるより、むしろ消極的な性格のものであることは明瞭である。つまり、彼にとって宗教とは、革命に対する最も確実な安全装置であり、彼にとっては宗教的な契機より社会的契約の方が重要なのである。」Srbik : *op. cit.*, Bd. I, S. 314. このことを端的に示すのは、イギリスでのリフォームの一環としての、一八二九年のカトリック教徒の解放に対し、メッテルニヒは却ってそれを遺憾だとした事実である。

(14) Sorel, A.: *Essais d'histoire et de critique*, 1883, p. 6.

五　勝利の敗北

だがわれわれは、ここに奇妙に対照的な二つの要因を見ることができる。なるほど彼が誇示する通り、メッテルニヒの予測能力は極めて的確精密であった。[1]と同時に、彼の政治的事業の全面的破産の歴史が示す通り、メッテルニヒの創造力は著しく貧困であった。[2]ここには才気煥発な診断と、貧弱な処方とのほとんど異様ともいうべき対照が露呈されている。そして、このように予測と対策との間に甚だしい不均衡がある場合、ひとは通例宿命論的諦観の中に佇立する以外にないものであろう。だがメッテルニヒの場合には、そうではない。彼は一八三〇年、パリでの七月革命によってウィーン体制の一角が崩れ落ちた時、こう記している。「余の最奥の内心を打ち明けて言えば、余は古きヨーロッパの終末が始まりつつあると考える。」しかし彼は続けて言う。「古きヨーロッパと共に滅びる決意をすでに固めている以上、余には、余が何をなさなければならないかは明らかである。」(V, 25) 彼がなさなければならないと自覚していること——それは言うまでもなく革命との苛責なき闘いに他ならない。

だがメッテルニヒのこのような立場は、現実政治家としての彼にとって、いかにして可能であったのであろうか。換言すれば、彼における「原理」としてのアンシャン・レジームの「秩序」は、それ自体抽象的真理性を持つものであるにしろ、その「原理」の政治的実効性の根拠を、メッテルニヒは一体どこに見出すことができるのであろうか。「余の精神は、ただ現実的なるもののみを擁護するのに適し……余の気質は歴史を好む気質であり……余の行動様式は散文的であり……余は法の人である」(VI, 635) と述べたのは、他ならぬメッテルニヒ自身であった。ではメッテルニヒは、現実の支配権力へのシニシズムを自覚しながら、しかも革命との対決において「法における力」の名の下に《暴力的合法主義》を主張することによって、一体何を実現しようとしたのであろうか。またなぜそれを実現しうると信じえたのであろうか。

「原理」としてのアンシャン・レジームは、明らかに過去の「真理」であり、もっと正確に言えば、それは本来すべての時間、従って一切の歴史から切断された性質のものであった。[3] こうして、メッテルニヒは何らかの積極的ヴィジョンを懐いたのではなく、従って、そのヴィジョンの性格自体にそれの実効性を根拠づけることも彼には不可能であったことは明瞭である。それではメッテルニヒは、その「原理」の政治的実効性の根拠、つまりその「原理」の政治的正統化の根拠をどこに持っていたのであろうか。

革命と対決するメッテルニヒの政治的信条の根底を支えるもの、それは何ら積極的なヴィジョンではなく、僅かに、革命もまた敗北するものであるという慰めであったと言ってよい。そしてこれは、フランス革命の過程で革命勢力が革命を裏切り、また革命が革命勢力を裏切り、ついに革命は革命自体を裏切ってナポレオンによる革命の暴力的支配に屈した歴史を、まざまざと目撃し、また執拗に「研究」した者のみの持つ慰めであったと言えよう。革命の嵐の中でメッテルニヒがジッとその眼を注いでいたもの、それは革命に内在する《自己運動》と《自己否定》の契機であった。一八四九年一二月末日、その前年イギリスに亡命したメッテルニヒは、新しい年を迎えるに当たり、過去を回顧しながらこう記している。「過去三九年の間、余は岩の役を演じてきた。〔革命の〕大浪は、当たって砕けては退いていった。だが終に大浪はこの岩を呑み込むことに成功した。……しかし、この大浪は少しも鎮まっていない。なぜなら、大浪の波動を起こしたのは岩なのではなく、大浪自体の中に動揺の原因があるからである。障碍物が除去されたからと言って、状況は何ら変わっていないし、また変わりうる性質のものでもない。……余は社会革命の信奉者に向かって、こう叫ぶ資格を持っている。『幻の世界に住む世界市民諸君、何一つとして変わってはいないのだ。一八四八年三月一四日に起こった変化、それはただ人間が一人減ったというだけなのだ！』と。」(VIII, 232-3)

ここで明らかなように、メッテルニヒにとってさえ、「変わっていない」のはもはやメッテルニヒ自身ではない。一八四八年三月一四日に彼がオーストリア宰相の地位を辞した時、明らかに「障碍物は除去された」のであり、彼は政治的に敗北した。それでもなお「変わっていない」のは、「絶えず自己自身に劫罰を科していく精神の昏迷」(VII, 635)の現われとしての《革命の自己否定》という、彼にとって「自然法則」にも等しい法則であった。だがこのようにして、自らヴィジョンを創造することなく、ヴィジョンの欠如を、一方ではニュートラルな力と技術とで代位させ、他方では《革命の敗北》つまり敵の躓きの中のみに、自己の勝利と正当化の根拠を置くところに、われわれはメッテルニヒの思想体系の構造的な消極性ないし受動性を看取することができよう。

さきにも述べたように、メッテルニヒは自分が過渡期ないし変動期に属することを自覚していた。「余は不幸にして革命の時代に生まれ合わせた。だがこの時代も、人間のあらゆる愚劣な行為と同様に、やがて過ぎ去ることであろう。」(III, 293) けれどもメッテルニヒは、その過渡期の次に何が来るのかということについて、何らの積極的なヴィジョンを提示しない。従って彼の場合、その過渡性とは、一つの時代から新たな時代への歴史の過渡性では決してなく、実は革命の過渡的性格への期待を意味するものとしか考えられないであろう。彼によれば、「あらゆる社会革命は、その出発点に回帰する宿命を負っている」[4]のである。その上メッテルニヒの場合、このようにして積極的な《再建期》は実は永遠に到来しない構造を持っている結果として、彼は——革命の次に来るものについてではなく——革命そのものについての予測と、革命に挑戦された支配権力についての予測との点での予言者的自己誇示を、却っていっそう亢進させるに至ったと言っても過言ではない。

もとより思想の構造的消極性そのものは、一般に保守主義に共通のものであるかもしれない。だがメッテルニヒの《合理主義的保守主義》の特質は、一方ではその「原理」の抽象的真理性を支柱とし、他方その実効性については革命の自己否定に依存している点にある。だがさらに、メッテルニヒの思想のこうした構造的消極性に現実的な裏付けを与え、彼の思想の特質を強化するのに寄与したのは、彼とナポレオンとの関係であったと言うことができる。

彼のナポレオンとの直接の接触は、一八〇六年彼が駐仏オーストリア大使としてパリに派遣され、つぶさにナポレオンを「研究」する機会を得た時に始まり、約一〇年間続いたわけであるが、彼のナポレオン観は次の言葉に要約されている。「余がオーストリア宮廷に任官した時から、否、すでにその遥か以前から、余にとってナポレオンは、現代最要の人物として精密に観察すべき対象という意味を持ってきた。ナポレオンは大革命の化身であった。彼は大革命の社会革命としての側面を、実力によって萎靡せしめた。だが、革命の政治的な側面は両刃の剣であったから、ナポレオンは、強力な武力のみならず、それ以上に強力な精神力によって革命を駆使することを知っていた。(5)」(VII, 638) さらにナポレオンの存在がメッテルニヒにとっていかに決定的な意味を持つものであったかは、次の言葉からもうかがわれる。ナポレオン没落の数年後、彼はこう記している。「一八世紀が生み出した唯一人の巨人はもはや存在しない。今日のわれわれの関心事は余りに見すぼらしい。大根役者共と一緒に劇を演ずるのは容易ではない。」(III, 218) また彼は当時筆を進めつつあった自伝についてこう書いている。「余の自伝は一八一五年で終わる。なぜなら、それ以後のすべての出来事は、何の変哲もない歴史に属するからである。あの時以後、時間はそれ自身で経過するのに任されている。確かに時間は流れ続けている。しかしそれは時間が自分で停止することができないからであって、時間を指導する人間はもはや存在しない。……一八一五年以降の時期は、俗に言う『ありきたりの話』になってしまった。」(III, 297)

確かに一八一五年は、メッテルニヒの政治生活にとっても決定的な転換点であった。そしてウィーン会議以後のメッテルニヒの事業は、一八一五年にすでに設定されていた基本線を保持する以上のものでなかったのに対し、一八一五年までの業績は、曲がりなりにも「復興《レストラシオン》」の営みであり、その意味での積極性を持ったものであった。だが皮肉なことには、メッテルニヒの貢献がそれなりに積極的な意味を持っていたこの時期にこそ、彼の思想の構造的消極性は、次の二つの点で、そのまま彼の行為の世界の上に刻み込まれていたのである。

第一に、一八一五年を転期とするメッテルニヒの生涯は、シルビークなどにより、「政治的均衡のための闘争」の前期と、「社会的均衡のための闘争」の後期とに二分されているが、この規定は前半期の特質をよく表わしていると言ってよい(6)。すなわち一八一五年までのメッテルニヒの最大の課題は、ナポレオンを相手として、ヨーロッパの国際的勢力均衡を回復することにあった。ということは、言い換えれば、この時期のメッテルニヒは、革命を相手とする闘争、革命のコントロールそれ自体の点では、実は専らナポレオンに依存していたということを意味する。メッテルニヒは、この時期には、反革命の主体であることすらナポレオンに委ねており、いわばナポレオンの影を形づくっていたに過ぎなかった。だからこそ一八一五年以降、ナポレオンの打倒に伴って革命と直接に対決せざるをえなくなった時、彼が反革命の点においてさえ、ナポレオンのようなダイナミズムを欠如していることが露呈されたのも当然と言わなければならない。従ってこの意味では、メッテルニヒがナポレオンの偉大さを高く評価したこと自体、メッテルニヒの精神構造の消極性を端的に告白するものであったと言うことができよう。

それでは第二に、このように反革命の点でも受動性を脱しなかったメッテルニヒは、反ナポレオンの勢力均衡政策の追求に当たっては、何らかの積極性を示したであろうか。答えは否である。のみならず、実に消極性、受動性こそは、メッテルニヒ外交の真髄に他ならなかった。その端的な例は、一八一三年におけるメッテルニヒの外交である。すなわち、一八一三年の初頭には、なおナポレオンに与して対露戦に参加していたオーストリアは、いつしかその兵を戦線から離脱させて武装中立の立場に移り、それに並行してナポレオンとロシア・プロイセンとの間に立って仲介を図り、それがナポレオンの拒否によって行き詰った八月には、連合軍側に転じて対仏宣戦を行なった。この数カ月間のメッテルニヒ外交の特色は、第一にいずれの側にも容易にコミットせず、しかもコミットしないという印象は決して与えず、一見無為に静観しながらまず諸外国相互の力をかみ合わせる一方、オーストリアの力は最大限の細心さをもって節約温存する点にある(vgl. I, 123)。そして第二に、オーストリアの加担を最も高価に売り込める時、しかも時機を失すればその加担の価値は零になるその直前まで待って勝利の側に参戦するが、しかしその時には、その参戦はむしろ勝者を抑制するためであり、その上オーストリア自身の膨張をも極度に禁欲するのである(vgl. I, 131)。メッテルニヒ自身が「余の役割の受動的性格」(I, 70)と呼んだこの特質が、オーストリアからヨーロッパまで一貫する「均衡」の立場に由来することは言うまでもない。[7]ともあれメッテルニヒのこうした精密な計算の底に一貫しているのは、敵の力によって敵を倒し、また敵が自分の力で倒されるまで忍耐強く待つという、二重の意味においての消極性の原則であると言ってよい。そしてメッテルニヒは、その政治生活の前期にはこの原則をナポレオンに向け、一八一五年以降の後期には、それを革命との闘いに適用したのであった。

ここでわれわれが、メッテルニヒの蜘蛛に対する異様な愛着を想起するとしても、それはあながち失当ではなかろう。蜘蛛に対する彼の奇怪な執着は時として人の注意を惹いたところであるが、彼はこう記している。「蜘蛛は余の興味をそそる。余は実にしばしば蜘蛛を観察する。この虫は最も正確に晴雨を予測する。その醜さを別とすれば、蜘蛛は極めて愛すべき小虫であり、常に活動的ではあるし、世にも稀な小綺麗さでもって住処を整えている。」(III, 323-4) また別の箇所で彼はこう書いている。「余は、あたかも余の友である蜘蛛と同じく、自分の張りめぐらした巣網の只中にいるように感ずる。余は蜘蛛を好む。なぜなら余は、実にしばしば蜘蛛に対し讃嘆を禁じえなかった経験を持つからである。……余の張りめぐらした蜘蛛の巣、それは見る眼にも快く、精巧に編まれ、軽い衝撃には十分耐え得る。しかし強風の打撃には耐え得ないかもしれない。」(III, 444)

おそらくこれは、まことに率直な告白と言うことができよう。何ら積極的なヴィジョンを持たないメッテルニヒ外交は、たとえいかに精巧であったにしろ、所詮「強風の打撃には耐え得ない」性質のものであったはずである。のみならず、メッテルニヒが、自分の政策の限界を明瞭に自覚しているにもかかわらず、却ってその限界を享楽し、自分の張りめぐらした網に対する深い自己満足に耽溺しさえしているのであるならば、そしてまた究極的には常に《敵の躓き》の中にのみ安住しているのであるならば、われわれはここにメッテルニヒの反革命政策と、そして恐らくはウィーン体制そのものとの根底に潜む《精神のデカダンス》を看取することができるのである。

(1) 「一八五〇年、メッテルニヒは、プロイセンがもはやフリードリヒ大王時代のプロイセンではないということを指摘したほとんど唯一の人間であった。一八一二年、彼は、ナポレオンの敗退によって生ずる根本的変動の意味を逸早く理解した人物の一人であった。一八一五年以降、彼は、ヨーロッパで待ち伏せている社会的変革の本質を誰よりもよく理解していた。」(Kissinger : *op. cit.*, pp. 319-20) また彼は、ナポレオンのエルバ島追放を主張したアレクサンドル一世に反対し、二年以内にナポレオンが再起することを予言した(I, 200)。

(2) このことはメッテルニヒ自身の次のような告白によっても明らかであろう。「余の政治家としての生涯が遭遇したのは、一体いかなる時代であったろうか。一八〇九年から一八四八年に至る時期に、わが帝国と全ヨーロッパとがおかれていた状況を眼に浮かべてみるがよい。そして、ただ一人の人間の知性によって、この危機を完全治癒の状態に変えることが一体可能であるか否かを問うてみるがよい。余は敢えて言う、余は事態を認識していたと。しかし同時に余は告白する、余はわが帝国とドイツとに新たな骨組を建設するには力およばなかったことを。従って余の最大関心事は、専ら存在するものを保持することに集中されることとなったのである。」(VII, 640-1)

(3) このことはメッテルニヒが「歴史を好む」と述べたことと矛盾するものではない。この言葉は、もとより革命的合理主義との対決においてのみ、またその限りにおいてのみ、現状を擁護する主張に過ぎない。そのことは、何を根拠として現状を正当化するかということとは別問題であり、そしてメッテルニヒの保守的合理主義の場合、そのよって立つ「原理」は歴史から切断されているのである。

(4) *Metternich-Hartig, ein Briefwechsel*, 1923, S. 27.

(5) メッテルニヒのこのナポレオン観は、エルバ島から復帰したナポレオンが、Acte additionnel によって国民に譲歩するに至って一変する。「ボナパルトは、彼が権力を駆使した一四年間に築き上げた事業を、百日天下の間に無に帰してしまった。彼は、従来彼が首尾よくフランスだけに抑止してきた革命を、鎖から解き放った。」(III, 409) ここに至って、フランスでの「秩序」維持の一方途として帝政に期待するというメッテルニヒの構想は、最終的に消滅した。

(6) メッテルニヒ自身も彼の生涯をこう区分している。「公人としての余の生活は、一七九四年に始まり、
一八四八年三月一三日に終わった。この五四年にわたる時期は三つの部分に分かれる。第一期(一七九四—
一八〇一年)を、余は準備段階と呼ぶ。第二期(一八〇一—一八一六年)は政治の段階である。第三期(一八一
七—一八四八年)は社会の段階で、この時期は、政治的平和に乗じて発生した異常な社会的動揺の監視に捧
げられた。」(*Metternich-Hartig*, S. 39 f.)
(7) ヨーロッパ大陸における勢力均衡に対して消極的・受動的役割を演ずる国としては、通例むしろイギリ
スが挙げられる。しかしイギリスの場合には、一国でバランサーの役割を果たす力を持っており、また大陸
に対し著しく消極化した場合(例えば一八二二年のカスルリーの死後におけるキャンニングの外交)にも、そ
れは大陸以外にも英帝国として積極的に行動する舞台を持っていたからであった。これに対しメッテルニヒ
のオーストリアの場合には、バランサーの役割を演ずるためにもイギリスのコミットメントの程度に依存せ
ねばならず、従ってそもそも大陸内で消極的・受動的役割以上のものを負えない立場にあったと言ってよい。

付論　レゾン・デタ（国家理性）

〔仏〕raison d'Etat 〔英〕reason of state 〔独〕Staatsräson 〔伊〕ragione di Stato

一般にレゾン・デタという観念は自己目的的存在としての国家を維持・強化するために守るべき法則ないし行動基準を意味する。現在ではふつう国家理性と訳されているが、国家理由、国家術数などの邦訳もある。しかし、いずれもレゾン・デタの一面しか表現できないうらみがあるが、他方では事実この言葉自体、歴史上かならずしも一義的に用いられたわけではなく、人により強調する面が異なっている。

レゾン・デタの構造　(1)　国家の生存・強化という目的のためには、権力は法、道徳、宗教に優位せねばならない。すなわち権力は法、道徳、宗教の価値を無視してよいというのではなく、国家の維持・強化のためにそれらを手段として利用し、そのかぎりで、それらに手段としての価値を認めよ、ということである。

(2)　しかし国家権力の維持・増大という目的は、被治者のみならず権力者自身にも優越する。つまり被治者と治者との倫理に優位するばかりでなく、権力の主体的源泉である治者の権力欲そのものをも拘束する。一旦獲得された権力は、権力組織としてそれ自体の法則をもち、その維持・強化のためには高度の目的合理性(Zweckrationalität)を必要とするのであるから、君主といえども自己の激情や欲望を抑制して国家の利害に服従せねばならない。

(3) このように法、道徳、宗教のみならず治者の人格(Person)にさえ優先するという以上、国家はその生存の論理的根拠、つまりその存在理由を、自己自身の内に持つことを要請する。国家を超える裁判官は存在せず、国家は他のより高き目的のために存在するのではなく、自己の生存を目的として生存するのである。

歴史的展開 このようなレゾン・デタの観念は、為政者個人の経験的な政治技術としては、すでに古代から存在していたが、国家の倫理 Staatsethik として、すなわち他の一切の規範から解放された政治的規範として自立性を確立したのは、マキャヴェリにはじまる。つまりレゾン・デタとは、一六世紀ルネサンス以来台頭しはじめた絶対主義が、一方では中世的普遍秩序および教会による規範の独占に対抗して近代国家の独立を追求し、他方では中世的実定法と身分的秩序とにもとづいて地域的な自立性を維持している封建的諸勢力に対抗して近代国家の統一を獲得してゆく闘争の過程で「闘いとられた概念(polemischer Begriff)」にほかならない。レゾン・デタの観念がイタリア、フランスに開花し、ドイツで最も長く存続したのにたいして、早期に国民的統一と絶対主義とが確立されたイギリスで成長しなかった理由はここにある。したがって一六世紀から一七世紀中葉までの絶対主義生成期におけるレゾン・デタの観念は、いまや機能を失いつつある中世的な実定法、自然法、キリスト教に挑戦するという意味で、反合法的、反道徳的、反宗教的であったのであり、そこには神の秩序にかえて、みずから悪魔の秩序の創造者たろうとするひたむきな熱情とエネルギーが内包されていた。

ところが宗教戦争をへて絶対王政が爛熟期に入ると、レゾン・デタは積極的・否定的なリアリズムを失って消極的・肯定的なリアリズムへと変質するにいたった。すなわち国内的には権力の集中と統一とが達成されるにつれ、かつては既存秩序を破壊する機能をもったレゾン・デタはいまや既存秩序擁護の原理となり、国際的には多数の絶対主義諸国の並存という事態に応じてレゾン・デタの絶対性が相対化される結果、勢力均衡政策へと直結してアナーキーの原理とならざるをえない。そこで、従来は法、道徳、宗教にたいする公然たるシニシズムをともなったレゾン・デタが、いまはむしろ逆に権力にたいする隠然たるシニシズムを醸成することとなる。倫理にたいして偽善的な讃辞を呈すること自体には変りはないとしても、しかしマキャヴェリは君主に権謀術数を勧説するにあたって、それが「悪い」行為であるという形容詞をつけ忘れなかったといわれるように、倫理的規範に反する手段が悪であると意識しながら、なおかつそれも止むをえないとして正当化しうる目的、つまり「国家の必要(Staatsnotwendigkeit, nécessité d'État)」が存在すると確信しえたのであり、そこには新しい価値を創造する権力への誇りが潜在していた。だが、いまやレゾン・デタは国内での飽満と国際関係での不安という二重の面で価値創造の力を失って、絶対君主個人の権力欲を充足する手段としての機能しかもちえなくなった。そこで一方では、レゾン・デタの役割がもっぱら国家間の権力政治に集中されてくると同時に、他方では法、道徳、宗教のみならず国家権力もまた便法化されることとなり、国際法が、適度の「作法(droit de convenance)」――フリードリヒ大王の言によれば(droit de bienséance)――と意識されるに応じて、国際社会における国家行動の準則たるレゾン・デタも、君主間のエティケット、権力ゲームのルールとして無道徳的、無宗教的性格をおび、権力と規範とが相互に中和されることとなった。

現代の問題　フランス革命によってアンシャン・レジームが崩壊し絶対主義もまた国民化されてゆくにつれて、絶対君主に人格化された国家権力の法則という意味でのレゾン・デタの観念は、消滅したといってよい。しかしまさにアンシャン・レジームを倒壊せしめた要因、すなわちナショナリズムと近代資本主義のなかに、そしてデモクラシーのなかにさえ、レゾン・デタは新たな衣裳のもとに、そして国民大の広さと深さとをおびて再登場してきたのである。レゾン・デタの第一の側面つまり価値規範の手段化は、イデオロギー戦、宣伝戦というかたちですでにフランス革命の過程で拡大再生産され、内政における大衆操作、外交における美辞と権謀として今日にひきつがれている。第二の側面たる高度の目的合理性は、心情を極度に排除する「技術と権限の体系」としての官僚制の理念型のなかに典型的に結晶している。第三の側面、すなわち国家の自己目的性は、近代の国民戦争をささえるナショナリズムによっていよいよ強固な基礎を獲得するにいたった。その結果、本来国家ないし民族の自己目的性を主張するファシズム、ナチズムはもちろんのこと、さらに、個人主義的なインターナショナリズム、または階級的インターナショナリズムを建前とする国々も、本来のイデオロギーの如何にかかわりなく「国家の安全(national security)」、「国家の利益(national interest)」、「祖国」などの観念を高唱し、国家は事実上のみならずイデオロギーのうえでも自己目的の存在として再登場することとなった。

本来レゾン・デタの観念は倫理を国家権力に内在化させようとするところに特色をもつのであるから、イデオロギーと権力とが二重に争われている現代の国際政治は、レゾン・デタの観念が生み落とした問題をいよいよ複雑深刻なかたちで継承しているといわねばならない。

〔**参考文献**〕 E. H. Carr, *Twenty Years' Crisis*, 1945(邦訳)。F. Meinecke, *Die Idee der Staatsräson in der Neueren Geschichte*, 1924(邦訳)。H. J. Morgenthau, *Scientific Man vs. Power Politics*, 1946. R. Niebuhr, *Moral Man and Immoral Society*, 1932. M. Weber, *Politik als Beruf*, 1919(邦訳)。

あとがき

この巻に収めた第一論文「国際政治における反革命思想」は、もともと私にとって「助手論文」に当たるもので、執筆に際しては、岡義武、丸山眞男の両先生の日頃のご教示に負うところが大きかったし、内容に関しては、福田歓一氏に格段のお世話になった。当時、共同研究室という名の大部屋で机を並べていた岩永健吉郎、岡義達、京極純一、福田の諸先輩から、同輩の宮田光雄君らと貧しい弁当を開きながら、折にふれて学問上の示唆をいただいたことも忘れられない。第二論文についても、これらの方々から多くの示唆をいただいた。故人となられた方もあるが、あらためて感謝の意を表したい。

また今回の第一論文第四章の執筆に際しては、とくにジョン・ダン(John Dunn)および佐々木武の両氏から貴重な文献情報をいただき、またグレン・フック(Glenn D. Hook)氏ほか何人かの方から、資料の入手について助けていただいた。なおバークに関する岸本広司氏の労作は、私とは視点も焦点も異なるが、バークの政治史的背景を考える上で参考に資した。あわせてお礼を申したい。

■岩波オンデマンドブックス■

坂本義和集 1
国際政治と保守思想

2004年 3月 5日　第 1 刷発行
2015年 2月10日　オンデマンド版発行

著　者　坂本義和《さかもとよしかず》

発行者　岡 本　厚

発行所　株式会社 岩波書店
〒101-8002 東京都千代田区一ツ橋 2-5-5
電話案内 03-5210-4000
http://www.iwanami.co.jp/

印刷／製本・法令印刷

ISBN 978-4-00-730174-2　　Printed in Japan